Katja Simons
Politische Steuerung großer Projekte

Stadtforschung aktuell
Band 91

Herausgegeben von:
Hellmut Wollmann

Katja Simons

Politische Steuerung großer Projekte

Berlin Adlershof, Neue Mitte Oberhausen und Euralille im Vergleich

Leske + Budrich, Opladen 2003

Dissertation an der Ruhr-Universität Bochum, Fakultät für Sozialwissenschaft.

Die Deutsche Bibliothek – CIP-Einheitsaufnahme
Ein Titeldatensatz für die Publikation ist bei
Der Deutschen Bibliothek erhältlich

ISBN 3-8100-3801-6

© 2003 Leske + Budrich, Opladen

Das Werk einschließlich aller seiner Teile ist urheberrechtlich geschützt. Jede Verwertung außerhalb der engen Grenzen des Urheberrechtsgesetzes ist ohne Zustimmung des Verlages unzulässig und strafbar. Das gilt insbesondere für Vervielfältigungen, Übersetzungen, Mikroverfilmungen und die Einspeicherung und Verarbeitung in elektronischen Systemen.

Druck: DruckPartner Rübelmann, Hemsbach
Printed in Germany

Inhalt

Abkürzungsverzeichnis 9
Tabellen 11
Danksagung 12

Einleitung 14
1. Großprojekte als Untersuchungsfeld politischer Steuerung 14
2. Untersuchungsdesign und empirische Grundlagen 18
3. Aufbau der Studie 24

Kapitel I
Stadtentwicklungspolitik im Wandel –
Öffentlich-private Kooperationen in Großprojekten 26

1. Über den Wandel des Planungsverständnisses: vom Plan zum Projekt 27

2. Stadtentwicklung durch Großprojekte 30
2.1 Formen der Projektpolitik 32
2.2 Projekt und Projektmanagement 33

3. Politische Steuerung in komplexen Gesellschaften 35
3.1 Kooperation im ‚Schatten der Hierarchie' 37
3.2 Probleme demokratischer Legitimation 39

4. Kooperationen auf lokaler Ebene 41
4.1 Privatisierung von öffentlichen Aufgaben 43
4.2 Öffentlich-private Kooperationen in Großprojekten 45
4.2.1 ‚public-private': die Beteiligten und ihre Interessen 46
4.2.2 Institutionelle Einbettung 48
4.2.3 Perspektiven demokratischer Legitimation 49

5. Zusammenfassung 51

Kapitel II
Fallstudien zur politischen Steuerung von Großprojekten in Berlin, Oberhausen und Lille ... 52

A. Berlin ... 52

1. Stadtentwicklungspolitik nach der Wiedervereinigung ... 52
1.1 Der politisch-institutionelle Rahmen ... 52
1.2 Berlin im Zeichen der Transformation ... 53
1.3 Die Zeit der großen Projekte ... 55
1.4 Großprojekte im Kontext der Berliner Finanzkrise ... 59
2. Berlin Adlershof – Die Stadt für Wissenschaft und Wirtschaft ... 60
2.1 Projektinitiative ... 60
2.1.1 Vorgeschichte des Standortes ... 60
2.1.2 Umbruch in Adlershof – 1990 ... 61
2.2 Projektierung ... 63
2.2.1 Aushandlungsprozesse zwischen den Senatsverwaltungen ... 63
2.2.2 Kooperatives Gutachterverfahren und Konsensplan ... 65
2.3 Phase der öffentlichen Beteiligung und der Projektstrukturierung ... 67
2.3.1 Das Beteiligungsverfahren ... 67
2.3.2 Festlegung des Entwicklungsgebietes und Finanzplanung ... 69
2.3.3 Beauftragung eines Entwicklungsträgers ... 71
2.4 Umsetzungsphase ... 76
2.4.1 Steuerungsversuche: Strecken und ‚Abspecken' der Entwicklungsmaßnahme ... 76
2.4.2 Sinkende Bodenpreise und Finanzierungsprobleme ... 79
2.4.3 Parlamentarische Kontrolle ... 81
2.4.4 Kritik des Entwicklungsträgers an den Steuerungsversuchen ... 82
2.4.5 Realisierung von Berlin Adlershof ... 84
2.4.6 Geschichte einer Fehlplanung: Das Wista Business Center ... 88
2.5 Zusammenfassung ... 91

B. Oberhausen ... 93

1. Stadtentwicklungspolitik im Zeichen des Strukturwandels ... 93
1.1 Oberhausen nach dem Rückzug der Großindustrie ... 93
1.2 Institutionelle Voraussetzungen kommunaler Zusammenarbeit im Ruhrgebiet ... 97
2. Die Neue Mitte Oberhausen ... 99

2.1	Projektinitiative	99
2.1.1	Das gescheiterte ‚World Tourist Center' Oberhausen	99
2.1.2	Die aktive Rolle der Landesregierung	102
2.2	Projektierung	104
2.2.1	Die Suche nach Investoren	104
2.2.2	Die Pläne des Großinvestors	105
2.2.3	Verhandlungen mit dem Grundstücksbesitzer und mit dem Investor	107
2.3	Phase der öffentlichen Beteiligung und der Projektstrukturierung	111
2.3.1	Erste öffentliche Vorstellung des Investors	111
2.3.2	Zustimmung der Fraktionen im Stadtrat	112
2.3.3	Aufbau projekttauglicher Verwaltungsstrukturen	113
2.3.4	Die Bürgermeinung	114
2.4	Umsetzungsphase	115
2.4.1	Lösung der Grundstücksfinanzierungsfrage: das Fördermodell	115
2.4.2	Abschluss des ‚Vier-Vertrags-Modells'	117
2.4.3	Einsatz eines Parlamentarischen Untersuchungsausschusses	119
2.4.4	Die Planverfahren in der Diskussion im Stadtrat	122
2.4.5	Die Neue Mitte und die Bezirksplanung	124
2.4.6	Realisierung der Neuen Mitte	128
2.5	Zusammenfassung	131
C. Lille		134
1.	Das ‚lokale System' in Frankreich	134
1.1	Stadtentwicklungspolitik in der ‚Métropole du Nord'	134
1.2	Dezentralisierungsbestrebungen in Frankreich	139
1.3	Öffentlich-private Gesellschaften in der Stadtentwicklung	141
2.	Euralille	143
2.1	Projektinitiative	143
2.1.1	Das Ringen um den TGV-Halt in Lille	143
2.1.2	Die Gründung einer privaten Planungsgesellschaft	145
2.2	Projektierung	147
2.2.1	Der Rahmenplan	147
2.2.2	Die Wahl des Architekten: ‚grand oral'	148
2.3	Phase der öffentlichen Beteiligung und der Projektstrukturierung	151
2.3.1	Expertenzirkel	151
2.3.2	Einleitung der Planverfahren	152

2.3.3	Die Bürgerbeteiligung	154
2.3.4	Grünes Licht der politischen Gremien	155
2.4	Umsetzungsphase	157
2.4.1	SEM Euralille als ‚hybride' Institution	157
2.4.2	Realisierung von Euralille bis zur Krise	162
2.5	Zusammenfassung	166

Kapitel III
Schlussfolgerungen zur Steuerungsproblematik von Großprojekten 169

1.	Die Fallstudien im Vergleich: fallspezifische Besonderheiten	170
2.	Steuerungsprobleme von Großprojekten – Der 'point of no return'	181
3.	Politische Legitimation von Großprojekten	186
4.	Governance und Großprojekte – Folgen für die Stadtentwicklungspolitik	190
5.	Ausblick auf Politik und Forschung	193

Literaturverzeichnis 196

Presseartikel	211
Dokumente und Materialien	213
Primärquellen politischer Gremien	215
Expertengespräche	218

Abkürzungsverzeichnis

AbgH	Abgeordnetenhaus
ABM	Arbeitsbeschaffungsmaßnahme
AdW	Akademie der Wissenschaften
AG	Aktiengesellschaft
APr	Ausschussprotokoll
AS&P	Albert Speer & Partner
BAAG	Berlin Adlershof Aufbaugesellschaft mbH
BauGB	Baugesetzbuch
BESSY	Berliner Elektronenspeicherring-Gesellschaft für Synchrotronstrahlung mbH
BMVBW	Bundesministerium für Verkehr, Bauen und Wohnen
C3D	Caisse des Dépots-Développement (Depositenkasse für Entwicklungsvorhaben)
CDC	Caisse des Dépots et Consignations (Depositen- und Hinterlegungskasse)
CL	Crédit Lyonnais
CUDL	Communauté Urbaine de Lille
DATAR	Délégation à l'Aménagement et de Développement du Territoire (Raumordnungsbehörde)
DFF	Deutscher Fernsehfunk
EG	Europäische Gemeinschaft
EGA	Entwicklungsgesellschaft Adlershof mbH
EU	Europäische Union
FAAG	Frankfurter Aufbau Aktiengesellschaft
FAZ	Frankfurter Allgemeine Zeitung
FES	Friedrich-Ebert Stiftung
FNP	Flächennutzungsplan
FuE	Forschung und Entwicklung
GA	Gemeinschaftsaufgabe „Verbesserung der regionalen Wirtschaftsstruktur"
GEG	Grundstücksentwicklungsgesellschaft Oberhausen
GfK	Gesellschaft für Konsumforschung
GFZ	Geschossflächenzahl
GHH	Gute-Hoffnungs-Hütte
GmbH	Gesellschaft mit beschränkter Haftung
GSG	Grundstücksentwicklungsgesellschaft
HDO	High Definition Oberhausen
HUB	Humboldt-Universität zu Berlin
IBA	Internationale Bauausstellung Emscher Park
IfS	Institut für Stadtforschung und Strukturpolitik GmbH

IGAFA	Initiativgemeinschaft Außeruniversitärer Forschungseinrichtungen in Adlershof
IHK	Industrie- und Handelskammer
ILS	Institut für Landes- und Stadtentwicklungsforschung des Landes NRW
Ish	Institut für Stadt-, Standort-, Handelsforschung und -beratung
JAAG	Johannisthal Adlershof Aufbaugesellschaft mbH
KAI-AdW	Koordinierungs- und Abwicklungsstelle der Akademie der Wissenschaften
KOAI	Koordinierungsausschuss Innenstadt
KVR	Kommunalverband Ruhrgebiet
LEG	Landesentwicklungsgesellschaft Nordrhein-Westfalen
LHO	Landeshaushaltsordnung
MdL	Mitglied des Landtages
MEL	Ministère de l'Equipment et du Logement
METL	Ministère de l'Equipment, des Transports et du Logement
MoPo	Berliner Morgenpost
MSWV	Ministerium für Stadtentwicklung, Wohnen und Verkehr/NRW
MURL	Ministerium für Umwelt, Raumordnung und Landwirtschaft/NRW
MWMT	Ministerium für Wirtschaft, Mittelstand und Technologie/NRW
NRW	Nordrhein-Westfalen
NRZ	Neue Ruhr Zeitung
NVA	Nationale Volksarmee
OMA	Office for Metropolitan Architecture
ÖPNV	Öffentlicher Personennahverkehr
PBO	Projektentwicklungs- und Beteiligungsgesellschaft mbH Oberhausen
PPP	Public Private Partnership
PUA	Parlamentarischer Untersuchungsausschuss
RPR	Rassemblement pour la République
SCET	Société Centrale pour l'Equipment des Territoire (Zentralunternehmen für Infrastruktureinrichtungen)
SEM	Société d'Economie Mixte (gemischtwirtschaftliche Gesellschaft)
SenBW	Senatsverwaltung für Bauen und Wohnen/Berlin
SenBWV	Senatsverwaltung für Bauen, Wohnen und Verkehr/Berlin
SenStadt	Senatsverwaltung für Stadtentwicklung/Berlin
SenSU	Senatsverwaltung für Stadtentwicklung und Umweltschutz/Berlin
SenSUT	Senatsverwaltung für Stadtentwicklung, Umweltschutz und Technologie/Berlin
SenWFK	Senatsverwaltung für Wissenschaft, Forschung und Kultur/Berlin
SenWiBe	Senatsverwaltung für Wirtschaft und Betriebe/Berlin
SNCF	Société Nationale des Chemins de Fer (Nationale Eisenbahngesellschaft)
STEP	Stadtentwicklungsplanung
STERN	Gesellschaft der behutsamen Stadterneuerung mbH
STIG	Sterkrader Interessengemeinschaft

SVR	Siedlungsverband Ruhrgebiet
SZ	Süddeutsche Zeitung
taz	die tageszeitung
TGV	Train à Grande Vitesse (Hochgeschwindigkeitszug)
TS	Tagesspiegel
TZU	Technologiezentrum Umweltschutz Oberhausen
USC	Urban System Consult
WAZ	Westdeutsche Allgemeine Zeitung
WBC	Wista Business Center
West LB	Westdeutsche Landesbank
Wista MG	Wirtschafts- und Wissenschaftsstandort Management Gesellschaft
WTC	World Tourist Center Oberhausen
ZAC	Zone d'Aménagement Concerté (Gebiet für konzertierte Entwicklungsvorhaben)
ZEFIR	Zentrum für Interdisziplinäre Ruhrgebietsforschung

Tabellen

Tabelle 1: Idealtypen öffentlich-privater Kooperation
Tabelle 2: Aktionäre der SEM Euralille

Danksagung

Die Inspiration für das Thema dieser Studie stammt aus der Mitarbeit an dem europäischen Forschungsprojekt ‚Urban Redevelopment and Social Polarisation in the City', für das ich am Arbeitsbereich Stadt- und Regionalsoziologie der Humboldt-Universität zu Berlin beschäftigt war und auf dessen empirischen Ergebnissen die Studie zum Teil aufbaut. Hier lernte ich ein besonders anregendes Arbeitsumfeld kennen. Mein erster Dank geht daher an Prof. Dr. Hartmut Häußermann.

Bei der Bearbeitung der Berliner Fallstudie war mir David Naegler ein wichtiger Gesprächspartner. Birgit Glock (Humboldt-Universität zu Berlin) bin ich für Anregungen zum breiten Feld der Stadtentwicklungspolitik dankbar. Mit Dr. Hans-Norbert Mayer und Oliver Ibert von der Carl von Ossietzky Universität Oldenburg habe ich interessante Gespräche zu neuen Planungsstrategien geführt, in denen ich meine Ansichten zur Projektplanung schärfen konnte.

Bedanken will ich mich bei den vielen Expertinnen und Experten in den drei Städten, die mir Zeit für Interviews gewährt haben. Mit Heinrich-Bernhard Voßebürger von der Senatsverwaltung für Stadtentwicklung in Berlin habe ich besonders spannende Gespräche führen dürfen.

Mit der Teilnahme am interdisziplinären Graduiertenkolleg ‚Industrielle Ballungsregionen im Vergleich' am ZEFIR der Ruhr-Universität Bochum begann eine neue, interessante Etappe, in der ich meine Studie voranbringen konnte. Für die originelle Bereitschaft, eine sozialwissenschaftliche Doktorarbeit finanziell zu unterstützen, möchte ich mich bei Herrn Gerhard Gabriel, dem Geschäftsführer der Stadtwerke Bochum GmbH, bedanken.

Mein besonderer Dank gilt Prof. Dr. Uwe Andersen, der meine Arbeit aufmerksam und mit viel Interesse betreut hat. Ihm bin ich für viele anregende Gespräche dankbar. Dr. Ludger Basten (Ruhr-Universität Bochum) hat mir einen Teil seines Forschungsmaterials zur Verfügung gestellt und dadurch den Zugang zu der Neuen Mitte Oberhausen erleichtert. Die Untersuchung zu Euralille in Frankreich hätte ich nicht ohne die Unterstützung von Prof. Dr. Frank Moulaert von der Université de Lille durchführen können.

Mein herzlicher Dank geht an Prof. Dr. Heiderose Kilper. Sie hat mein Manuskript sachkundig kommentiert und viel konstruktive Kritik geübt. Zur Ablenkung hat sie mir einige ‚Perlen' der Industriekultur gezeigt und auch dafür gesorgt, dass ich mich im Ruhrgebiet unter Freunden fühlen konnte.

Meinen Eltern danke ich für ihre immerwährende Unterstützung und intensive Ermutigung. Mein Mann Norbert Brömme hat meine Studie unermüdlich – auch aus der Ferne Beiruts – mit Rat und Tat und viel Humor begleitet. Dafür danke ich ihm.

New York, im Januar 2003   K.S.

Einleitung

1. Großprojekte als Untersuchungsfeld politischer Steuerung

Als ‚Flaggschiffe' und ‚Leuchttürme' haben Großprojekte Eingang in den Wortschatz der Stadt- und Regionalforschung gefunden. Sie sollen nicht nur brachliegende Industrieflächen in städtischen Randlagen revitalisieren, sondern auch den funktionalen Wandel innerstädtischer Gebiete beschleunigen und das Image der Städte verändern. Während Großsiedlungen gebaut wurden, um das Wachstum der Industriegesellschaft aufzufangen, sind Großprojekte in post-industriellen Städten als Schnittpunkte zwischen Städtebau und Stadtentwicklung Strategien, mit denen Investitions- und Wachstumspotenziale erzeugt und Zukunftsvisionen transportiert werden sollen.

Die Londoner Docklands stellen die ‚Mutter' aller großen Stadtentwicklungsprojekte in Europa dar. Dort fiel schon vor zwanzig Jahren mit der Gründung der London Docklands Development Corporation der Startschuss für die Entwicklung eines brachliegenden Hafenareals. Lange Zeit ein Sorgenkind der Betreiber, in das hohe staatliche Summen gepumpt werden mussten, ist es heute ein gesuchter Bürostandort; dort residieren Hauptverwaltungen internationaler Banken und Finanzdienstleister (SZ, 1.6.2001). In Bilbao entsteht gegenwärtig auf dem Gebiet einer ehemaligen Industrieanlage ein neues Viertel am Wasser mit Luxuswohnungen, Büros, Freizeiteinrichtungen und einem Kongresszentrum. Ein besonderes ‚Juwel' dieser Erneuerung ist das neue Guggenheim-Museum, mit dem die Region bereits touristische Anziehungskraft gewonnen hat (vgl. Rodriguez/Guenaga/Martinez 1999). Das ‚Kop van Zuid'-Projekt in Rotterdam auf einer stillgelegten Hafenanlage enthält neue Büroflächen, Gründerzentren und Wohnungen; damit wird die Hafengegend aufgewertet und durch eine neue Brücke mit dem Stadtzentrum auf dem gegenüberliegenden Ufer verknüpft (vgl. Miedema/Engbrink 1999). Hamburg plant ein ähnliches Großprojekt auf Hafenflächen, deren bisherige Zweckbestimmung obsolet geworden ist (SZ, 30.4.2000). In Berlin stellt die Wasserstadt Oberhavel' einen

Versuch dar, mit einem Wohn- und Gewerbeprojekt ein Gelände am Wasser aufzuwerten, auf dem sich bisher ein großes Tanklager und alte Fabrikbauten befanden (vgl. Hellweg 1999).

Großprojekte an lukrativen Standorten in der Stadt – wie beispielsweise am Potsdamer Platz in Berlin – werden meist von privaten Großinvestoren initiiert und getragen. Aber auch sie werden in öffentlich-privater Kooperation durchgeführt – wie der ‚Mediapark' in Köln oder die ‚Donau-Stadt' in Wien. Bei der Aufwertung der deutschen Innenstädte spielt die Deutsche Bahn AG mit ihrem Vorhaben, Hauptbahnhöfe unter die Erde zu verlegen und darauf Dienstleistungs- und Konsumstandorte zu errichten, eine wichtige Rolle. In Leipzig wurde ein ‚Bahnhof der Zukunft' mit Einkaufsmöglichkeiten gebaut, und mit ‚Stuttgart 21' wird der Kopfbahnhof unterirdisch verlegt, um auf den freien Gleisanlagen einem neuen Stadtteil für Freizeit und Konsum Platz zu machen.

Insgesamt spielen seit Ende der 1980er Jahre solche Großprojekte eine zentrale Rolle in allen europäischen Städten. Es werden ‚Löcher' im Stadtgefüge gestopft, d.h. Flächen einem neuen Nutzungs- und Verwertungszyklus zugeführt, indem Standorte für Wohnungen sowie konsum- und unternehmensorientierte Dienstleistungen geschaffen werden. Dass solche Großprojekte zum Kristallisationspunkt der Stadtentwicklungspolitik werden konnten und hohe Priorität genießen, hat damit zu tun, dass sie innovative Anstoßeffekte für die gesamte Stadt geben, kommunale Entwicklungsvorstellungen beispielhaft umsetzen und auch kommunalpolitische Handlungsfähigkeit signalisieren (vgl. Heinz 1998). Kritische Studien zu Großprojekten weisen dagegen auch auf ihre ambivalente Wirkung für die Stadtentwicklung hin und heben vorwiegend negative Effekte wie sozialräumliche Polarisierung hervor.[1] „Do Flagships work?" fragen Bianchini, Dawson und Evans (1992: 255) und warnen vor übertriebenen Hoffnungen:

„Some of the claims by civic boosters about the ability of flagships to tackle deep-seated economic problems and to distribute benefits fairly among different social groups are grossly exaggerated."

Andererseits seien Großprojekte notwendige Maßnahmen der Imageverbesserung und der Arbeitsplatzbeschaffung in Städten, die von ökonomischem Niedergang gezeichnet sind.

Die Frage nach den Wirkungen von Großprojekten verrät noch nichts über die Entstehungsbedingungen und die politischen Steuerungsprozesse

---

[1] Vgl. kritische Studien zu Großprojekten u.a. Loftman/Nevin 1995, Moulaert/Swyngedouw/Rodriguez 1999.

dieser Vorhaben. Es gibt bisher kaum gründliche sozialwissenschaftliche Untersuchungen zu der politischen Organisation von Stadtentwicklung in Form von Projekten. Ausnahmen bilden einige stadtplanerische Untersuchungen und vergleichende Stadtanalysen, wie die von Savitch (1988), der den post-industriellen Wandel in New York, Paris und London am Beispiel von Großvorhaben erforschte. Newman und Thornley (1996) widmeten sich unterschiedlichen Planungssystemen in Frankreich, England und Schweden, in die Großprojekte eingebettet waren. Für deutsche Städte schlossen Siebel, Ibert und Mayer (1999) eine erste Forschungslücke, indem sie unterschiedliche Projektformen am Beispiel der IBA Emscher Park im Ruhrgebiet und EXPO 2000 in Hannover verglichen und die Projektplanung als neues Planungsmodell interpretierten. Cattacin (1993) untersuchte anhand eines Vergleichs der Stadtentwicklungspolitik in Florenz, Wien und Zürich die Steuerungs- und Legitimationsprobleme des lokalen Staates und die Bedeutung von Großprojekten als dynamisierende Interventionen. Die gängige Stadtentwicklungspolitik interpretierte er als Strategie, durch den „Abbau lokalstaatlicher Präsenz in der Stadtentwicklungsplanung auf die zunehmende gesellschaftliche Komplexität" zu reagieren (Cattacin 1993: 369). Damit betonte er die Verringerung staatlicher Zuständigkeit und die Zunahme privatwirtschaftlicher Beteiligung bei der Durchführung von Großprojekten. Demgegenüber analysierte Kühne (1997) Großprojekte in Zürich und Wien als Strategien zur Herstellung lokaler Handlungsfähigkeit und wies dabei den lokalen Regierungen neben privaten Akteuren eine zentrale Rolle zu.

Die vorliegende Studie widmet sich den politischen Steuerungsprozessen von Großprojekten und stützt sich dabei auf Theorien zum Wandel staatlicher Steuerung. In der Politikwissenschaft wird die Diskussion um den Form- und Funktionswandel politischer Steuerung unter dem Stichwort des ‚kooperativen Staates' geführt (vgl. Benz 1997, Kilper 1999). In der internationalen Debatte wird statt von ‚government' von ‚governance' gesprochen (vgl. Rhodes 1997). Kooperative Formen der Staats- und Verwaltungstätigkeit lassen sich in zahlreichen Politikfeldern und auf allen Ebenen des Staates bis hin zur kommunalen Ebene beobachten (vgl. Benz 1994a). ‚Kooperativer Staat' steht für die Bedeutungszunahme kooperativer Aushandlungsformen unterschiedlicher Akteure aus Politik, Verwaltung, Wirtschaft und Zivilgesellschaft in Form von Politiknetzwerken und Verhandlungssystemen. Traditionelle, hierarchische Steuerungsmittel wie Macht, Geld und Recht werden dabei nicht ersetzt, sondern durch kommunikative Verfahren ergänzt: Kooperation findet daher meist im „Schatten der Hierarchie" statt (Scharpf 1991: 629).

Der ‚Governance'-Ansatz ist für die vorliegende Studie von Interesse, da die zunehmende Bedeutung von Projekten in der Stadtentwicklungspolitik genau diesen Formwandel politischer Steuerung widerspiegelt. Zudem spielen bei der Durchführung von Projekten kooperative Steuerungsformen eine zentrale Rolle. Um deutlich zu machen, was unter ‚Projekt' als neue Form des politischen Managements zu verstehen ist, gebrauchen Häußermann und Siebel (1994: 32) eine maritime Metapher: Projektpolitik bedeute den Umstieg vom Tanker, der auf langfristigem Kurs stetig seine Bahn ziehe, in das wendige Motorboot. Projekte seien flexibler, dynamischer und mediengerechter als der graue Alltag des Verwaltens von Problemen durch die Kommunalbehörden. Folglich stehen bei der projektorientierten Entwicklungssteuerung nicht mehr abstrakte Programme bzw. flächenhafte Pläne im Vordergrund, die ‚von oben' formuliert wurden, sondern einzelne Projekte, mit denen kurzfristig auf Probleme reagiert wird. Projekte liegen zudem quer zu den bürokratischen Strukturen des Verwaltungshandelns und sind Bestandteil horizontaler, aber auch vertikaler politischer Verflechtungen. Bei der Steuerung von Projekten werden moderne Managementfunktionen auf die öffentliche Verwaltung übertragen, die sektorale Grenzen durch personelle Kooperation zu überwinden versuchen (vgl. Fürst 1998a). Projekte sind querschnittsorientierte, auf Kooperation setzende Formen der Steuerung und tragen der Tatsache Rechnung, dass Planung nur dann leistungsfähig ist, „wenn sie kooperativ auf die Adressaten der Steuerung eingeht und diese in den Steuerungsprozess aktiv integriert" (Fürst 1998b: 55). Großprojekte mobilisieren eine Vielzahl von Akteuren und bilden daher eine Scharnierfunktion zwischen Staat, Wirtschaft und Gesellschaft.

Die wachsende Bedeutung öffentlich-privater Kooperationen in der Stadtentwicklung ist Ausdruck eines veränderten Selbstverständnisses öffentlicher Akteure, die zunehmend Projekte der Stadtentwicklung aktiv anstoßen, moderieren und koordinieren. Sie ist auch Folge der Suche nach Wegen, um die städtische Wirtschaftsbasis zu erneuern. Diese Erneuerung ergibt sich nicht mehr – wie es seit der Industrialisierung die Regel war – von selbst; vielmehr muss sie aktiv organisiert werden. Die Stadtplaner überlassen die Realisierung von Bauvorhaben konsequenterweise nicht länger privaten Investitionsentscheidungen, sondern suchen frühzeitig die Kooperation mit Investoren, wodurch zusätzliche Finanzmittel, fachliche Kompetenz und privatwirtschaftliche Handlungslogik mobilisiert werden können. Öffentliche Aufgaben werden aus der Stadtverwaltung in eigens geschaffene privatrechtlich organisierte Entwicklungsgesellschaften verlagert, die schneller und flexibler handeln sollen (vgl. Albers 1998).

2. Untersuchungsdesign und empirische Grundlagen

Der in der vorliegenden Studie unternommene Versuch einer differenzierten Analyse von Steuerungsprozessen in Großprojekten erfolgt anhand vergleichender Fallstudien. Die für diese Studie ausgewählten großen Stadtentwicklungsvorhaben in Berlin, Oberhausen und Lille unterscheiden sich – neben vielen anderen Aspekten – in erster Linie hinsichtlich der öffentlich-privaten Kooperationsform. Das institutionelle Arrangement entscheidet über die Rollen und Zuständigkeiten der Beteiligten sowie die Risikoverteilung zwischen ihnen. Aus der Vielfalt der Formen öffentlich-privater Partnerschaften lassen sich drei Idealtypen herausarbeiten, die im Wesentlichen das Spektrum institutionalisierter Kooperationsmöglichkeiten widerspiegeln (vgl. Scharmer 1994):

(1) Im ‚öffentlichen Modell' liegen Engagement, Ressourcen und Verantwortlichkeit vor allem beim öffentlichen Sektor. Ein typisches Instrument dieses Modells stellt die ‚städtebauliche Entwicklungsmaßnahme' dar, bei der die Gemeinde die Flächen kauft und für die Beplanung, die Neuordnung und die Erschließung zuständig bleibt. Erst dann werden die Flächen an private Bauwillige veräußert. Meist wird ein privatrechtlich organisierter Entwicklungsträger eingesetzt, der als Treuhänder diese Aufgaben durchführt. Das wirtschaftliche Risiko der Baulandentwicklung verbleibt daher bei der öffentlichen Hand.

(2) Im ‚Investorenmodell' stellen private Akteure die treibende Kraft dar. Die Kooperationsbeziehungen zwischen öffentlicher und privater Hand werden vorwiegend vertraglich geregelt (z.B. städtebauliche Verträge). Die Grundidee ist, dass die Gemeinde ihre Planungshoheit nutzt, um verschiedene Gegenleistungen auszuhandeln, wie die Übernahme von Kosten für die notwendigen Erschließungsanlagen oder den Bau öffentlicher Folgeeinrichtungen. Sämtliche Stufen der Baulandentwicklung und die damit verbundenen Risiken können dabei an Private übertragen werden; hoheitliche Maßnahmen wie die Aufstellung von Bebauungsplänen verbleiben bei der öffentlichen Hand.

(3) Das ‚gemischtwirtschaftliche Modell' steht für die gemeinsame Durchführung von Aufgaben mit Hilfe einer gemischt privat-öffentlichen Gesellschaft. Die Gemeinde begibt sich mit privaten Aktionären und Investoren in ein privatrechtlich organisiertes Unternehmen, um gemeinsam die Risiken der Baulandentwicklung zu tragen. Diese Form der Institutionalisierung ist vor allem in Frankreich anzutreffen, wo die ‚Sociétés

d'Economie Mixte' (SEM) eine wichtige Rolle in der Stadtentwicklung spielen.

In der folgenden Tabelle werden die drei Modelle öffentlich-privater Kooperation zusammengefasst:

Tabelle 1: Idealtypen öffentlich-privater Kooperation

	Öffentliches Modell	Investorenmodell	Gemischtwirtschaftliches Modell
Rollenverteilung zwischen öffentlichen und privaten Akteuren	Verfahrensverantwortung bei der öffentlichen Hand; privater Entwicklungsträger als Treuhänder tätig	Weitgehende Übertragung städtebaulicher Aufgaben an private Investoren	Schaffung einer privatöffentlichen Gesellschaft zur gemeinsamen Durchführung von Projekten

Die untersuchten Großprojekte in Berlin, Oberhausen und Lille können jeweils einem der Kooperationstypen zugeordnet werden:

(1) ‚Berlin Adlershof – Die Stadt für Wissenschaft und Wirtschaft' stellt ein von der öffentlichen Hand initiiertes Projekt zwischen Stadtreparatur und Wirtschaftsförderung im Südosten der Stadt dar, das Anfang der 1990er Jahre als größtes Zukunftsprojekt Berlins in die Wege geleitet wurde. Das Land Berlin hat sich dabei eines privatrechtlich organisierten Entwicklungsträgers bedient, der als Treuhänder die städtebauliche Entwicklungsmaßnahme durchgeführt hat. Da die öffentliche Hand verantwortlich für das Verfahren blieb und das wirtschaftliche Risiko der Baulandentwicklung trug, repräsentiert das Vorhaben in Berlin beispielhaft das ‚öffentliche Modell'.

(2) Die ‚Neue Mitte' mit dem CentrO, einem groß angelegten Einkaufs- und Freizeitzentrum auf einer ehemaligen Industriefläche in Oberhausen, konnte Anfang der 1990er Jahre vorwiegend aufgrund eines privaten Investitionsinteresses realisiert werden. Dieses Projekt steht beispielhaft für das ‚Investorenmodell'. Hier wurden die städtebaulichen Aufgaben (z.B. innere Erschließung) zum Teil in den Verantwortungsbereich eines privaten Investors übertragen. In den Kaufvertragsverhandlungen wurde die Aufgaben- und die Risikoverteilung zwischen den Beteiligten ausgehandelt.

(3) Auf einem ehemaligen Militärgelände am Rande des alten Stadtzentrums begann Ende der 1980er Jahre die Planung von ‚Euralille', einem Dienstleistungskomplex mit Einkaufszentrum, Büroräumen, Appartements und einem neuen TGV-Bahnhof, der die Annäherung von Lille

an Europa symbolisieren sollte. Zur Durchführung des Projekts wurde eine Société d'Economie Mixte (SEM) gegründet. In dieser Kooperationsform gingen beide Partner ein wirtschaftliches Risiko ein; es kann beispielhaft als das ‚gemischtwirtschaftliche Modell' verstanden werden.

Anhand dieser drei Fallbeispiele wird erläutert, wie Großprojekte initiiert, geplant und umgesetzt werden, welche spezifischen Merkmale sie aufweisen und welche Probleme damit für die politische Steuerung verbunden sind. Großprojekte entziehen sich mit ihren externalisierten Managementstrukturen den traditionellen Verfahren demokratischer Aufsicht. Die Ausgliederung von Aktivitäten aus der Sphäre der öffentlichen Institutionen unterwirft – so eine der zentralen Thesen der Studie – das politische Handeln dem Primat des Projektmanagements, das in einem Spannungsverhältnis sachbezogener Effizienz und politischer Legitimation steht. Im Verlauf der Projektentwicklung kommt zudem eine Eigendynamik des Projekts zur Geltung, die immer neue Zugeständnisse der öffentlichen Hand verlangt. Folgende Aspekte sollen vor allem geklärt werden:

(1) Mit welchen Ressourcen, Interessen und Zielvorstellungen sind die Akteure aus Wirtschaft, Verwaltung und Politik an der Entwicklung und Durchführung von Großprojekten beteiligt? Welche Konflikte sind damit verbunden?

(2) Wie wirken sich die unterschiedlichen Formen öffentlich-privater Kooperation auf das Kräfteverhältnis und die Risikoverteilung zwischen den beteiligten Akteuren aus?

(3) Inwieweit bestehen bei der Durchführung der drei Großprojekte Einfluss- und Kontrollmöglichkeiten für demokratisch legitimierte Gremien und wie werden sie genutzt?

(4) Warum entwickeln Großprojekte Eigendynamiken, die sich den herkömmlichen Formen politischer Steuerung entziehen?

Die Darstellung der Vorhaben erfolgt entlang von Projektphasen: Ausgangspunkt ist die Problemerkenntnis und die Ideenfindung (Projektinitiative); dann folgen die Phasen der Konkretisierung der Projektpläne (Projektierung), der Teilnahme verschiedener Akteure und des Einsatzes von Planungsinstrumenten (Phase der öffentlichen Beteiligung und der Projektstrukturierung) und schließlich die Schritte der Umsetzung und der Realisierung des Vorhabens (Umsetzungsphase). In der Realität überlagern sich diese Phasen und lassen sich nicht klar voneinander trennen. Spezifische Merkmale von Projekten sind zudem die „Parallelität von Planung und Umsetzung" und die Aufhebung des zeitlichen Nebeneinanders „der Planungsphasen Problemdefinition, Zielformulierung, Mittelwahl und Durchführung" (Siebel/Ibert/Mayer 1999: 163). Eine Aufteilung in Phasen erscheint aber dennoch gerechtfertigt, da das Prozessgeschehen im Zeitverlauf von unterschiedlichen Akteurskonstellationen und Aufgaben geprägt ist. In erster Linie ist diese temporale Differenzierung daher ein analytisches Instrument zur besseren Fassung der Steuerungsdynamik. Wer wann und wie an dem Projekt beteiligt ist und welche Prozessdynamik jeweils herrscht, wird entscheidend von der Struktur der Projekte bzw. von dem institutionellen Arrangement beeinflusst.

Das Ziel von Fallstudien ist es, einen genauen Einblick in das Zusammenwirken komplexer Strukturen zu ermöglichen, ohne den Kontext dabei außer Acht zu lassen (vgl. Feagin/Orum/Sjoberg 1991). George (1979) spricht von strukturierten, fokussierten Fallstudien, wenn ein bestimmter Ausschnitt der Wirklichkeit untersucht und ähnliche Fragen an die untersuchten Fälle gerichtet werden. Der Vergleich der drei vorliegenden Fälle dient zum einen dazu, die einzelnen Projekte genau zu beschreiben und in ihren Eigenarten zu erkennen, zum anderen, Unterschiede und Ähnlichkeiten festzustellen und sie zu erklären (vgl. Daum/Riederer/von Seggern 1998). Der Vergleich einzelner Fälle macht aber eine methodische Paradoxie dieser Vorgehensweise deutlich, die Sidney Verba auf den Punkt bringt:

„To be comparative, we are told, we must look for generalizations or covering laws that apply to all cases of a particular type. But where are the general laws? Generalizations fade when we look at particular cases" (zit. in George 1979: 46).

Mit dieser Paradoxie wird im Folgenden so umgegangen, dass zunächst fallorientiert vorgegangen wird und fallspezifische Erkenntnisse beleuchtet werden. Dem Einzelfall soll dadurch gerecht werden, dass sowohl der Kontext als auch das Prozessgeschehen berücksichtigt werden. Der Vergleich bietet sodann den Vorteil, den einseitigen Blick auf den Einzelfall zu überwinden. Dadurch können fallübergreifende Ähnlichkeiten und Auffälligkeiten erkannt werden. In der vorliegenden Studie werden zentrale Erklärungsfaktoren für die Steuerungsproblematik von Großprojekten erarbeitet und fallübergreifend die Problematik der politischen Legitimation der Projektpolitik und die Projektlogik analysiert.

Bei Fallstudien ist „größte Offenheit gegenüber den Felderfahrungen geboten, um auch den von den Erwartungen abweichenden Einflußprozessen eine Chance zu geben" (Pappi 1987: 376). Daher wurden leitfadenorientierte Interviews mit Experten durchgeführt, in denen die Sichtweisen der Befragten zur Geltung kommen konnten (vgl. Flick 1995). Als Experten werden diejenigen Personen betrachtet, die selbst Teil des Handlungsfeldes sind und in irgendeiner Weise Verantwortung tragen für den Entwurf, die Implementierung oder die Kontrolle der Projekte oder wer immer über einen privilegierten Zugang zu Informationen über Personengruppen oder Entscheidungsprozessen verfügt (vgl. Meuser/Nagel 1991). Dazu zählen in dieser Studie Personen, die bei der Planung, Durchführung und Kontrolle der Großprojekte beteiligt waren und die Entscheidungsabläufe gut kennen, wie Verwaltungsmitarbeiter, Mitarbeiter der Projektentwicklungsgesellschaften und Politiker etc. Befragungen von Experten beziehen sich auf klar definierte Wissensbestände von Funktionsträgern und auf institutionelle Zusammenhänge; dabei bleiben private Erfahrungen und der Lebenszusammenhang der Befragten ausgeklammert. In Interviewsituationen – auch bei Experteninterviews – besteht das Problem, dass die befragten Personen nicht immer die ‚ganze Wahrheit' mitteilen. Dies ist vor allem dann der Fall, wenn es um Kenntnisse geht, die sich auf informelle Vorgänge und Prozesse beziehen. Benz und Seibel (1992) weisen darauf hin, dass es kaum gelingt, Informationen über informale Verhandlungsprozesse zu erhalten. Der Grund dafür liegt in erhebungstechnischen Problemen: Selten gelingt es dem empirisch arbeitenden Forscher, in „solche Prozesse direkt Einblick zu gewinnen, in der Regel muß er sich mit der Feststellung des Ergebnisses begnügen...Was die Beteiligten im Verborgenen halten wollen, bleibt selbstverständlich auch dem Wissenschaftler weitgehend verborgen" (Benz/Seibel 1992: 12). Durch eine Aushandlung von Nähe und Distanz im Verhältnis zu den Befragten kann diese Grenze zum Teil überschritten werden. Der Forscherin als ‚professionelle Fremde' bleiben aber zwangsläufig gewisse Einblicke verwehrt (vgl. Flick 1995).

Diese Problematik stellte sich auch in der vorliegenden Studie, da Netzwerke und informelle Verhandlungsprozesse insbesondere in Großprojekten wirksam wurden und nicht immer vollständig zu rekonstruieren waren. Beispielsweise ließen sich zwar Informationen und Einschätzungen über die Rolle von Schlüsselfiguren im Projektverlauf erhalten; wie ihr konkretes Wirken ‚hinter den Kulissen' aussah, blieb aber meist im Verborgenem. Während kaum Schwierigkeiten beim Zugang zu Interviewpartnern auftraten, musste aufgrund der verfügbaren Ressourcen eine Auswahl maßgeblicher Personen getroffen und daher auf eine umfassende Befragung verzichtet werden. Dies scheint aber gerechtfertigt, da es hier weniger um Repräsentativität geht, sondern um ein möglichst genaues Nachvollziehen der Steuerungsprozesse.

Die Experteninterviews waren nur eine Datenquelle neben anderen; ein weiterer Zugang zu Prozessen, Rollen einzelner Akteure und deren Absichten erfolgte über die Analyse von Akten, Dokumenten und Presseberichten. Verwaltungsakten, Gutachten, Beschlüsse und Protokolle parlamentarischer Sitzungen ermöglichten weitere Einblicke in die Projektentwicklung und eine Absicherung der Erkenntnisse aus den Interviews. Auch hier stellte sich das Problem, dass eine Reihe von Dokumenten nicht für die Öffentlichkeit zugänglich waren. Gelang der Zugang zu vertraulichen Verwaltungsunterlagen – vor allem dann, wenn gute Kontakte zu den Projektmitarbeitern bestanden – konnten diese Informationen zum Teil nicht direkt zitiert werden.

Über den Steuerungsprozess von Berlin Adlershof gibt es bislang keine durchgeführten Studien, so dass weitgehend auf Primärquellen zurückgegriffen wurde. Im Zentrum standen ca. 30 Experteninterviews und die Analyse einschlägiger Dokumente, die durch Beobachtungen bei Exkursionen in Adlershof und dort stattfindenden Veranstaltungen ergänzt wurden. Über den Planungsprozess der Neuen Mitte Oberhausen lag hingegen mit Basten (1998) eine umfassende Untersuchung vor, so dass nur pointierte Primärerhebungen notwendig waren. Bastens Studie ist auf den konkreten Einzelfall zugeschnitten und befasst sich mit den Entscheidungsprozessen und den spezifischen Abläufen vor Ort, auf der interkommunalen Ebene sowie auf der Landesebene. Diese Darstellung wurde durch das Dokumentationsmaterial des Parlamentarischen Untersuchungsausschusses (PUA), der auf Landesebene eingesetzt wurde, durch Protokolle der Ratssitzungen und durch verschiedene Experteninterviews ergänzt. Dadurch konnte das für die vorliegende Studie relevante Material zur zentralen Frage der demokratischen Legitimation und zur komparativen Analyse erhoben werden.

Im Fall Euralille lagen einige kürzere Studien über die politischen Prozesse und die sozioökonomischen Wirkungen dieses Großprojekts vor; insbesondere seien hier Moulaert, Salin und Werquin (1999, 2001), Bertolini und Spit (1998) sowie Newman und Thornley (1995) erwähnt. Zusätzlich wurden auch in diesem Fall Experten befragt, wie die verantwortlichen Personen der gemischtwirtschaftlichen Gesellschaft SEM Euralille, der Bank Caisse des Dépots et Consignations (CDC) und dem Amt für Stadtentwicklung (Agence de Développement et d'Urbanisme) in Lille; es wurden auch Protokolle der Ratssitzungen und des Stadt-Umland-Verbandes ausgewertet.[2]

---

[2] Die verwendeten Dokumente und durchgeführten Experteninterviews werden im Anhang aufgeführt.

3. Aufbau der Studie

Die Studie besteht aus drei Hauptkapiteln. Das erste Kapitel soll das Thema einordnen und konkretisieren und den analytischen Rahmen skizzieren. Hier wird gezeigt, dass die Bedeutungszunahme von Projektpolitik sowohl auf ein verändertes Planungsverständnis als auch auf spezifische Aufgaben der Stadtentwicklung zurückzuführen ist. Es folgt eine Darstellung der wichtigsten Merkmale und Formen der Projektpolitik und des Steuerungsmodells von großen Projekten – das Projektmanagement. Da die projektorientierte Stadtentwicklungspolitik in der Planungsdiskussion mit dem Wandel staatlicher Steuerung in Verbindung gebracht wird, schließt sich eine Einführung in die Diskussion zum Form- und Funktionswandel des Staates an. Relevante Gesichtspunkte des ‚kooperativen Staates' werden dargestellt und kooperative Steuerungsverfahren unter dem Aspekt vorgestellt, inwiefern sie den Kriterien demokratischer Legitimation gerecht werden. Diese Frage ist für die vorliegende Untersuchung von großer Bedeutung, da das komplexe Zusammenspiel öffentlicher Akteure und gesellschaftlicher sowie privatwirtschaftlicher Interessengruppen Fragen hinsichtlich der Beteiligungschancen und der demokratischen Öffnung aufwirft.

Angesichts der angespannten Finanzsituation der kommunalen Haushalte, der Fülle eigener und vom Staat übertragener Aufgaben und des teilweise großen Investitionsbedarfs stellt sich den Städten seit längerem die Frage, wie und in welcher Form sie ihre Aufgaben kostensparend und effektiv wahrnehmen können. Zur Bewältigung der anstehenden Aufgaben wird zunehmend die Kooperation mit der Privatwirtschaft gesucht. Gerade in einer projektförmigen Stadtentwicklungspolitik kommen öffentlich-private Kooperationen zum Einsatz, die hier – den ersten Teil abschließend – ausführlich behandelt werden.

Im zweiten, empirischen Kapitel werden vor dem vorgestellten theoretischen Rahmen die drei Fallstudien eingeführt. Das empirische Material wird zunächst fallorientiert analysiert. Der Fallanalyse wird der politische und institutionelle Kontext in den drei Städten Berlin, Oberhausen und Lille vorangestellt, in den die Großprojekte eingebettet sind. Danach sind die Steuerungsprozesse in den einzelnen Großprojekten – Berlin Adlershof, die Neue Mitte Oberhausen und Euralille – systematisch entlang relevanter Planungsphasen zu analysieren.

Im abschließenden dritten Kapitel werden die Fallstudien miteinander verglichen und zentrale Unterschiede und Gemeinsamkeiten diskutiert. Die vergleichende Betrachtung widmet sich den Funktionsbedingungen von

Großprojekten und insbesondere den Fragen, welche Bedeutung die unterschiedlichen Kooperationstypen haben, welche Rolle Promotoren im Projektverlauf spielen und wie die Projekte in die Verwaltungsstruktur eingebettet sind. Diesen fallspezifischen Unterschieden stehen zentrale Ähnlichkeiten der Großprojekte gegenüber. Die fallübergreifenden Gemeinsamkeiten äußern sich in einer spezifischen Eigendynamik der Projekte und in Legitimationsdefiziten des Projektmanagements. Am Ende der Ausführungen wird diskutiert, welche Folgen die Übertragung von Managementkonzepten auf die öffentliche Verwaltung hat und wie auf die Herausforderung ‚Großprojekt' politisch angemessen reagiert werden kann. Abschließend werden Perspektiven für die Forschung skizziert.

Kapitel I
Stadtentwicklungspolitik im Wandel –
Öffentlich-private Kooperationen in Großprojekten

Wie sich Städte entwickeln, ist von einer Fülle unterschiedlicher Einflussfaktoren abhängig. Daher überrascht es auch nicht, dass es für die Erklärung von Prozessen der Stadtentwicklung eine Vielzahl von Ansätzen gibt. Aus sozialökologischer Perspektive ist die Konkurrenz um die städtische Raumnutzung entscheidend für die Entwicklung von Städten (vgl. Friedrichs 1977). In der ökonomischen Theorie der Stadtentwicklung wird davon ausgegangen, dass der Bodenpreis und damit die Preiskonkurrenz über die Nutzung von Grundstücken entscheidet (vgl. Krätke 1995). Wenn aus dieser Perspektive ökonomisch determinierte Strategien der Wirtschaft als ausschlaggebend für den Wandel räumlicher Strukturen betrachtet werden, erhalten die tatsächlichen Entscheidungsstrukturen nicht die ihnen gebührende Aufmerksamkeit. Die Akteursebene wird hingegen in politisch-ökonomischen Ansätzen stärker in den Blick genommen, die städtischen Wandel aus einem Wechselverhältnis ökonomischer und politischer Interessen herleiten (vgl. Fainstein 1994). Demnach besteht ein Zusammenhang zwischen der Internationalisierung der Wirtschaft und den Investitionsstrategien des privaten Kapitals sowie zwischen den tiefgreifenden Einschnitten des Strukturwandels und den kommunalen Handlungsstrategien. Statt einzelner Größen prägt ein ganzes Bündel an Einflussfaktoren die Stadtentwicklung:

„Städte entwickeln sich nicht zufällig. Wie Grundstücke genutzt werden, wer wo wohnt und wie der Verkehr in einer Stadt abgewickelt wird, das ergibt sich aus einem komplizierten Geflecht von öffentlicher Planung, Entscheidungen von Grundstückseigentümern und Investoren, aus der Nachfrage von gewerblichen Nutzern und Wohnungssuchenden. Entscheidende Parameter sind dabei die Bevölkerungs- und Arbeitsplatzentwicklung" (Häußermann 2001: 516f.).

Stadtentwicklung wird folglich nicht nur von strukturellen Entwicklungen geprägt, sondern ist auch das Ergebnis von Politik und Planung.

Die politische Dimension von Stadtentwicklung steht in der vorliegenden Studie im Vordergrund. Im Folgenden wird zunächst der Wandel im Selbstverständnis der Stadtentwicklungspolitik und -planung nachvollzogen, um herzuleiten, warum Projekte eine immer größere Rolle in der Stadtentwicklung spielen. Da diese Frage in den Diskurs zum Form- und Funktionswandel politischer Steuerung eingebettet ist, folgen Ausführungen zum ‚kooperativen Staat'. Planung ist eingebettet in die Entscheidungskultur einer Gesellschaft und daher ein Spiegel der Zeit sowohl hinsichtlich der Steuerungskultur eines Staatswesens als auch der anstehenden Aufgaben (vgl. Ritter 1998). Anschließend werden neue Steuerungsformen auf der lokalen Ebene erörtert, auf der öffentlich-private Kooperationen eine zentrale Rolle bei der Durchführung von Großprojekten spielen.

1. Über den Wandel des Planungsverständnisses: vom Plan zum Projekt

Seit Anfang der 1990er Jahre ist für die Stadtentwicklungspolitik zunehmend ein umsetzungs- und projektorientiertes Planungsverständnis leitend.[3] Seine Wurzeln hat dieses neue Planungsverständnis im Scheitern der umfassenden Entwicklungsplanung in den siebziger Jahren und der Stückwerkspolitik einzelner Fachressorts in den achtziger Jahren. Von Projekten versprechen sich Politiker und Städteplaner gesteigerte Leistungsfähigkeit in Zeiten rapider politischer, wirtschaftlicher und gesellschaftlicher Veränderungen.

Auf die letzten Jahrzehnte zurückblickend, teilt Albers (1993) die Praxis der Stadtplanung und das mit ihr verbundene Planungsverständnis in unterschiedliche Phasen ein. Die Einteilung des Planungsverständnisses in Phasen darf nicht darüber hinweg täuschen, dass die Planungsrealität teilweise auch von einer „Gleichzeitigkeit verschiedener Planungsverständnisse" geprägt ist (Selle 1996: 43). So sind beispielsweise die Gewerbeplanung und die Wirtschaftsförderung noch durch Anpassungs- und Auffangplanung bestimmt; kommunales Handeln muss hier als Nachvollzug von „gesellschaftlichen Prozessen, die im wesentlichen ungeplant", d.h. „der Eigentü-

---

3 Das zum 1.1.1998 novellierte Bundesraumordnungsgesetz ermöglicht eine verstärkte Umsetzungsorientierung der räumlichen Planung. Mehr Projekte statt Programme und Pläne lautet die Devise für die räumliche Planung, siehe dazu Informationen zur Raumentwicklung, H. 3,4, 1999.

merinitiative überlassen" bleiben, gekennzeichnet werden (Selle 1996: 43). Auch wenn die Realität keine klaren Zäsuren zwischen unterschiedlichen Planungsphasen kennt, hilft die Einteilung in verschiedene Phasen, vorherrschende Trends und das jeweils dominante Verständnis von Planung zu erkennen.

Bis in die 60er Jahre des 20. Jahrhunderts hatte die Stadtplanung die Funktion einer ‚Auffangplanung' für die nicht-intendierten Folgeprobleme des Wirtschaftswachstums der Nachkriegszeit. Planung sollte ‚lenkende Hand' sein und Mittel der Anpassung von räumlicher Umwelt an einen gesellschaftlichen Prozess, der selbst im Wesentlichen ungeplant blieb. Die Praxis der Stadtplanung dieser Zeit war deshalb vor allem Bauleitplanung, d.h. dass den Ansprüchen privater Bauherren nach Bauland für Wohn- oder Gewerbeflächen entsprochen wurde, indem landwirtschaftlich genutzte Flächen oder Kleingärten in Bauland verwandelt wurde. Zum Teil wurden auch nur im Nachhinein die Flächennutzungs- und Bebauungspläne an die tatsächliche Bodennutzung angeglichen. Nachdem Ende der 1960er Jahre offenkundig geworden war, dass die Entwicklung der Städte „in die Irre" geführt hatte, kam die Forderung nach einer Stadtentwicklungsplanung auf (Gotthold 1978: 11). Die ‚Entwicklungsplanung' trat als neue Wortschöpfung hervor und veränderte den Begriffsinhalt von ‚Entwicklung': weniger „evolution", mehr „development" (Albers 1993: 101). Die Stadt sollte auf der Grundlage von umfassenden Stadtentwicklungsprogrammen und daraus resultierenden Entwicklungsplänen gestaltet werden. Diese Planungsstrategie fällt in die Phase der Stadterweiterung, in der es vorrangig darum ging, mehr Wohnungen durch den Bau großer Trabantenstädte an der Peripherie und mehr gewerbliche Arbeitsplätze auf der ‚grünen Wiese' zu schaffen. Die Automobilisierung der Gesellschaft führte dazu, dass zusätzlich Raum für den Verkehr erschlossen werden musste. Stadtentwicklung war in dieser Phase gleichbedeutend mit ökonomischem Wachstum und Expansion der Fläche. Die Stadtentwicklungsplanung orientierte sich am Konzept der Globalsteuerung und nahm die städtische Gesamtentwicklung in den Blick. Sie sollte ressortübergreifend räumliche und fachplanerische Aspekte, vor allem auch soziale Ziele – unter gleichzeitiger Abstimmung mit kommunaler Finanz- und Investitionsplanung – in ein konsistentes Gesamtprogramm integrieren (vgl. Heinz 1998a).[4]

---

4 Zu einer rechtlichen Entsprechung der mit dem Instrument der Stadtentwicklungsplanung (STEP) verbundenen hohen Erwartung kam es nicht. Die STEP fand zwar Eingang in die Novelle des Bundesbaugesetzbuches von 1977, aber ohne inhaltliche Präzisierung, lediglich in Form eines Berücksichtigungsgebots. Dennoch folgte das tatsächliche Geschehen vielerorts

Um das Aufkommen der Stadtentwicklungsplanung zu verstehen, muss sie als Teil eines „allgemeinen Beginns staatlicher Planungspolitik" aufgefasst werden (Gotthold 1978: 15). Im Rahmen dieser Politik, die vorwiegend dem wirtschaftlichen Wachstum und einem möglichst hohen Beschäftigungsstand verpflichtet war, spielte auch die Raumplanung eine immer größere Rolle. Die staatliche Raumplanung war mit der Stadtentwicklungsplanung eng verbunden und steuerte vor allem über finanzielle Zuweisungen die kommunalen Infrastrukturinvestitionen.

Die Steuerbarkeit der sozialen und wirtschaftlichen Entwicklung wurde aber ebenso überschätzt wie die Koordinierbarkeit des Verwaltungshandelns. Die integrierte Planung glich einem „geschlossenen Planungsmodell", das durch ein spezifisches Konzept der Rationalität planenden Handelns gekennzeichnet war (Häußermann/Siebel 1993a: 142). Danach war Planung in dem Maß rational, wie sie über vollständige Informationen verfügte, widerspruchsfreie Ziele verfolgte und die Mittel zur Durchsetzung der Ziele kontrollierte. Man könnte auch von einem „Gott-Vater-Modell" sprechen, „in dem ein Planungssubjekt über alle Informationen und Machtmittel verfügt, jenseits von Gut und Böse handelt und gleichsam aus einer Tabularasa-Situation heraus eine neue Welt schafft" (Häußermann/Siebel 1993a: 142). Der hohe Anspruch der integrierten Stadtentwicklungsplanung, die sich an diesem Modell orientierte, konnte jedoch nicht eingelöst werden.[5]

Schon Mitte der 70er Jahre hatte sich das vorherrschende Planungsverständnis verändert: Die Zielvorstellung einer umfassenden Integration aller räumlichen, fachlichen und finanziellen Ressourcenplanungen wurde von einem stärker pragmatisch orientierten Ansatz abgelöst, der von einer räumlichen und sektoralen Eingrenzung der Stadtentwicklungsplanung geprägt war. Wirtschaftliche Strukturveränderungen und internationaler Wettbewerb auf den Gütermärkten lösten einen Strukturwandel aus, der in den Städten durch Produktionsrückgang, Werksstilllegungen und steigende Arbeitslosigkeit sichtbar wurde. Die Entwicklung der Städte war nicht mehr von Wachstum, sondern von Schrumpfung bzw. von Stagnation geprägt. Es standen nicht länger großflächige Vorhaben des Wiederaufbaus und der Stadterweiterung im Vordergrund der Stadtentwicklungspolitik, sondern kleinteilige

---

dem Grundgedanken einer umfassenden und integrativen Entwicklungsplanung (vgl. Albers 1993).

5   1982 teilte der Deutsche Städtetag seinen Mitgliedstädten einen Beschluss seines Präsidiums mit, die Erarbeitung geschlossener und umfangreicher gesamtstädtischer Entwicklungspläne und -programme brauche nicht mehr im Vordergrund der Aufgabe zu stehen (vgl. Göb 1989).

Sanierung und Erneuerung des Bestandes in einzelnen Quartieren und Stadtteilen.

Insgesamt veränderten sich in dieser Phase des Stadtumbaus die Stadtentwicklungsstrategien: Es zeichnete sich nicht nur eine räumliche, sondern auch eine sektorale Eingrenzung der Stadtentwicklungspolitik ab. Die Dienststellen für Stadtplanung wurden mit der Koordination von Teilentwicklungsplänen (etwa kommunale Wohnkonzepte oder Konzepte zur Büro- und Gewerbeflächenentwicklung) betraut und nicht mehr mit der Integration der unterschiedlichen Fachplanungen in ein Gesamtprogramm (vgl. Heinz 1998a). Der „große und umfassende Planungszugriff wird", laut Häußermann und Siebel (1993a: 143), „aufgelöst in viele kleine Schritte". Diese ‚Stückwerkpolitik' (Inkrementalismus) stellt in der Planungstheorie den Gegenpart der umfassenden Entwicklungsplanung dar. Auch hinsichtlich der Beteiligung von Bürgern und Planungs-Betroffenen veränderte sich das Planungsverständnis. Während anfangs räumliche Entwicklung als Resultat der Aktivitäten sowohl des Marktes als auch des Staates erschien, wurden Bürger nach und nach als Beteiligte in den Planungsprozess eingebunden. Formale Beteiligungsrechte wurden eingeführt, die sich z.T. als nicht leistungsfähig erwiesen. Daher wurde das Instrumentarium durch informelle Verfahren ergänzt, die stärker auf Kommunikation und Kooperation setzten (vgl. Selle 1997).

2. Stadtentwicklung durch Großprojekte

Dass Projekte ab Mitte der 1980er Jahre in der Stadtentwicklungspolitik an Bedeutung gewannen, hat wesentlich mit den Anforderungen postindustrieller Städte zu tun. Sie sind durch drei zentrale Entwicklungen geprägt (Savitch 1988: 285): Erstens treten post-industrielle Städte zunehmend in Konkurrenz zueinander, zweitens gehen ihre Entscheidungsträger vermehrt zu einer aktiven Stadtentwicklungspolitik über und handeln unternehmerisch, drittens muss die gebaute Umwelt an neue Bedingungen angepasst werden. Statt Fabriken werden Büros errichtet. Die zunehmende Dienstleistungsorientierung hat auch indirekte Auswirkungen auf den Wandel der Sozialstruktur der Städte. Die Kernstädte erfahren eine Reurbanisierung wegen der Zunahme qualifizierter Arbeitsplätze, steigender Einkommen und der Integration der Frauen ins Berufsleben – bei gleichzeitigem Anwachsen der Arbeitslosenzahlen und der Anzahl von Beschäftigten im Niedriglohnsektor (vgl. Häußermann/Siebel 1995).

Städtekonkurrenz gibt es, seitdem es Städte gibt. Historisch gesehen, waren Städte Orte politischer Macht und daher ein räumlicher Ausdruck zentralisierter Kontrolle. Erfolgreiche Städte früherer Epochen – Rom, Lissabon, Madrid, London, Paris – hatten in geografischer und ökonomischer Sicht den größten Aktionsradius. Diese Städte waren Zentren konkurrierender globaler Imperien, die in sich hierarchisch geordnet waren (vgl. Jensen-Butler/van Weesep 1997). Heute wird diese eingeschränkte Form globalen Wettbewerbs durch den weltweiten Wettbewerb größerer Städte ersetzt. Nicht nur ‚global cities' konkurrieren, sondern Städte unterschiedlicher Größe auf nationaler und regionaler Ebene. Grundsätzlich geht es darum, ökonomische Aktivitäten, Investitionen, Subventionen und Kaufkraft in die Stadt zu lenken. Zum einen sollen neue Investoren für Arbeitsplätze angeworben, zum anderen sollen die Städte zu Orten des Konsums und des Tourismus entwickelt werden; damit ist Kaufkraft in die Stadt zu locken. Zum dritten gilt es, Fördermittel (Städtebauförderung, Wirtschaftsförderung etc.) von übergeordneten Instanzen (Bund, EU) zu ergattern. In diesem Zusammenhang gewinnen auch ‚weiche Standortfaktoren' an Bedeutung. Kultur und ganz allgemein Investitionen in die Verbesserung der Lebensbedingungen in den Städten werden als Standort- und als Wirtschaftsfaktor verstanden (vgl. Grabow u.a. 1995). Insofern geht Stadtentwicklungspolitik über die reaktive Verwaltung und räumliche Ordnung städtischen Wachsens oder Schrumpfens hinaus und zielt stärker als zuvor auf die aktive katalytische Initiierung und auf das Management lokaler Entwicklungen. Damit ist ein „unternehmerisches Politikverständnis" (Schneider 1997: 42) angesprochen.[6] Stadtverwaltungen begnügen sich nicht mehr damit, Wirtschaftsaktivitäten zu unterstützen, sondern gehen dazu über, sie selbst in die Wege zu leiten: „Stadt und Region werden als Unternehmen betrachtet, die das ‚Produkt' Stadt oder Region aktiv vermarkten" (Krätke 1995: 246). Harding (1994a: 196) beschreibt die unternehmerische Stadt als einen Ort, „where key interest groups in the public, private and voluntary sectors develop a commitment to realising a broadly consensual vision of urban development, devise appropriate structures for implementing this vision and mobilise both local and non-local resources to pursue it."

---

6 Vgl. Jensen-Butler 1997, Hall/Hubbard 1998, Le Galès/Harding 1998, Jessop 2000.

2.1 Formen der Projektpolitik

Auf brachliegenden Industrie-, Transport-, Militär- oder Verkehrsflächen werden Großprojekte bzw. neue Stadtteile für postindustrielle Nutzungen geplant – sie enthalten in der Regel Büros, Flächen für ‚High Tech' oder Anlagen für das Freizeit- und Tourismus-Geschäft. Als Eckpfeiler einer neuen Dienstleistungsökonomie sollen sie das Bild eines dynamischen Wirtschaftsstandorts verbreiten helfen. Um dieses Ziel zu erreichen und auch, um die Sichtbarkeit der stadtpolitischen Initiative zu erhöhen, werden die knapper werdenden Ressourcen in spektakulären Projekten gebündelt.[7] Viele Städte betreiben gleichzeitig Imagepflege.[8] Es geht darum, wer die attraktivsten Stadterneuerungsprojekte, die spektakulärsten Großereignisse und die lukrativsten Flächen für internationale Kapital- und Immobiliengesellschaften anbieten kann. Dies führt zu Imitationseffekten und zu einer „serienmäßigen Reproduktion" bestimmter Entwicklungsmuster (Harvey 1989: 10). Diese Form der Projektpolitik kommt nach Heinz (1998a: 242) einem neuen Inkrementalismus im Sinne eines auf Einzelprojekte beschränkten Stadtmarketings gleich, auch „wenn die Aneinanderreihung großer Einzelprojekte in einigen Städten als Entwicklungsplanung im Sinne langfristiger Innovationen verstanden wird." Als eine Form der Weiterentwicklung integraler und prozessorientierter Planungsstrategien gilt die ‚strategische Planung', die beispielsweise in der Rotterdamer Stadterneuerungspraxis erfolgreich war (vgl. Lübke 1995). Sie stellt eine Verknüpfung langfristiger Orientierung, diskursiver Planungsformen und Projektplanung dar.[9]

Eine andere Form der Konzentration stadtentwicklungspolitischer Aktivitäten auf die Planung und Durchführung großer Projekte, ist die ‚Politik der großen Ereignisse', mit der zum einen die Stadtentwicklung vorangetrieben und zum anderen über eine ‚Festivalisierung' der Stadtpolitik der Bekanntheitsgrad einer Stadt erhöht und ihr Image aufpoliert werden soll

---

7 Vgl. Bianchini/Dawson/Evans 1992, Häußermann/Siebel 1994, Loftman/Nevin 1995.
8 Vgl. Ashworth/Voogd 1990, Kearns/Philo 1993, Helbrecht 1994.
9 Auch wenn die gesamtstädtische Entwicklungsplanung seit den 1980er Jahren in den Hintergrund gedrängt wurde, erfährt sie in einigen Städten seit den 1990er Jahren in gewandelter Form neue Beliebtheit. Hierzu zählen diskursive Planungsansätze wie der Hamburger Stadtdialog, bei dem Gesprächsrunden mit Mitarbeitern der Verwaltung, Interessenvertretern und Bürgern zur Ideenfindung und zum Interessenausgleich organisiert werden, die bei der Entwicklung eines neuen Stadtentwicklungskonzepts mitwirken. Bekanntestes Beispiel in Deutschland ist das Berliner Stadtforum, eine Expertendiskussion zur Unterstützung politisch-administrativer Entscheidungen in der Stadtentwicklung und im Städtebau (vgl. Fassbinder 1997).

(vgl. Häußermann/Siebel 1993b). Über eine Festivalisierung der Politik soll auch versucht werden, Gemeinsinn zu inszenieren und eine Identifikation der Bürger mit politischen Institutionen herzustellen. Zu solchen Großereignissen zählen vor allem Weltausstellungen und Olympische Spiele, aber auch Landesgartenschauen und andere Veranstaltungen. Da große Ereignisse neben dem Zweck, Festival zu sein, auch Stadtentwicklung über die Verbesserung der Infrastruktur vorantreiben sollen, ist für Mayer und Siebel (1998: 6) ein Großereignis wie ein „Meteor, der an einer Stelle einschlägt und außen herum in der Stadt heftige Folgewirkungen auslöst."

Eine weitere Form der Projektpolitik, gewissermaßen der Gegenpol zum Großereignis, ist die ‚Strategie der endogenen Potenziale', wie sie programmatisch von der Internationalen Bauausstellung Emscher Park im nördlichen Ruhrgebiet angestrebt wurde.[10] Die IBA war dezentral in eine Vielzahl kleiner, eigenständiger Projekte organisiert: Ein pointillistisches Vorhaben, bei dem sich aus „vielen punktuellen Interventionen allmählich das Bild einer erneuerten Region ergibt" (Mayer/Siebel 1998). Ganser (1991: 59) hat diese Variante der projektorientierten Planung als „perspektivischen Inkrementalismus" bezeichnet, bei der die Projektziele lediglich auf dem Niveau gesellschaftlicher Grundwerte vorgegeben und nicht weiter differenziert werden, damit Konsensbildung möglich bleibt. Es werden Leitthemen und Qualitätsstandards für eine ökologische, soziale, kulturelle und historische Erneuerung der Region aufgestellt. Insgesamt stellt die IBA Emscher Park ein „neues Steuerungsmodell regionaler Entwicklung" dar, das „geeignet ist, einen Prozeß zu initiieren und zu organisieren, der auf Innovation und Qualität" zielt (Kilper 1999: 310).

2.2 Projekt und Projektmanagement

Projekte lassen sich in dem hier gemeinten Sinn allgemein als Vorhaben und „Sonderaufgaben mit einem außergewöhnlich breiten Kompetenzbedarf" definieren (Corsten/Corsten 2000: 1, vgl. auch Kessler/Winkelhofer 2001). Zu ihrer Lösung bedarf es daher der Zusammenarbeit unterschiedlicher Fach- und Wissensgebiete. Projekte sind durch eine Reihe von Merkmalen gekennzeichnet: Zielvorgabe, zeitliche Befristung, Komplexität und relative Neuartigkeit. Die Komplexität eines Projektes zeigt sich darin, dass

---

10 Kilper (1999) bietet eine umfassende Analyse der IBA Emscher Park als Referenzmodell staatlicher Modernisierung. Zur Entstehung, Planungsstrategie und Wirkung siehe auch Ganser/Siebel/Sieverts (1993), Häußermann/Siebel (1993a), Kurth/Scheuvens/Zlonicky (1999).

eine Vielzahl von Teilaktivitäten und Interdependenzen wirksam werden, die schwer vorauszusehen sind. Neben der Komplexität als struktureller Dimension ist auch die Dynamik als zeitliche Dimension zu nennen. Sie stellen gemeinsam mit der Neuartigkeit der Aufgaben einen Unsicherheitsfaktor bei der Durchführung von Projekten dar.

In der Planungsdiskussion werden Projekte als neuer Typ von Planung bezeichnet, der sich von anderen Planungsformen wie die umfassende Entwicklungsplanung und die inkrementalistische Vorgehensweise in dreifacher Weise unterscheidet (vgl. Siebel/Ibert/Mayer 1999): Projektorientierte Planung zieht sich zum einen auf punktuelle Interventionen zurück; der Eingriff ist räumlich, zeitlich und inhaltlich begrenzt. Zum anderen geht es in organisatorischer Sicht um eine Parallelität von Planung und Umsetzung, so dass die klassische Arbeitsteilung zwischen öffentlicher Planung und privater Realisierung aufgegeben wird. Instrumentell gesehen, setzt die projektorientierte Planung drittens auf ‚weiche Strategien'. Anstelle hoheitlicher Steuerungsmedien treten kooperative Verhandlungssysteme und eine informelle Planung. Um nicht den öffentlichen Steuerungsanspruch völlig aufzugeben, bleibt aber die hierarchische Steuerung mittels rechtlicher Vorgaben oder finanzieller Zuwendungen als „Rute im Fenster" sichtbar (Mayntz/Scharpf 1995a: 29).

Bei der Projektplanung steht folglich nicht mehr der flächenhafte Plan im Vordergrund, sondern das einzelne Projekt. Mit der Projektplanung ist nicht das private Vorhaben oder das öffentliche Projekt gemeint; der Schnittbereich ist gefordert, in dem öffentliche Planung mit Akteuren aus anderen ‚Sphären' kooperativ Konzepte entwickelt und umsetzt (vgl. Keller/Koch/Selle 1998). Dieses Planungsverständnis ist vor allem dadurch gekennzeichnet, dass öffentliche Planer mit anderen Trägern räumlicher Entwicklung (z.B. Entwicklungsgesellschaften) zusammenwirken und dass die Trennung von Planen und Handeln aufgehoben wird (vgl. Selle 1996). ‚Kooperation' und ‚Projekt' bilden daher ein Begriffspaar. Damit erlangen neue Trägerschaften bzw. neue Wachstumskoalitionen eine einflussreiche Stellung in der Kommunalpolitik. Die Politik der großen Projekte verändert die Machtstruktur in der Stadt, und sie wirft neue Probleme der politischen Kontrolle auf. Zentrales Merkmal der Projektpolitik ist die Mobilisierung eines breiten Spektrums von staatlichen, privatwirtschaftlichen und gesellschaftlichen Akteuren, die vielfältige Funktionen in der Projektsteuerung übernehmen. Zur Realisierung werden Entwicklungsgesellschaften gegründet, die in ‚Public Private Partnership' die Projekte umsetzen.

Um Projekte effizient durchzuführen, werden moderne Managementfunktionen angewendet. In der Privatwirtschaft ist Projektmanagement ein

„seit langem gebräuchlicher Ansatz effizienter, problembezogener Arbeitsweise und hat – unter dem Druck der Verfahrensbeschleunigung – inzwischen auch in der öffentlichen Verwaltung Aufmerksamkeit erlangt" (Fürst 1998a: 238). Durch die Einbeziehung unterschiedlicher Verwaltungsabteilungen kann Wissensbreite und Wissenstiefe durch eine Zusammenarbeit gesteigert werden (vgl. Andersch/Belzer 1998). In der Verwaltung haben Projektmanagementkonzepte zum Teil aber mit Widerständen und Reibungsverlusten zu rechnen, die auf Eigenheiten des politisch-administrativen Systems zurückzuführen sind. Da das Projektmanagement durch eine schwache Institutionalisierung geprägt ist, sind die Anforderungen an die Managementleistungen hoch. Während eine „starke Institutionalisierung eine gewisse strukturelle Steuerung übernimmt (z.B. Routinen zuläßt, einen Teil der Konflikte strukturell regelt, klare Rollen zuweist, externe Einflüsse institutionell ausblendet), transferiert eine schwache Institutionalisierung eine hohe Last der Komplexitätsverarbeitung, Konsensbildung und Entscheidungsfindung auf Personen" (Fürst 1998a: 250). Da innovatives Handeln in Verwaltungen noch nicht so stark ausgeprägt ist, werden hohe Ansprüche an die Mitarbeiter gestellt. Zudem befindet sich das Projektmanagement im „Spannungsverhältnis sach-rationaler Effizienz und politischer Legitimation" (Fürst 1998a: 250). Dem Bedürfnis nach Kontrolle politischer Entscheidungen, steht eine ‚Entpolitisierung' der Entscheidungsprozesse durch einen Rückzug des Projektmanagements aus politischen Gremien entgegen. Dieses Spannungsverhältnis gilt es auszubalancieren, wie sich später in den Fallstudien zeigen wird.

3. Politische Steuerung in komplexen Gesellschaften

Heute gilt als selbstverständlich, dass politische Steuerung nicht ausschließlich als hoheitliche Tätigkeit oder als hierarchische Steuerung des Staates aufgefasst werden kann. Herkömmliche Bilder von Steuerung als „einem Steuermann, der das Steuerruder fest in den Händen hält und sein Schiff auf sicherem Kurs steuert" oder einen „Staatenlenker, der die Staatsgewalt nutzt, um das Staatsschiff über alle Klippen zu bringen" (Görlitz/Burth 1998: 7), müssen über Bord geworfen werden. Diese Bilder politischer Steuerung beschreiben staatliches Handeln als hierarchische Intervention von oben mit einem umfassenden Steuerungsanspruch und dem Ziel öffentlicher Wohlfahrt. Die Vorstellung vom Staat als homogener Einheit, die der Gesellschaft übergeordnet ist und diese im Rahmen einer hierarchischen Beziehung steuert, entspricht schon lange nicht mehr der Realität.[11] Moderne Staaten sind eingebunden in ein immer dichter werdendes Geflecht innergesellschaftlicher und transnationaler Abhängigkeiten und Verhandlungszwänge (vgl. Scharpf 1991). Die Staatsrechtslehre der Nachkriegszeit rückte aber erst allmählich von der Fiktion eines hierarchisch übergeordneten Staates ab. Ende der 1970er Jahre, als eine Krise der regulativen Politik diagnostiziert wurde (vgl. Mayntz 1979), fand der Begriff des kooperativen Staatshandelns Eingang in die Diskussion: Der Staat trat vom hoheitlichen Podest des einseitig Anweisenden herab und begab sich auf die Ebene des Austausches von Informationen und Leistungen (vgl. Ritter 1979).

In der sozialwissenschaftlichen Diskussion zum Wandel des Staates lassen sich einige Leitthemen erkennen (vgl. Fürst 1998b): Anders als in den Rechts- und Wirtschaftswissenschaften hat die Sozialwissenschaft das Verhältnis des Staates zur Gesellschaft immer schon weniger hierarchisch als interaktiv gesehen. In der neueren Diskussion wird die Steuerungsqualität vor allem mit der Modernisierung der Gesellschaft in Verbindung gebracht. Gebündelt wird diese Vorstellung im Konzept des ‚kooperativen Staates' oder des ‚Verhandlungsstaates'. Unter Begriffen wie der ‚aktivierende Staat' wird zum Ausdruck gebracht, dass der Staat zunehmend Funktionen an private Akteure abgibt. Der ‚Dritte Sektor' wird als Feld intermediärer Strukturen zwischen Staat, Gesellschaft und Wirtschaft identifiziert (vgl. Anheier 1997).

In der internationalen Debatte wird der Wandel zum kooperativen Staat als Übergang von ‚government' zu ‚governance' bezeichnet.[12] Der Begriff „governance" weist eine „komplexe Architektur" auf und ist viel umfassender als 'government', wie etwa Pierre (1998: 5) feststellt:

„It takes into account not just the institutions of government but also the process through which these institutions interact with civil society and the consequences of this mutual influence between state and civil society."

Im Gegensatz zu herkömmlichen Formen des Regierens bilden sich multiple Machtzentren heraus (vgl. Rhodes 1997). Dabei entsteht ein Mehrstufensystem, in dem die lokale Ebene mit unterschiedlichen Institutionen, bis hin zu

---

11 Vielmehr war der Staat schon im 19. Jh. enger mit der Gesellschaft verflochten und stärker in Kooperationsbeziehungen eingebunden als es Staatswissenschaftler annehmen wollten (vgl. Benz 1997).
12 Vgl. zur Governance-Debatte Jessop 1995, Rhodes 1997, Stoker 1998a,b, DiGaetano und Klemanski 1999 und Pierre 1999.

supranationalen, verflochten ist. Gleichzeitig weitet sich das Akteursspektrum auf der horizontalen Ebene aus und bezieht eine Vielzahl an privaten und öffentlichen Akteuren ein.[13]

Für die „Enthierarchisierung zwischen Staat und Gesellschaft" (Scharpf 1991: 622) werden vielfältige Ursachen ins Feld geführt. Eine Argumentationslinie greift die Steuerungskrise auf (vgl. Görlitz/Burth 1998): Die Aufgaben wachsen dem Staat ‚über den Kopf'. Die zunehmende Komplexität der Aufgaben und steigende Ansprüche gesellschaftlicher Interessengruppen führen zu einer Vielzahl von Steuerungsproblemen, die mit den vorhandenen Kapazitäten öffentlicher Einrichtungen kaum mehr zu bewältigen sind.

Noch sehr viel radikaler ‚entzaubert' wird die innere Souveränität des Staates aus systemtheoretischer Sicht (vgl. Willke 1987). Gesellschaftliche Teilsysteme funktionieren nach ihren eigenen Rationalitäts- und Relevanzkriterien, deshalb ist es aus systemtheoretischer Sicht unmöglich, dass der Staat Steuerungsleistungen für andere Systeme erbringt. Das politische System ist den anderen Teilsystemen nicht über-, sondern gleichgeordnet und kann daher nur begrenzt auf sie einwirken.

Auch für Mayntz (1996a) sind kooperative Steuerungsformen ein zentraler Ausdruck gesellschaftlicher Modernisierung. Politiknetzwerke gehen auf die zunehmende Bedeutung von eigenständigen Organisationen zurück. Diese haben sich im Zuge gesellschaftlicher Modernisierung gebildet, um ein bestimmtes Maß an Autonomie in den einzelnen Subsystemen wie Politik, Recht, Wirtschaft etc. zu gewährleisten. Beispiele dafür sind Arbeitgeber- und Arbeitnehmerorganisationen, Kassenverbände und Kassenärztliche Vereinigungen etc. Die Handlungsfähigkeit der Organisationen nach innen wie nach außen und die Fähigkeit über Ressourcen zu verfügen, trägt zu einer Fragmentierung von Macht bei. Immer mehr Entscheidungen in der Politik werden durch unterschiedliche korporative Akteure, die über eine eigene Machtbasis verfügen, geformt.

3.1 Kooperation im ‚Schatten der Hierarchie'

Merkmale des kooperativen Staates wie verflochtenes Mehrebenensystem, Verhandeln mit gesellschaftlichen Akteuren und die Delegation von Rege-

---

13 Rhodes (1996: 653) weist darauf hin, dass der Begriff ‚governance' ganz allgemein definiert werden kann als neuer Steuerungsmodus: „A change in the meaning of government, referring to a *new* process of governing; or a *changed* condition of ordered rule; or the *new* method by which society is governed" (Herv. im Orginal).

lungsfunktionen an Institutionen der Selbstverwaltung deuten in erster Linie einen Formwandel der Politik an. Die neue Architektur von Staatlichkeit sollte daher nicht mit Schwächung oder Auflösung des Staates verwechselt werden. Auch wenn staatliche Instanzen als Partner in Verhandlungssystemen beteiligt sind, haben sie dennoch weitreichende Handlungspotenziale. Es handelt sich daher meist um „Verhandlungen im Schatten der Hierarchie", Konstellationen, „in denen die staatliche Instanz notfalls auch einseitig entscheiden könnte, aber aus politischer Rücksicht oder aus Informationsmangel an einvernehmlichen Lösungen stark interessiert sein muß" (Scharpf 1991: 629). Staatliche Steuerung und gesellschaftliche Selbstregelung sind daher keine Alternativen, sondern eine „verbreitete Mischform von Governance" (Mayntz 1996b: 160). Dies zeigt sich darin, dass staatliche Akteure Einfluss auf die ‚Spielregeln' nehmen und dadurch das Kräfteverhältnis der Akteure und das Verhandlungsergebnis beeinflussen können. Sie können die Handlungsorientierungen der anderen nicht-staatlichen Teilnehmer durch Information oder Überzeugungsarbeit beeinflussen oder auch Entscheidungen autoritär treffen. Außerdem verdanken viele Verhandlungen ihre Entstehung staatlicher Intervention. Von Steuerungsverzicht bzw. Rückzug des Staates kann also keine Rede sein. Auch wenn, wie Kilper (1999: 42) feststellt, „vieles dafür spricht, daß das kooperative Aushandeln von Zielsystemen und Problemlösungen zwischen staatlichen und gesellschaftlichen Akteuren immer mehr an praktischer Bedeutung gewinnt, werden dadurch andere Interaktionsstrukturen und Steuerungsmöglichkeiten nicht obsolet." Politik brauche ein unterschiedliches Reservoir an Regulationsweisen für unterschiedliche Aufgabenbereiche.

Dort, wo der Staat mit gesellschaftlichen Akteuren kooperiert, verändern sich die Bedingungen staatlicher Steuerung. Wenn hierarchisch übergeordnete Interventionen an Bedeutung verlieren, müssen sich Regierungen und Verwaltungen „auf Verhandlungen und Arrangements mit Adressaten staatlicher Steuerung einlassen" (Benz 1997: 90). Es gibt zahlreiche empirische Befunde für unterschiedliche Kooperationsformen zwischen staatlichen und gesellschaftlichen Akteuren. Als drei typische Muster der Kooperation gelten die Zusammenarbeit zwischen Bürgern und Verwaltung, Staat und Verbänden und in Form von Politiknetzwerken (vgl. Benz 1997). Die Politikwissenschaft hat die Vielfalt der innergesellschaftlichen Abhängigkeiten und Verhandlungsbeziehungen beschrieben und klassifiziert. Die Ansätze zu Pluralismus und Korporatismus sind schon seit einigen Jahrzehnten zu Gemeingut geworden. Bis in die 1970er und frühen 1980er Jahre bestimmte die Diskussion über das Verhältnis von Staat und Verbänden die Debatte um die Neuausrichtung staatlichen Handelns.[14] Nachdem sich seit der zweiten Hälfte der 80er Jahre der Diskurs um den ‚kooperativen Staat' weiter entwickelte, stehen differenziertere Interaktionsformen mit den gesellschaftlichen Akteuren wie politische Netzwerke[15] oder Verhandlungssysteme im Mittelpunkt des Interesses (vgl. Kilper 1999).

3.2 Probleme demokratischer Legitimation

Da kooperative Politik eine neue Qualität gesellschaftlicher Beteiligung an politischen Entscheidungsprozessen ermöglicht, wird sie von einigen Autoren als Ausgangspunkt für eine neue Form der Demokratie bezeichnet. Indem der Staat den Konsens mit den Adressaten und Betroffenen seiner Entscheidungen suche, könnten bessere Entscheidungen getroffen werden, die auch stärker legitimiert seien.[16] Von anderen Autoren wird die kooperative Staatstätigkeit hingegen hinsichtlich ihrer demokratischen Legitimation in Frage gestellt.[17] Kann also die Auslagerung von Entscheidungen aus den Parlamenten in korporatistische Arrangements, Netzwerke und Verhandlungssysteme als demokratisch bezeichnet werden?

Thränhardt (1981), der den Begriff des ‚lokalen Korporatismus' in die politikwissenschaftliche Debatte eingeführt hat, äußert Vorbehalte gegenüber diesen Arrangements. Er schreibt, die „Verbändeprivilegierungen und Verbändepräsenzen" bedeuteten „starke Einschränkungen [der] Gestaltungsmöglichkeiten" der Kommunen, „insbesondere der realen Entscheidungsmöglichkeiten ihrer gewählten Gremien" (Thränhardt 1981: 17). Stattdessen entstünden „private Regierungen", die durch klare verbandliche Interessen im Vergleich zu den öffentlichen Instanzen eine starke Durchschlagkraft besitzen. Benachteiligte Gruppen könnten sich unter diesen

---

14 Von Korporatismus spricht man dann, wenn sich Interessengruppen an der Politik beteiligen, und zwar durch wechselseitige Organisationsbeziehungen zwischen Regierung und politischer Verwaltung einerseits und starken, zentralisierten Verbänden andererseits. Korporatismus-Konzepte betonen stets die Inkorporierung, d.h. die Einbindung organisierter Interessen bei der Formulierung und Erfüllung staatlicher Aufgaben und Leistungen (vgl. Schubert 1995). Grundlegende Beiträge: v. Alemann/Heinze 1979, v. Alemann 1981, Cawson 1986.
15 Kilper (1999: 64) weist darauf hin, dass Politiknetzwerke in der wissenschaftlichen Literatur in „zwei unterschiedlichen Varianten thematisiert" werden, „als sektorale Regelungsstrukturen wie auch als informelle Kontaktstrukturen zwischen staatlichen und gesellschaftlichen Akteuren."
16 Zusammenfassend Benz 1997.
17 Siehe dazu Benz 1994b, Rhodes 1997, Stoker 1998.

Bedingungen weniger durchsetzen und erhielten geringere Chancen auf finanzielle Unterstützung und soziale Anerkennung. Außerdem habe dies zur Folge, dass eine Schwerpunktverlagerung auf „große Projekte" entstehe, „die den beteiligten Amtsträgern im übrigen auch entsprechende Lorbeeren eintragen können" (Thränhardt 1981: 28).

Rhodes (1997) zufolge werde das Parlament, das für Gesetzgebung und Kontrolle der Regierung zuständig ist, durch die Entstehung einer Vielzahl von Expertenrunden und außerparlamentarischen Kommissionen, geschwächt. Außerdem seien die vorhandenen Instrumente der demokratischen Kontrolle nicht dafür geschaffen, netzwerkartige Strukturen und Verhandlungssysteme zu kontrollieren:

„The traditional mechanisms of accountability in representative democracy were never designed to cope with multi-organizational, fragmented policy systems.....More important is the need to adapt the mechanisms of representative democracy to the workings of the differentiated polity" (Rhodes 1997: 19f.).

Erst eine Anpassung der Kontrollmechanismen an die neuen Steuerungsformen gewährleiste ein höheres Maß an Legitimation.

Für Benz (1997) reicht die Tatsache nicht aus, dass staatliche Entscheidungen im Konsens getroffen werden, um sie als besonders demokratisch einzustufen. Es müsse genauer danach gefragt werden, wer an den Kooperationsprozessen mitwirkt und wie kooperative Entscheidungen zustande kommen.

Der Einfluss gesellschaftlicher Akteure auf staatliche Steuerung ist von einer Reihe von Bedingungen abhängig. Zugang zu Kooperationen haben Akteure, die argumentationsfähig sind und über tauschfähige Ressourcen verfügen. Tauschfähigkeit heißt, dass Akteure Kompetenzen besitzen, die für die Verhandlungspartner bedeutsam sind und die sie als Gegenleistung für erreichte Kooperationsergebnisse abgeben können. Diese Fähigkeiten sind zwischen Mitgliedern einer Gesellschaft ungleich verteilt. Aber auch die Voraussetzungen von Kooperationen wirken selektiv und begünstigen die Beteiligungschancen bestimmter Akteure auf Kosten anderer: Kooperationen sind nur dann effektiv, wenn sie in „kleinen Zirkeln" erfolgen (Benz 1997: 95). Die Verhandlungen finden meist „hinter verschlossenen Türen" zwischen Funktionären und Experten statt, womit die Öffentlichkeit ausgeschlossen und Transparenz verhindert wird. Insofern entspricht diese neue Qualität der Beteiligung nicht den „üblichen Normen einer demokratischen Ordnung wie etwa Offenheit für alle interessierten Bürger, Gleichheit der Beteiligungschancen, Öffentlichkeit der Willensbildung" (Benz 1997: 107).

In der Praxis wird diese Legitimationsproblematik „durch ein zyklisches Schwanken zwischen Politik in informellen Verhandlungen und Politik in formalen Institutionen, zwischen Verselbständigung und Kontrolle kooperierender Repräsentanten, zwischen Konfrontationsstrategien und Kooperationsverhalten in Verhandlungsprozessen" umgangen (Benz 1994b: 76). Diese situative Anpassung wird als Versuch gewertet, mit widersprüchlichen Anforderungen umzugehen.

4. Kooperationen auf lokaler Ebene

In der Diskussion um das Verhältnis zwischen Staat und Gesellschaft nimmt die Kommune eine „interessante Zwischenstellung" ein (Andersen 1998: 18). Sie sei schon „begriffsgeschichtlich etwas anderes als Staat und traditionell stärker gesellschaftlich geprägt, auch wenn sie zugleich als unterste Verwaltungsebene alles andere als ‚staatsfern' ist" (Andersen 1998: 18). Die stärkere Bürgernähe, aber auch die Rolle der Kommune im Staat trägt zu dieser besonderen Position bei. Kommunen besitzen eine Doppelstellung als Selbstverwaltungskörperschaft und als Erfüllungsgehilfen des Staates vor Ort. Einerseits nehmen sie Selbstverwaltungsaufgaben wahr, andererseits übertragene staatliche Aufgaben. Besonders weit gingen diese Vorgaben in den 1970er Jahren, als die Gemeinden in die staatliche Konjunktursteuerung und in die Raumpolitik einbezogen wurden. Ihr Selbstverwaltungscharakter wurde dadurch erheblich begrenzt (vgl. Gotthold 1978). Ab Mitte der 80er Jahre gewann in Deutschland, und auch international, die Aufwertung der lokalen Politikebene an Bedeutung (vgl. Kleinfeld 1996). An die Stelle zentraler Entscheidungsstrukturen sollten dezentrale treten; Entscheidungskompetenzen wurden ‚nach unten' verlagert, um die komplexer werdenden Aufgaben besser lösen zu können. Dezentralisierungsprojekte wie beispielsweise in Frankreich veranschaulichen derartige Aufwertungen.

Eine Folge der Dezentralisierung ist die Zunahme lokaler Kooperations- und Verhandlungsformen zur Interessenvermittlung und zur Erhöhung der Treffsicherheit in einzelnen Politikfeldern. Um die „fragmentierten Handlungsressourcen" (Kruzewicz 1993: 6) aufzuschließen, werden Anstrengungen unternommen, neue Kooperations- und Organisationsformen zu entwickeln. Benz (1994a: 31) weist darauf hin, dass ein breites Feld kooperativen Verwaltungshandelns „in der örtlichen Leistungsverwaltung und im dezentralen Verwaltungsvollzug" festzustellen ist. Die lokale Ebene ist daher von

„der gleichen Gewichtsverlagerung zwischen Staat und Gesellschaft" betroffen, die bislang vorwiegend für die staatliche Ebene diskutiert wurde (Spiegel 1999: 11).

Gemeinden stehen als „bürgernächste Politikebene" im „Brennpunkt veränderter Anforderungen an Politik" (Andersen 2000: 188). Gerade auf kommunaler Ebene, auf der sich der wirtschaftliche und soziale Strukturwandel manifestiert, wächst in ganz unterschiedlichen Aufgabenfeldern politischer Handlungsdruck. Wegen der steigenden Komplexität der Problemlagen und der Handlungsfelder bedarf es für die Lösung der Aufgaben ganz unterschiedlicher Ressourcen. Vor diesem Hintergrund hat seit den 80er Jahren eine „neue Ära partnerschaftlicher Ansätze" begonnen (Heinz 1993: 8). Henckel (1997: 302) betrachtet Kooperation als zentrale Kategorie kommunalen Handelns und unterscheidet zwischen der „stadtinternen Kooperation" beispielsweise zwischen Rat und Verwaltung oder zwischen Kommunen und Unternehmensverbänden, der „exogenen Kooperation" zwischen Städten in der Region und anderen Ebenen. Öffentlich-private Kooperationen gibt es in vielen öffentlichen Aufgabenbereichen, beispielsweise beim Bau und Betrieb großer Kultureinrichtungen, von Freizeit- und Sportstätten, über die Erbringung verschiedener kommunaler Ver- und Entsorgungsleistungen (Strom, Wasser, Abwasser etc.) bis zur Durchführung umfangreicher Verkehrs- und Stadterneuerungsvorhaben. Da die erforderlichen öffentlichen Mittel beispielsweise im Verkehrssektor für den Neu-, Aus- und Umbau des Straßen- und Schienennetzes nicht aufzubringen sind, werden private Investoren in die Finanzierung dieser Maßnahmen einbezogen. Die Kooperationsansätze in diesem Bereich reichen von Leasing-Verfahren bis zu Konzessionsmodellen (vgl. Heinz 1998b).

Öffentlich-private Kooperationen müssen nicht auf kapitalkräftige Investoren oder Stadtentwicklungsgesellschaften beschränkt sein. Sie können beispielsweise auch zwischen Stadtteilinitiativen, lokalem Gewerbe und Arbeitsämtern in Erscheinung treten. Kennzeichnend für diese Kooperationen sind ein enger lokaler Problembezug, die Beteiligung der Stadtteilbewohner, eine ressortübergreifende Arbeit in der Administration und die Zusammenarbeit mit Initiativen vor Ort (vgl. Selle 1994). Dies gilt insbesondere für die Erneuerung von benachteiligten Stadtteilen. Diese sogenannten „lokalen Partnerschaften" begreifen Quartierserneuerung als vorrangig soziale Aufgabe, während es der traditionellen Stadterneuerung hingegen vornehmlich „ums Bauen, um Reinvestition und Aufwertung" ging (Selle 1997: 41). Unter dem Stichwort ‚Quartiersmanagement' erfährt die Mobilisierung endogener Potenziale auf lokaler Ebene neue Aktualität.[18] Quartiersmanagement ist ein Instrument zur Erhaltung bzw. zur Förderung zivilgesellschaftlicher Umgangs- und Beteiligungsformen auf Stadtteilebene. „Statt auf Kontrolle setzt es auf Moderation, Vernetzung, Aktivierung und Beteiligung" (Häußermann/Kapphan 2000: 262). Durch ‚Empowerment' und Bürgerbeteiligung ist beabsichtigt, soziale Benachteiligung zu bremsen. Indem unter anderem Selbsthilfepotenziale mobilisiert werden, soll das Selbstwertgefühl der Bewohner gestärkt und damit längerfristig auch ein Beitrag zur Beseitigung von sozialer Ausgrenzung und Arbeitslosigkeit geleistet werden.

Im Folgenden liegt der Schwerpunkt der Betrachtung auf ‚Public Private Partnerships' (PPP) zwischen öffentlichen und privatwirtschaftlichen Akteuren, die auch an großen Stadtentwicklungsvorhaben beteiligt sind. Sie sind in die Frage der Arbeitsteilung zwischen Privatwirtschaft, Staat und Gesellschaft in der Stadtentwicklungsplanung eingebettet und damit in die Diskussion um eine Privatisierung öffentlicher Aufgaben, auf die zunächst einzugehen ist.

4.1 Privatisierung von öffentlichen Aufgaben

Angesichts der angespannten Finanzsituation der kommunalen Haushalte, der Fülle eigener und vom Staat übertragener Aufgaben und des teilweise großen Investitionsbedarfs stellt sich den Städten seit längerem die Frage, wie und in welcher Form sie ihre Aufgaben effektiv und kostensparend wahrnehmen können. Mit sogenannten ‚neuen Steuerungsmodellen' wird versucht, die Aufbau- und Ablauforganisation der Stadtverwaltung so zu gestalten, dass kommunales Handeln effektiver und effizienter wird als in den traditionell bürokratisch organisierten Verwaltungen (vgl. Budäus 1994, Kißler u.a. 1997). Als Vorbild für die Modernisierung der Verwaltung dient die Organisations- und Arbeitsweise privater Unternehmen. Dabei geht es vor allem um Dezentralisierung von Verantwortung und Kompetenzen, Partizipation von Mitarbeitern und Kunden, Markt- und Serviceorientierung der Dienstleistungen, Leistungsmessung und -steuerung. In vielen Städten werden auch neue Planungs- und Budgetierungsinstrumente eingeführt. Insgesamt geht es darum, neue Leitbilder für die Kommunalverwaltung zu entwickeln, ein anderes Verhältnis zwischen Rat und Verwaltung anzustre-

---

18 Siehe für die deutsche Debatte u.a.: Alisch 1998, Alisch/Dangschat 1998, IfS/STERN 1998.

ben und betriebswirtschaftliche Steuerungs- und Managementsysteme einzuführen.

Gleichzeitig wird im Zuge der Überlegungen zur Verwaltungsmodernisierung in den Gemeinden geprüft, welche öffentlichen Aufgaben an privatwirtschaftliche Akteure ausgegliedert werden können. Es lassen sich mindestens drei Formen der Privatisierung unterscheiden (vgl. Witte 1994): Bei der materiellen Privatisierung wird eine öffentliche Aufgabe aus der kommunalen Trägerschaft in den privatwirtschaftlichen Verantwortungsbereich entlassen. Wird eine bislang von der Gebietskörperschaft unmittelbar wahrgenommene Aufgabe auf eine Gesellschaft des Privatrechts (AG, GmbH) übertragen, die ihrerseits vollständig oder überwiegend in kommunaler Hand ist und daher von der Gemeinde kontrolliert wird, handelt es sich um eine formale Privatisierung. Schließlich können auch private Dritte eingeschaltet werden, wobei die grundsätzliche Zuständigkeit, Weisungsbefugnis und Garantenstellung bei der beauftragenden Gemeinde verbleibt.

Die Privatisierungsdiskussion hat sich als konfliktreich erwiesen, da es sowohl um die ordnungspolitische Grundsatzfrage über die zukünftige Rolle des Staates geht als auch um die damit zusammenhängende Frage, wie dadurch die Steuerungsmöglichkeiten der Gemeinde beeinflusst werden. Politische Konflikte treten gerade deshalb auf, weil das Subsidiaritätsprinzip als Kriterium der Aufgabenabgrenzung der Gemeinden gegenüber privaten Akteuren und höheren staatlichen Ebenen „nicht sonderlich trennscharf" ist (Andersen 2000: 188). Während Privatisierungsbefürworter den bürokratischen Charakter der kommunalen Verwaltung kritisieren und die effiziente Arbeitsweise privater Unternehmen sowie die Kostenvorteile der Ausgliederung öffentlicher Aufgaben hervorheben, entdecken Kritiker der Privatisierung in der Entstaatlichung einen Verlust kommunaler Einflussmöglichkeiten und eine Gefährdung des Sozialstaatsgebots. Andere Überlegungen wie die Vermeidung von Monopolbildungen in privater Hand weisen ebenfalls auf mögliche Grenzen der Privatisierung kommunaler Aufgaben hin (vgl. Schiller-Dickhut 1994). Insofern bleibt die Grundsatzfrage nach dem „mehr oder weniger Staat' und damit der Frage, welche Dienstleistungen und Unternehmen eine Gemeinde selbst ausführt bzw. betreibt oder welche sie an Private auslagert, Gegenstand gesellschaftlicher und politischer Auseinandersetzung. Seit Anfang der 90er Jahre ist eine Annäherung der Standpunkte erkennbar. Unter dem Druck der schwierigen Haushaltslage in den Gemeinden und dem Investitionsbedarf in den neuen Bundesländern wird die Privatisierung weniger ideologisch als pragmatisch behandelt. Im September 1993 veröffentlichte der Deutsche Städtetag zehn Leitlinien zur Privatisierung (vgl. Witte 1994). Darin wird den Städten empfohlen, in jedem Einzelfall die Vor- und Nachteile einer Privatisierung sorgfältig abzuwägen.[19] Staatliche Privatisierungsgebote werden darin ebenso abgelehnt wie Privatisierungsverbote und Genehmigungsvorbehalte.

Eng mit der Privatisierungsdiskussion verbunden ist das Konzept ‚Public Private Partnership', das im Verhältnis zur Privatisierung als Mischform charakterisiert oder mit dem Begriff der Teilprivatisierung gleichgesetzt wird. Im Gegensatz zur materiellen Privatisierung wird hier eine öffentliche Aufgabe nicht voll in den privatwirtschaftlichen Bereich entlassen, sondern in Kooperation zwischen öffentlicher Hand und Privatwirtschaft durchgeführt.

4.2 Öffentlich-private Kooperationen in Großprojekten

Wie kaum ein anderer Begriff ist Public Private Partnership (PPP) zu einer Art „Zauberformel" in den Städten geworden (Heinz 1992: 45). PPP verkörpert die Schlüsselkategorie, mit der die Ausdifferenzierung des Akteursspektrums auf städtischer Ebene umschrieben werden kann. Für PPP gibt es zahlreiche Definitionsversuche, mithin wird auch von Begriffsverwirrung gesprochen und von der Gefahr, dass eine „Leerformel" (Heinz 1993: 487) und ein „bedeutungsloses Konzept" entsteht, wenn zu viele Gesichtspunkte einbezogen werden (Lawless 1993: 210).

Die Erfahrungen mit PPP im Herkunftsland USA reichen bis in die 1940er Jahre zurück. In Frankreich gibt es bereits seit den 1920er Jahren die Sociétés d'Economie Mixte (SEMs), gemischtwirtschaftliche Gesellschaften, die für unterschiedliche Vorhaben bei der Stadt- und Infrastrukturentwicklung zuständig sind. Insofern ist PPP nichts Neues. Neu ist hingegen ihre quantitative Zunahme, seit Mitte der 70er Jahre in den USA und seit den 80er Jahren in westeuropäischen Industrienationen (vgl. Heinz 1998b).

Aufgrund der verstärkten Kooperation zwischen öffentlichen und privaten Akteuren wird in der Stadtforschung von einem ‚Regimewandel' gesprochen, der sich in einem Trend weg vom rein hoheitlichen Handeln durch Verwaltungsakt zu einer vertraglichen Kooperation mit privaten Akteuren ausdrückt (vgl. Stone 1989, Stoker 1995). Ein Regime stellt eine

---

19 Nicht alle öffentlichen Aufgaben sind privatisierbar. Einer Privatisierung entzogen ist das gesamte Feld der Eingriffsverwaltung. In Bereichen, in denen die öffentliche Verwaltung mit Geboten, Anordnungen und Verboten unmittelbar in Freiheit und Eigentum des Bürgers eingreift (z.B. Einweisung in eine Pflegeanstalt, Rücknahme einer Gewerbegenehmigung), können – wegen des Verfassungsvorbehalts des Gesetzes – diese Aufgaben nicht Privaten überlassen werden (vgl. Witte 1994).

informelle, relativ stabile Akteurskonstellation zwischen der lokalen Verwaltung, der Kommunalpolitik und privaten Wirtschaftsakteuren dar, die Zugang zu institutionellen Ressourcen hat und dadurch politische Entscheidungen treffen kann (vgl. Stone 1989).[20] Einem Regime geht es vorwiegend darum, die kommunale Handlungsfähigkeit in der Politik zu erhöhen, indem verschiedene Kompetenzen kombiniert werden. Daher müssen die Akteure über relevante Ressourcen verfügen, um überhaupt als attraktiver Koalitionspartner zu gelten. Auch die Aufgabenwahl wirkt selektiv, da sich bestimmte Probleme leichter lösen als andere. Schließlich lenkt der Regimeansatz die wissenschaftliche Aufmerksamkeit auf formelle und informelle Netzwerke zwischen Wirtschaft, Politik und Verwaltung, die an den tradierten Zuständigkeitsbereichen der Stadtverwaltung vorbei ‚lokale Handlungsfähigkeit' erzeugen. Die Durchsetzungsfähigkeit dieser Akteurskoalitionen entsteht aus dem gemeinsamen Interesse, unterschiedliche Ressourcen wie Geld und Wissen zu bündeln.

Treibende Kraft für die Konstitution urbaner Regimes ist die Kooperationsbereitschaft zwischen öffentlicher Hand und ressourcenstarken Akteuren der Privatwirtschaft. Während der Regimeansatz dauerhafte und relativ stabile Akteurskoalitionen beleuchtet, trägt das PPP-Konzept der Tatsache Rechnung, dass die Akteure auch zeitlich befristet und projektbezogen zusammenarbeiten können. Der Regimeansatz basiert auf spezifischen politisch-institutionellen Voraussetzungen öffentlich-privater Kooperation in den USA, die eine Übertragung des Ansatzes auf europäische Verhältnisse erschwert – wie die schwächere Rolle des öffentlichen Sektors in der Stadtplanung (vgl. Harding 1999).

4.2.1 ‚public-private': die Beteiligten und ihre Interessen

Das Begriffspaar ‚public-private' charakterisiert nicht nur die an der Partnerschaft beteiligte öffentliche und private Hand, sondern bringt, so Heinz

---

20 Der ‚Regimeansatz' in der lokalen Politikforschung geht zurück auf eine Studie von Clarence Stone (1989) über Politik in Atlanta zwischen 1946 und 1988. Stone stellt fest, dass Atlanta von einem Regime regiert wird, das von zwei Gruppen dominiert wird. Zentraler Akteur ist zum einen die innerstädtische Wirtschaftselite, die mit ‚einer Stimme' spreche. Der andere Koalitionspartner setzt sich aus den schwarzen Bürgermeistern zusammen, die vor allem mit Unterstützung der schwarzen Geistlichen in Atlanta ihre Anhänger mobilisieren konnten. Eine Mischung aus materiellen Anreizen, Eigennutz, Vertrauen und Kooperation hält das Regime mit seinen informellen Austauschbeziehungen zusammen. Seitdem gibt es zahlreiche Versuche, den US-amerikanischen Regimeansatz auf Politik und politische Kultur in europäischen Städten anzuwenden. Vgl. Keating 1991, DiGaetano/Klemanski 1993, Harding 1994b, Levine 1994, Strom 1996, Kantor/Savitch/Vicari Haddock 1997, Kühne 1997.

(1993), die Vorrangstellung des öffentlichen Sektors zum Ausdruck aufgrund seiner maßgeblichen Rolle bei der Initiierung und Stimulierung von Partnerschaftsansätzen. Für den öffentlichen Sektor wird im Bereich der Stadterneuerung und des Stadtumbaus vor allem die lokale Ebene aktiv, d.h. die Kommunalverwaltung, aber auch die regionale und nationale Ebene. Auf Seite des Privatsektors ist die Zahl der Organisationen und Unternehmen, die an einer Partnerschaft beteiligt sein können, groß. Im Bereich des Stadtumbaus sind dies nach Heinz (1993) aus internationaler Perspektive Grundstücksentwickler und Immobiliengesellschaften (,developer'), institutionelle Anleger wie Banken und größere Pensions- und Versicherungsfonds, Kammern, Verbände und lokale Zusammenschlüsse der gewerblichen Wirtschaft sowie eine Vielzahl einzelner profitorientierter Unternehmen, häufig aus dem Hotel-, Einzelhandels- oder Verkehrsgewerbe. In Frankreich wird vor allem die zentrale Rolle von großen im Bereich der Stadtentwicklung tätigen Unternehmensgruppen betont, die ein breites Spektrum an Aktivitäten abdecken (von der Planung und Finanzierung bis zur Errichtung und dem Management der unterschiedlichsten städtebaulichen Vorhaben). Insgesamt sind fast ausschließlich kapitalkräftige Marktakteure private Teilnehmer in PPPs.

Auch wenn sich über das Begriffspaar ‚public-private' die zentralen Akteure in Partnerschaften abdecken lassen, können nicht alle Organisationen einem dieser Bereiche zugeordnet werden; es gibt auch eine Sphäre der Gemischtwirtschaftlichkeit (vgl. Roggencamp 1999). Naschold (1997: 86) spricht von einer „hochkomplexen Hybridstruktur" der öffentlichen Aufgabenwahrnehmung.

Dem Konzept entsprechend wird davon ausgegangen, dass in PPP synergetische Dynamik entsteht, die sich aus den Stärken und Schwächen der jeweiligen Partner zusammensetzt. In Anlehnung an Reijniers (1994) betont Rosenau (1999) die unterschiedlichen Orientierungen des öffentlichen und privaten Sektors, die auch zur Quelle von Interessenkonflikten werden können. Der private Sektor ist bestrebt, Gewinne abzuschöpfen und muss Markt- und Wettbewerbsentwicklungen vorhersehen. Der öffentliche Sektor hat idealerweise ein Interesse an Regulation, an der politischen Meinung und dem politischen Einfluss, an demokratischen Entscheidungsprozessen, an der Reduzierung des Risikos und an der Realisierung von sozialen Zielen.

Aus diesen Unterschieden speisen sich unterschiedliche Erwartungen, die mit der Einrichtung von PPP verbunden sind. Die auf Seiten der öffentlichen Hand verbundenen Erwartungen zielen darauf ab, zusätzliche Finanzmittel, fachliche Kompetenzen und Kapazitäten für städtische Erneuerungsvorhaben zu mobilisieren, privates ‚know how' und privatwirtschaftliche Handlungslogik in die Entwicklung und das Management von komplexen Vorhaben einfließen zu lassen sowie Zugang zu Marktinformationen zu erhalten. Die privaten Akteure versprechen sich hingegen aus der Kooperation mit dem öffentlichen Sektor Zugang zu lokalen Vollmachten, Befugnissen, öffentlichen Informationskanälen und zu Fördermitteln. In ein gemeinsames Vorhaben gehen daher ganz unterschiedliche Ressourcen ein, wie „Boden und Infrastruktur, menschliche Arbeitskraft, Kapital sowie privatwirtschaftliches und öffentliches know how in Form von Verwaltungskompetenz und politischer Steuerung" (Roggencamp 1999: 29).

Es gibt einige Versuche, die konstituierenden Strukturmerkmale und die Beteiligtenkonstellationen von PPPs als korporatistische Arrangements zu interpretieren. Nach Heinz (1993: 503) sind PPPs in Stadtentwicklungsprojekten „Ausdruck eines neuen lokalen Korporatismus". Die tonangebenden Akteure seien die jeweils „dominanten lokalen, bisweilen auch überlokalen Kräfte aus Wirtschaft, Verwaltung und Politik". Auch Kruzewicz (1993: 64) interpretiert lokale Kooperationen in der Stadtentwicklung und -erneuerung in NRW als „korporatistische Arrangements". Auch wenn PPPs selektiv wirken und die Beteiligungschancen von Akteuren, die beispielsweise nicht über tauschfähige Ressourcen verfügen, reduziert werden, sind damit nicht hinreichend korporatistische Arrangements beschrieben. Es muss in jedem Einzelfall bestimmt werden, ob Interessenverbände tatsächlich an PPPs beteiligt sind, und ob sie eine relevante und dominante Rolle spielen. Daher ist es fraglich, ob mit dem Korporatismus-Konzept die PPPs treffend interpretiert sind.

4.2.2 Institutionelle Einbettung

Öffentlich-private Kooperationen sind von politisch-institutionellen, und auch von nationalen und lokalen Besonderheiten geprägt (vgl. Pierre 1998). Eine institutionelle Sichtweise lenkt die Aufmerksamkeit auf die für die politische Steuerung relevante Verflechtung zwischen Institutionen und Akteuren. Der Begriff der Institutionen betont Normen und Regelungsaspekte, die sich vor allem auf „die Verteilung und Ausübung von Macht, die Definition von Zuständigkeiten, die Verfügung über Ressourcen sowie Autoritäts- und Abhängigkeitsverhältnisse" beziehen (Mayntz/Scharpf 1995b: 40). Die institutionellen Faktoren bilden dabei einen „stimulierenden, ermöglichenden und restringierenden Handlungskontext" der beteiligten staatlichen und nicht-staatlichen Akteure (Mayntz/Scharpf 1995b: 40). Die institutionellen Strukturen sind demnach keine neutrale Bühne, sondern setzen

Handlungsrestriktionen und eröffnen Handlungsoptionen. Peters (1998: 15ff.) unterscheidet drei Interpretationen des Institutionalismus, die für öffentlich-private Kooperationen von Bedeutung sind:

(1) „Werte-Institutionalismus": Institutionen sind Träger von Werten, die das Verhalten der Mitglieder prägen. Dabei erhält die symbolische Dimension von Institutionen eine große Bedeutung: „This symbolic element may be especially important for institutions such as public-private partnerships that depend heavily upon their capacity to manipulate positive symbols in order to extract commitments from both the public and private sector actors" (Peters 1998: 16). Damit die Vorhaben bestehen können, ist Zustimmung von außen und innen notwendig. Interne Kohäsion kann auch dazu beitragen, dass eine PPP ihre eigenen Ziele verfolgt und sich erfolgreich von äußerer Kontrolle abschirmt.

(2) „Rationaler Institutionalismus": Dieser Ansatz ist der ‚rational choice'-Perspektive verpflichtet und richtet seine Aufmerksamkeit auf die Regelsysteme, die das Verhalten prägen. Auf der Basis von formalen Arrangements, wie Verträgen, können die Kooperationsbeziehungen gestaltet werden und müssen nicht immer wieder von Neuem ausgehandelt werden. Es wird davon ausgegangen, dass PPPs Vorteile bringen und Transaktionskosten reduzieren.

(3) „Historischer Institutionalismus": Der dritte Ansatz, der die Funktionsweise von PPP zu beleuchten versucht, betont, dass die Entstehungsbedingungen einer Partnerschaft auch entscheidend für das Verständnis des späteren Verlaufs der Kooperationsbeziehungen sind. Institutionen und ihre Entscheidungen sind ‚pfadabhängig'. Insofern bestimmen unter anderem die vereinbarten Verträge über den Fortgang, über Erfolg und Misserfolg der Zusammenarbeit.

(4) Wenn lokale Kooperationen pfadabhängig sind, ist es umso wichtiger, die politisch-institutionellen Rahmenbedingungen in die Analyse der PPP einzubeziehen. Inwiefern die politische Kultur und Tradition öffentlich-private Kooperationen prägen, soll daher in der vorliegenden Studie in intra- und international vergleichenden Fallstudien untersucht werden.

4.2.3 Perspektiven demokratischer Legitimation

Auch wenn kooperative Politik eine neue Qualität gesellschaftlicher Beteiligung bietet – so wurde oben argumentiert – ist die demokratische Legitimation nicht von vornherein gegeben. Stellt sich im kooperativen Staat die

Frage nach Zugangsbedingungen und Transparenz der Entscheidungsfindung, so gilt dies in besonderem Maß für Public Private Partnerships. Denn hier handelt es sich um ausgewählte Akteure der Kommunalverwaltung und meist um kapitalkräftige Marktakteure oder Entwicklungsgesellschaften. Da es auf die Ausstattung mit Ressourcen ankommt, ist jede Mitwirkung selektiven Auswahlkriterien unterworfen. Oft wird aus Gründen der Vertraulichkeit und Effizienz eine Abschottung gegenüber demokratisch legitimierten Gremien für erforderlich gehalten. Bei Heinz (1993: 526) heißt es dazu zugespitzt:

„Partnerschaften [...] gehen in der Regel mit einem Rückgang an demokratischer Legitimation einher. Diese Organisationen treffen oft weitreichende Entscheidungen über die wirtschaftliche und bauliche Entwicklung einzelner Stadtquartiere oder einer ganzen Stadt, ohne demokratischer Kontrolle zu unterliegen. Partnerschaften selbst sind nicht demokratisch verfaßt; ihre Projekte und Planungen sind meist mit einer Einschränkung der bei Vorhaben der öffentlichen Hand üblichen Beteiligung von Bürgern und Stadtteilorganisationen verbunden; gewählten kommunalen Repräsentanten sind sie oft nur indirekt verantwortlich. Städtische Öffentlichkeit wird damit auf die Teilnahme der jeweils maßgeblichen stadtentwicklungspolitischen Akteure reduziert."

Die demokratische Legitimation des kooperativen Politikstils ist einer der Schlüsselfragen in der Literatur zu PPP.[21] Institutionalisierte Formen der Kooperation zwischen dem privaten und öffentlichen Sektor verändern die Bedingungen für eine demokratische Kontrolle der gemeinsamen Aktivitäten. Dies hat viel mit den Gründen für PPP und mit ihrer Organisationsform zu tun. Partnerschaften sollen an tradierten Zuständigkeiten der öffentlichen Hand vorbei Stadterneuerungsvorhaben ermöglichen.

Die Auslagerung von Entscheidungsprozessen aus den Routinestrukturen der Verwaltung birgt zwar die Gefahr eines politischen Kontrollverlustes von Stadträten und Bezirksausschüssen gegenüber öffentlich-privaten Expertennetzen, die Kontrollmöglichkeiten sind aber auch abhängig von vorhandenen Regelungen zur Rückkopplung der Kooperationsaktivitäten an die Kernverwaltung und an die demokratisch legitimierten städtischen Gremien (vgl. Gerstlberger 1998). Rückbindungsmechanismen ergeben sich unter anderem durch vertragliche Regelungen und der Einrichtung von kommunalpolitischen Aufsichts- und Beiräten. Die Gefahr einer Entdemokratisierung ist in PPPs daher nicht von vornherein gegeben, sondern abhängig von der jeweiligen politischen und vertraglichen Ausgestaltung der Kooperati-

---

21 Siehe dazu Kletzander 1995, Pierre 1998, Rosenau 1999.

onsbeziehungen. Für eine Untersuchung unterschiedlicher Stadtentwicklungsprojekte stellt sich insofern die Frage, inwieweit Einfluss- und Kontrollmöglichkeiten für demokratisch legitimierte Gremien (z.B. Stadtrat) bestehen und wie sie genutzt werden.

5. Zusammenfassung

Infolge von vielfältigen Modernisierungsprozessen hat sich das Verhältnis von Staat und Gesellschaft verändert; auch die lokale Ebene der staatlichen Aufbauorganisation wird davon erfasst. Die gesellschaftliche Entwicklung ist durch eine zunehmende Unübersichtlichkeit und Komplexität gekennzeichnet, die direkte staatliche Interventionen erschwert. Stattdessen wird ein „mittelbares staatliches Einwirken" (Kruzewicz 1993: 5) über differenzierte Strategien und vernetzte Ansätze erforderlich. Die zunehmende Bedeutung von Großprojekten kann zum einen auf spezifische Herausforderungen in der Stadtentwicklungspolitik und zum anderen auf ein verändertes Planungsverständnis zurückgeführt werden. Mit Projekten sollen Probleme post-industrieller Städte gelöst und neue Zukunftsvisionen transportiert werden. Das Steuerungsmodell von Großprojekten lässt sich im Begriff des Projektmanagements zusammenfassen, das moderne Managementkonzepte auf die öffentliche Verwaltung überträgt. Gleichzeitig werden umfassende Planungsaufgaben in privatrechtlich organisierte Entwicklungsgesellschaften ausgelagert. Großprojekte stehen daher im Spannungsfeld betriebswirtschaftlicher Effizienz und politischer Legitimation.

Kapitel II
Fallstudien zur politischen Steuerung von Großprojekten in Berlin, Oberhausen und Lille

A. Berlin

1. Stadtentwicklungspolitik nach der Wiedervereinigung

1.1 Der politisch-institutionelle Rahmen

Als Stadtstaat erfüllt Berlin eine Doppelrolle als Land und Stadt. Der Senat regiert daher nicht nur das Land, sondern nimmt auch kommunale Aufgaben wahr, die er sich mit den Bezirken teilt. Die Hauptverwaltung umfasst neben einigen Landesbehörden die Senatsverwaltungen, die nach dem „Ressortprinzip voneinander abgegrenzt und nach dem Hierarchieprinzip in durchgehender Weise von oben nach unten organisiert" sind (Rytlewski 1999: 316). Die Senatsmitglieder haben daher eine Weisungsbefugnis und die Fachaufsicht gegenüber allen Mitarbeitern und nachgeordneten Behörden. Die Senatoren verfügen über eine starke Stellung gegenüber dem Regierenden Bürgermeister, da sie ihr Ressort zwar innerhalb der allgemeinen Richtlinien führen, aber in eigener Verantwortung (vgl. Grunert 1992). Daher leiten sie ihre Amtsgeschäfte relativ selbständig; der Regierungschef bestimmt zwar die Richtlinien der Regierungspolitik, braucht dazu aber das Einvernehmen im Senat und zu der Regierungserklärung den zustimmenden Beschluss des Abgeordnetenhauses. Auch im Senat bestimmt das Ressortprinzip und nicht das Kanzlerprinzip die Politik. Vor allem wenn die Senatoren Teil einer Koalitionsregierung sind, gehen sie politisch miteinander eher als Konkurrenten denn als Kollegen um (vgl. Strom 2001). Im Senatskollegium ist der Regierende Bürgermeister nur ‚primus inter pares' und muss sich auf seine Durchsetzungsfähigkeit verlassen. Insgesamt hat er im Vergleich zu den Ministerpräsidenten in anderen Bundesländern eine schwächere Stellung. Hierarchie und strikte Ressortabgrenzung innerhalb der Hauptverwaltung werden vor allem dann zum Hindernis, wenn eine ressortübergreifende Zusammenarbeit organisiert und flexibel auf Probleme reagiert werden muss – wie dies beispielsweise bei Großprojekten der Fall ist.[22]

---

22 Siehe zum Verwaltungsprinzip auch Zivier 1990, Kuhle 1996.

Die Bezirke sind nach Prinzipien der kommunalen Selbstverwaltung am Verwaltungsaufbau Berlins beteiligt.[23] Sie sind aber keine selbstständigen Gebietskörperschaften, sondern Teil der Einheitsgemeinde Berlins. Zur kommunalen Selbstständigkeit fehlen ihnen entscheidende Eigenschaften; so können sie keine Steuern erheben, haben nicht das Recht, Ortsgesetze (Satzungen) zu erlassen oder in eigenem Namen Verträge mit Dritten abzuschließen. Außerdem haben sie keine Finanzhoheit, da die bezirklichen Haushaltspläne Teil des Landeshaushaltsplans sind (vgl. Rytlewski 1999: 310). Typische Dienstleistungen der bezirklichen Behörden sind Jugend- und Familienbetreuung, die Gesundheits- und Sozialdienste einschließlich der Krankenhäuser, die Unterhaltung öffentlicher Parkanlagen, Spielplätze und Straßen. Die Stadtplanung gehört auch zum Kompetenzbereich der Bezirke. Alle Bauvorhaben müssen beispielsweise die Zustimmung des Bezirks erhalten, außer wenn Projekte nicht mehr im bezirklichen Kompetenzbereich sind. Das ist dann der Fall, wenn ein Projekt von außergewöhnlicher stadtpolitischer Bedeutung für die Gesamtstadt ist, wie die Entwicklung des Potsdamer Platzes, das Verkehrssystem, die Hauptstadtplanung oder die Transformation von Berlin Adlershof in einen Wissenschafts- und High Tech Park. Die Kompetenz- und Machtverteilung zwischen Bezirk und Land ist zwar landesrechtlich geregelt, aber dennoch ständiger Streitpunkt. Die gesamte Verwaltungstätigkeit der Bezirke unterliegt der Rechtsaufsicht des Senats.

1.2 Berlin im Zeichen der Transformation

Gerade in Berlin, wo Ost- und Westdeutschland nach dem Fall der Mauer unmittelbar aufeinander trafen, war der politische Handlungsdruck besonders groß. Berlin stellte die ‚Werkstatt der Einheit' dar, in der alle Probleme des vereinigten Deutschlands konzentriert auftraten. Hier überlagerten sich drei Prozesse, die zu dramatischen Veränderungen führten: zum einen die Transformation im Ostteil der Stadt von einer staatlich gesteuerten Planwirtschaft und einer staatlich gelenkten Wohnungsversorgung zur marktwirtschaftlichen Steuerung und neuen Eigentumsverhältnissen, zum anderen

---

23 Nach der Wiedervereinigung wurden Rechtsordnung und Verwaltungsaufbau des Westteils auf die östlichen Stadtbezirke übertragen, so dass Berlin zunächst aus 23 Bezirken bestand. Nach langen Verhandlungen trat am 1. Januar 2001 die Bezirksreform in Kraft, mit der die Bezirke so zusammengelegt wurden, dass zwölf Bezirke mit jeweils ca. 300.000 Einwohnern entstanden (vgl. Zawatka-Gerlach 1998).

das Ende der politischen und ökonomischen Sonderstellung des Westteils. Diese Veränderungen wurden zum dritten überlagert von einem „epochalen Strukturwandel von der Industrie- zur Dienstleistungsstadt", der innerhalb kurzer Zeit zu großen Veränderungen auf dem Arbeitsmarkt führte (Häußermann/Kapphan 2000: 2).

Im Ostteil der Stadt veränderte die postsozialistische Transformation die Bedingungen für sämtliche Politikbereiche; im Bereich der Stadtentwicklungsplanung war nichts wie noch vor der Wende. Privates Eigentum, Marktwirtschaft und neue Planungsinstrumente wurden eingeführt, was weitreichende Folgen für die Planung hatte. Stadtentwicklung und Stadtplanung waren in den frühen 1990er Jahren von verschiedenen transformationsspezifischen Aspekten wie der Eigentumsfrage und den fehlenden Planungsgrundlagen geprägt. Das vorhandene Planungs- und Baurecht wurde zwar auf die neuen Länder übertragen, aber „seine konkrete Umsetzung in Flächennutzungs- und Bereichsplanungen, in Gestaltungs- und Erhaltungssatzungen oder vollständige Denkmallisten etc. fehlte vor Ort völlig" (Lenhart 2001: 73). Fehlende Planungsgrundlagen standen einem sich vergrößernden Druck von Investoren gegenüber, die schnell handlungsfähig werden wollten. In vielen Fällen wurde daher – vor allem in der Berliner Mitte – der ‚Lückenparagraf' 34 BauGB aktiviert. Dieser sieht vor, dass innerhalb bebauter Ortsteile ein Vorhaben dann zulässig ist, wenn es sich in Nutzung, Bauweise und Größe in die Umgebung einfügt. Die Interpretation dieses Paragrafen war damit „abhängig vom Stadtkonzept, der fachlichen Kompetenz des bezirklichen Planungsamtes Mitte und der abschließend zuständigen Senatsbauverwaltung" (Häußermann 1995: 86). Diese Planungspraxis wurde zwar vom östlichen Planungsvakuum begünstigt, sie existierte aber bereits jahrzehntelang in der West-Berliner Zentrumsplanung vor der Wende (vgl. Lenhart 2001).

Während Ost-Berlin den Transformationsprozess in sämtlichen Politikfeldern zu spüren bekam, blieb auch West-Berlin nicht verschont. Aufgrund seiner geografischen Lage als ‚Schaufenster des Westens' inmitten eines sozialistischen Staates war der Westteil der Stadt in einer politischen und wirtschaftlichen Sonderposition gewesen, die nach dem Mauerfall ihre Grundlage verlor. Nach dem Fall der Mauer wurde die besondere Bundesförderung reduziert und schließlich aufgehoben.

1.3 Die Zeit der großen Projekte

Seit 1990 war die Entwicklung der Wirtschaft in Berlin durch einen „zweifachen Strukturwandel" gekennzeichnet (FES 1997: 14). Zum einen führte das Ende der Insellage und der Wegfall der Berlin-Förderung zu einer nachholenden Entwicklung der Produktionsstruktur, zum anderen hatte die Privatisierung der ostdeutschen Industrie in vielen Betrieben Ost-Berlins Stilllegungen und Massenentlassungen zur Folge. Auch wenn der Wandel Berlins seit Anfang der 90er Jahre von massiven Strukturveränderungen mit anhaltend hohen Arbeitslosenzahlen und mit steigenden finanziellen Anforderungen an die Stadt verbunden war, und obwohl Berlin „mit einer Wirtschaftsstruktur, die in ihren Grundzügen seit den fünfziger Jahren unverändert geblieben war", die Bühne des vereinten Deutschlands betrat, konnte sich dennoch eine „Euphorie nach der Vereinigung" durchsetzen (Momper u.a. 1999: 21). Die Vorstellung, Berlin würde bald eine europäische Dienstleistungsmetropole werden, war dominanter als das Bewusstsein einer Krise. Spätestens nach der Hauptstadtentscheidung Mitte 1991 herrschte Hochstimmung. Auch die Entwicklung West-Berlins in den Jahren 1991 und 1992 mit hohen Wachstumsraten, die deutlich über denen des alten Bundesgebiets lagen, gab Anlass für Optimismus. Das Wachstum war aber einer vereinigungsbedingten Nachfrage geschuldet und weniger einer „strukturellen ökonomischen Attraktivität" der Stadt (Momper u.a. 1999: 23). Es war der Beginn einer Phase ehrgeiziger Planungskonzepte und städtebaulicher Entwicklungsvorhaben.

Auch überzogene Wachstumserwartungen hinsichtlich der Bevölkerungsentwicklung bildeten die Grundlage für die stadtentwicklungspolitischen Entscheidungen und die daraus folgenden intensiven Bemühungen um neuen Wohn- und Büroraum.[24] Die großen Projekte waren ein „gewichtiges neues Handlungsfeld der Stadterneuerung" und „tragender Pfeiler" für die städtebauliche Realisierung des Schwerpunkts der Stadtentwicklungspo-

---

24 Manche Prognosen gingen von einem Wachstum des Agglomerationsraumes von 4,3 auf 5,7 Millionen Menschen bis zum Jahre 2010 aus, Berlin sollte insgesamt 400.000 neue Einwohner erhalten. Realistischere Prognosen wie die des Deutschen Instituts für Urbanistik hielten eine Bevölkerungszunahme von 200.000 Menschen in Berlin für richtig, so dass die Region bis 2010 auf 4,9 Mio. Einwohner anwachsen würde. Entgegen allgemeiner Erwartungen nimmt die Einwohnerzahl in Berlin aber seit 1994 ab. Die Gründe dafür liegen zum einen in einem Sterbeüberschuss und zum anderen in den Abwanderungen ins Umland. Berlin holt Suburbanisierungsprozesse nach, daher hat die Stadt zwischen 1991 und 1998 über 106.000 Menschen ans Umland verloren (siehe dazu Häußermann/Kapphan 2000).

litik: der Installation einer Dienstleistungsmetropole (vgl. Welch Guerra 1994: 180, Simons 2001). Die Erwartung, dass Berlin ein neues europäisches Wachstumszentrum werden würde, war nicht nur in Deutschland, sondern weltweit verbreitet. Vor allem durch die Hauptstadtentscheidung und durch Ansiedlungsinteressen global und national operierender Unternehmen stimuliert, „tummel(t)n sich Developer, Investoren und Spekulanten auf dem Berliner Immobilienmarkt" (Lütke-Daldrup 1992: 193). Ein Investitionsboom bahnte sich an. Die Aufgaben waren vielfältig, denn es galt die beiden bisher getrennten Stadthälften zusammenzufügen und die Nutzungsstruktur für die zukünftige Stadtmitte zu gestalten. Private Investoren interessierten sich vor allem für die alten zentralen Standorte in der Friedrichstadt (vgl. Strom 2001, Lenhart 2001). Der Berliner Senat beschleunigte den Umbauprozess durch die Einrichtung eines Koordinierungsausschusses Innenstadt (KOAI), der Investorenprojekte prüfte und über die Möglichkeit eines Investitionsvorrangbescheides[25] entschied. Der KOAI war ein „nachhaltiger Promoter für Großprojekte" (Häußermann 1995: 85), da Investoren favorisiert wurden, die großformatige Nutzungskonzepte vorlegten und damit über die gegebenen Grundstücksstrukturen hinausgingen.

Die Planungsaktivitäten konzentrierten sich aber nicht nur auf die Stadtmitte. Im Flächennutzungsplan von 1994 wurde festgelegt, man solle eine dezentrale Entwicklung verfolgen. Große Projekte wurden auch an der Peripherie, besonders im Nordosten der Stadt, geplant und dienten vornehmlich dem Wohnen (vgl. SenbauWohn 1994, Kuhle/Fiedler 1996).[26] Ein zweiter Typus größerer Entwicklungsprojekte entstand am inneren S-Bahn-Ring und sollte vor allem Arbeitsplätze im Dienstleistungsbereich schaffen. Die Ringstadt-Konzeption war fester Bestandteil der Flächennutzungsplanung von 1994.

Nicht alle großen Projekte stammen aus der Frühphase der Vereinigung, einige gingen auch auf West-Berliner Konzeptionen aus der zweiten Hälfte der 1980er Jahre zurück. Große Entwicklungsmaßnahmen wie die Wasserstadt Oberhavel basierten auf damaligen Planungen der Senatsbauverwal-

---

25 Das Investitionsvorranggesetz gab Investoren den Vorrang vor Restitutionsansprüchen, wenn sie die sofortige Nutzung eines Grundstücks bzw. Gebäudes und die Schaffung von Arbeitsplätzen in Aussicht stellten. Die Restitutionsansprüche wurden dann durch Entschädigung abgegolten.
26 Dem Projekt Karow-Nord in Weißensee kam eine Pilotfunktion zu. Auf der Grundlage eines städtebaulichen Vertrages zwischen dem Senat, Groth & Graalfs GmbH und der städtischen Gehag sollten 4.600 Wohnungen für über 10.000 Einwohner entstehen (vgl. SenBauWohn 1994).

tung, mit denen eine sich ankündigende Wohnungsnot begegnet werden sollte. Dieses Eingeständnis der Wohnungsnot durch die Bundespolitik ab 1988 führte zu neuen Akzenten in der Stadtentwicklungspolitik. Die bis dahin in der Wohnungs- und Städtebaupolitik vorherrschende Deregulierung wurde Ende der 1980er Jahre durch eine „gezieltere, initiative und zugleich marktorientierte Stadtentwicklungspolitik" abgelöst (Welch Guerra 1994: 180). Bezeichnend hierfür ist das Wohnungsbau-Erleichterungsgesetz, das nicht nur den Bau von Wohnungen erleichtert, sondern auch die städtebauliche Entwicklungsmaßnahme wieder einführt und verbessert.[27] Mit der städtebaulichen Entwicklungsmaßnahme steht den Gemeinden ein Instrument zur Verfügung, mit dem komplexe städtebauliche Aufgaben nach einer flächendeckenden und zeitlich geschlossenen Planungskonzeption bewältigt werden können. Die städtebauliche Entwicklungsmaßnahme wurde 1993 als Dauerrecht in das Baugesetzbuch eingeführt (vgl. Bunzel/Lunebach 1994). Nirgendwo in Deutschland wurde dieses Planungsinstrument so extensiv angewandt wie in Berlin. Anfang der 90er Jahre wurden in Berlin fünf Entwicklungsgebiete mit einer Gesamtfläche von ca. 900 ha ausgewiesen: Wasserstadt Oberhavel, Eldenaer Straße, Biesdorf-Süd, Rummelsburger Bucht und Johannisthal/Adlershof. Da die Wachstumserwartungen für Berlin damals sehr hoch waren, sollten in diesen Entwicklungsgebieten etwa 30.000 Wohnungen und 75.000 Arbeitsplätze geschaffen werden (vgl. Häußermann/Simons 2000). Adlershof ist mit 420 ha das größte und ehrgeizigste der Entwicklungsmaßnahmen.

Die städtebauliche Entwicklungsmaßnahme

Ziel der städtebaulichen Entwicklungsmaßnahme ist die Deckung eines erhöhten Bedarfs an Wohn- und Arbeitsstätten sowie die Wiedernutzung brachliegender Flächen. Kernstück des Entwicklungsrechts ist die Aufforderung des Gesetzes an die Gemeinde, alle Grundstücke im ausgewiesenen Gebiet zu erwerben, es sei denn, die betroffenen Eigentümer sichern eine planmäßige Nutzung des Grundstücks zu. Sind die Eigentümer nicht veräußerungsbereit, können sie enteignet werden. Da die Entwicklungsmaßnahme

---

27 1971 wurde die städtebauliche Entwicklungsmaßnahme erstmals mit dem Städtebauförderungsgesetz eingeführt und diente damals dem Bau von Großsiedlungen und neuen Orten in den Außenbereichen der Städte. Mit dem Wandel der Stadtentwicklungspolitik zu überwiegend innerstädtischen Maßnahmen wie Sanierung und Verdichtung verlor die Entwicklungsmaßnahme an Bedeutung, so dass die Gesetzgeber das Entwicklungsrecht aus der Neufassung des Baugesetzbuches von 1987 strichen (vgl. Bunzel/Lunebach 1994).

weitgehend in die Eigentumsrechte der Betroffenen eingreift, stellt es das „schärfste Schwert des Bodenrechts" dar (Schmidt-Eichstaedt 1998: 391). Ein weiteres zentrales Merkmal ist die Abschöpfung des Entwicklungsgewinns aus Bodenwertsteigerungen, d.h. aus der Differenz zwischen Anfangswert der Grundstücke und entwicklungsbedingtem Endwert. Die für die Entwicklung aufgewendeten Kosten sollen folglich durch die Wiederveräußerung der erworbenen Grundstücke und durch die Ausgleichsbeträge der Eigentümer refinanziert werden.

Anfang der 1990er Jahre versprach man sich von diesem Instrument Vorteile, da erwartet wurde, dass dadurch groß angelegte städtebauliche Entwicklungsvorhaben weitgehend frei von öffentlicher Förderung zügig durchgeführt und realisiert werden könnten (vgl. Bunzel 1999). Aufgrund der Vielzahl der angestoßenen Projekte und der komplexer werdenden Aufgaben wurden zusätzliche intermediäre Organisationen, meist verwaltungsexterne Projektentwicklungsträger, aufgebaut. Lütke-Daldrup (1992: 201) stellt fest, dass dies „für die Berliner Planung eine neue, geradezu revolutionierende Erfahrung ist, da traditionell nur im Rahmen der Stadterneuerung Entwicklungsträger tätig waren." Planungsboom und Trägerboom gingen damit Hand in Hand und führten zu einer erheblichen Teilprivatisierung öffentlicher Aufgaben.

Ein weiterer Grund für das Einschalten eines Entwicklungsträgers ist in der Mittelbewirtschaftung über ein Treuhandvermögen zu vermuten. So konnte darauf verzichtet werden, die Einnahmen und Ausgaben einzeln im Landeshaushalt zu veranschlagen, stattdessen konnten die Ausgaben über Kredite zu Lasten des Treuhandvermögens finanziert werden. Entsprechend schätzte die ehemalige Finanzsenatorin Michaele Schreyer auf einer öffentlichen Veranstaltung[28] zu den Berliner Entwicklungsgebieten das Entwicklungsrecht als ein „*verführerisches Instrument*" ein, „*weil es eine üppigere Planung*" erlaube als beim normalen Planungsrecht, das an den Haushalt gebunden ist. Vor dem Hintergrund der Haushaltskrise und dem Abbau der Berlin-Förderung wurde die Entwicklungsmaßnahme zu einem beliebten Instrument der Stadtentwicklungsplanung.

---

28 „Die Entwicklungsgebiete – Zukunftschance oder Ruin?" Tagung der Industrie- und Handelskammer Berlin, 23.02.1999, Konferenzsaal Ludwig-Erhard-Haus, Berlin.

1.4 Großprojekte im Kontext der Berliner Finanzkrise

Mitte der 1990er Jahre waren etwa hundert Projekte der Stadtentwicklung in Planung oder Realisierung, so dass in hohem Maße Leistungen des Berliner Haushalts und Kapazitäten der Verwaltung gebunden wurden, die bei „gleichzeitiger Inanspruchnahme zu Engpässen in der Projektrealisierung führen können" (SenStadtUm 1995: 82). Die sich ankündigende Finanzkrise wurde von Berlins Politik „lange verdrängt" und „öffentlich totgeschwiegen" (Weinzen 1999: 423). Schon 1994 kam ein von der Senatsverwaltung für Stadtentwicklung und Umweltschutz in Auftrag gegebenes Gutachten zu dem Ergebnis, dass „spätestens ab 1999 [...] die Gesamtheit der heute angeschobenen städtebaulichen Planungsvorhaben kaum noch finanzierbar [ist]....Der Senat von Berlin hat dann praktisch keinen Handlungsspielraum mehr, um neue Vorhaben anzuschieben oder auch nur, um ausgelaufene Projektrisiken auszugleichen" (prognos 1994: 19). Daher rieten die Gutachter zur Prioritätensetzung. Im Stadtforum wurde die Frage diskutiert, wie die Projektplanung koordiniert werden sollte.[29] Dieser Versuch einer „Kombination aus langfristiger Orientierung, diskursiven Planungsformen und konkreter Projektplanung" wird in der Planungsliteratur als „strategische Planung" bezeichnet (Heinz 1998: 243).

Die Notwendigkeit von Prioritäten bei den Planungsvorhaben in Berlin wurde auch auf hoher politischer Ebene verhandelt; im Februar 1994 wurde der Ausschuss ‚Berlin 2000' gegründet, der mit allen Staatssekretären besetzt und beim Regierenden Bürgermeister angesiedelt war. Dieser Ausschuss erteilte der Stadtentwicklungsverwaltung den Auftrag, Grundlagen für die Prioritätensetzung zu erarbeiten.[30] Ziel der strategischen Planung war es, aufzuzeigen, welche Projekte, vorrangig zu entwickeln waren, welche Maßnahmen zeitlich gestreckt, welche verschoben werden sollten. Nach

---

29 Das Stadtforum wurde 1991 von dem damaligen Stadtentwicklungssenator Hassemer (CDU) ins Leben gerufen. Dieses Gremium, das mit Fachleuten für Stadtentwicklung, Architekten, Vertretern von Verbänden und Vereinen, Journalisten etc. besetzt war, war ein beratendes Organ und sollte Empfehlungen für den politischen Entscheidungsprozess vorbereiten. Vgl. dazu Kleger u.a. 1996, Fassbinder 1997. Zur Kritik am Stadtforum siehe Schmals/Jahn 1997, Lenhart 2001.

30 Die Prioritätenliste zählte als Projekte mit höchster Relevanz v.a. solche mit gesamtstädtischer Bedeutung auf, die Berlin als Hauptstadt, Messestadt, Dienstleistungs-, Wissenschafts- und Forschungsstandort, Kultur- und Sportstadt beeinflussen. Berlin Adlershof beispielsweise erhielt den vierten Platz nach den Vorhaben im Parlamentsviertel, am Potsdamer Platz und den Messehallen (prognos 1994, Anhang 1).

Einschätzung verschiedener Akteure in der Stadtentwicklungsverwaltung[31] scheiterte die strategische Planung aber an politischen Strukturen und an der unkooperativen Haltung der einzelnen Verwaltungen: *„Es haben alle Sektoralverwaltungen regelrecht gemauert und sind z.B. zu eingeladenen Koordinationstreffen nicht erschienen oder haben Schattenboxen betrieben. Sie hatten Angst, dass sich mit der Stadtentwicklungsverwaltung eine Behörde etabliert, die die Sektoralpolitik durchkreuzt. Das ist verwaltungssoziologisch hochspannend und sicherlich eine gute Fallstudie für die Unfähigkeit, eine Großstadt vernünftig zu steuern. Es ist dann auch tatsächlich zu der Krise gekommen, die wir ein Jahr zuvor prognostiziert haben."*[32] In einem weiteren Experteninterview wird diese Steuerungskrise auf den Punkt gebracht: *„Die Schwierigkeit in Berlin ist ja, der Tanker fährt weiter, ehe wir umsteuern, müssen wir wirklich schon ein paar Jahre gegensteuern oder er setzt irgendwo auf."*

Insgesamt wurden die politischen Handlungsspielräume in Berlin durch die desolate Finanzsituation erheblich erschwert. In eben diesen Kontext ist das Großprojekt Adlershof eingebettet.

2. Berlin Adlershof – Die Stadt für Wissenschaft und Wirtschaft[33]

2.1 Projektinitiative

2.1.1 Vorgeschichte des Standortes

Schon einmal waren die Hoffnungen in Adlershof im südöstlich gelegenen Bezirk Treptow mit einem Großprojekt verknüpft. Mit dem Flugplatz Johannisthal als erstem Flughafen Deutschlands 1909 und als Wirkungsstätte der Luft- und Raumfahrtforschung/-industrie hat sich der Standort einen Namen gemacht. Die Teilung Berlins nach dem 2. Weltkrieg förderte die

---

31 Interviews mit Mitarbeitern der Senatsverwaltung für Stadtentwicklung, Umweltschutz und Technologie im Februar 1999 und März 1999.
32 Alle Zitate aus den Expertengesprächen werden in anonymisierter Form wiedergegeben. Die Interviewpassagen werden in kursiver Form kenntlich gemacht.
33 Im Laufe des Jahres 2000 nannte der Entwicklungsträger BAAG das Vorhaben „Die Stadt für Wissenschaft, Wirtschaft und Medien". Die folgenden Ausführungen beziehen sich auf die Projektentwicklung vor 2000.

Stilllegung des Flugplatzes. Die grenznahe Lage zum West-Berliner Ortsteil Rudow hatte die Schließung des Flughafens ebenso wie die Kappung der über den Teltowkanal führenden Straßenbrücken zur Folge. Die periphere Lage führte zur Ansiedlung unterschiedlicher als ‚sicherheitsempfindlich' geltender DDR-Einrichtungen. Der Flugplatz wurde von Einheiten der Grenztruppe der Nationalen Volksarmee (NVA) als Übungsgelände genutzt, ein Wachbataillon des Staatssicherheit wurde angesiedelt, auch verschiedene Industriebetriebe wie das Werk Kühlautomat Berlin und der Medizinische Gerätebau. Das Forschungszentrum der Akademie der Wissenschaften (AdW) und das Gelände des Deutschen Fernsehfunks (DFF) galten auch als sicherheitsempfindlich und wurden ebenfalls dort angesiedelt und dem öffentlichen Zugang entzogen. Adlershof war seitdem in der DDR als großräumig abgesperrter Sonderstandort bekannt. Bis 1989 waren dort vier große Zentralinstitute, fünf Institute, eine Forschungsstelle, das akademieeigene Zentrum für Wissenschaftlichen Gerätebau, infrastrukturelle Dienstleistungseinrichtungen mit etwa 5.500 Wissenschaftlern, Technikern und Mitarbeitern untergebracht. Kennzeichnend für das Gebiet war ein Mosaik unterschiedlicher und wenig miteinander vernetzter Nutzungen und Bebauungen. Mauern und Zäune gehörten ebenso dazu wie bewachte Eingänge isolierter Areale. Öffentliche Räume, Plätze und Mischnutzung fehlten daher vollständig (vgl. Bodenschatz/Engstfeld 1994). Der Teltowkanal und die Trassen der S- und Fernbahn sowie eine stark belastete Hauptverkehrsstrasse „trugen ein übriges zur Isolierung des Gebiets bei" (Hiort 1996: 250).

2.1.2 Umbruch in Adlershof – 1990

Die Vereinigung der beiden deutschen Staaten hatte für Adlershof einschneidende Folgen. Als größter Forschungsstandort der DDR war er unmittelbar von dem verlustreichen, komplizierten und langwierigen Transformationsprozess der ostdeutschen Wissenschaftslandschaft betroffen. Die Forschungspotenziale mussten neu formiert und in die föderalen Wissenschaftsstrukturen der Bundesrepublik eingeordnet werden. Damit wurde Adlershof zum Brennpunkt der Umbruchsituation für Wissenschaft und Forschung. Der Einigungsvertrag schrieb die Erneuerung von Wissenschaft und Forschung unter Erhaltung leistungsfähiger Einrichtungen im Beitrittsgebiet und die Auflösung der Einrichtungen der Akademie der Wissenschaften der DDR zum 31.12.1991 fest (Art. 38). Ende 1990 begann die vom Bund eingesetzte ‚Koordinierungs- und Abwicklungsstelle der Akademie der Wissenschaften' (KAI-AdW) zusammen mit der Senatsverwaltung für Wissenschaft und Forschung Konzepte zu erarbeiten, um die Empfehlung des Wissenschaftsrates in Adlershof umzusetzen. Die Akademieeinrichtungen wurden aufgelöst, Personal entlassen und die wissenschaftlichen Institute umgestaltet. Die Wissenschaftsgebiete Physik, Chemie und Informatik wurden als Schwerpunkte ausgebaut. Neben selbständigen Einrichtungen im Rahmen der Bund-Länder-Förderung (Blaue-Liste-Institute) wurden Institute und Außenstellen ebenfalls gemeinschaftsfinanzierter Forschungsorganisationen, wie die Fraunhofer-Gesellschaft u.a. in Adlershof untergebracht (Busch/Thimm 1993: 8). Die Umgestaltung des Forschungsstandortes in Adlershof erfolgte über Wissenschaftler-Integrationsprogramme, Existenzgründungen forschungsbasierter Unternehmen und Arbeitsbeschaffungsmaßnahmen (ABM) für den FuE-Bereich.[34] Forschungs-ABM sollten über eine Dauer von bis zu zwei Jahren zur Weiterqualifizierung und Überbrückung einer möglichst großen Zahl von Mitarbeitern aus Einrichtungen der ehemaligen AdW und der Forschungs-GmbHs beitragen (vgl. Brink 1993).[35]

Anlässlich einer Staatssekretärsrunde am 12. März 1991 formulierten die Industrie- und Handelskammer Berlin, die Koordinierungs- und Abwicklungsstelle (KAI-AdW) und die Wirtschaftsförderungsgesellschaft ein ‚10-Punkte-Programm' für die Neustrukturierung des Standortes, dem die zuständigen Senatsverwaltungen zustimmen sollten. Darin wurde schnelles Handeln gefordert, da das Beschäftigungsproblem drängte und die Negativschlagzeilen nicht mehr zu widerlegen waren. Es wurde unter anderem empfohlen, ein spezifisches Rahmenkonzept für eine ‚integrierte Landschaft aus Wissenschaft und Wirtschaft' zu erarbeiten. Außerdem wurde angeregt, eine Projektentwicklungsgesellschaft zu gründen, die alle erforderlichen Initiativen wie die Einrichtung eines Technologie- und Gründerzentrums „schnell und kompetent" einleiten und die Reorganisation aktiv gestalten sollte (vgl. KAI-AdW 1991).

Um diese neue Entwicklung zu steuern, traf die Senatsverwaltung für Wirtschaft erste organisatorische Maßnahmen. Als Tochtergesellschaft der landeseigenen Wirtschaftsförderung Berlin GmbH wurde die EGA (Entwicklungsgesellschaft Adlershof mbH) im September 1991 gegründet (Mitteilung des Senats, 3.3.1993). Sie erhielt den Auftrag, eine Konzeption zur Entwicklung des Standortes zu einem Wirtschafts- und Wissenschaftspark

---

34 Expertengespräch mit einem Mitarbeiter der Senatsverwaltung für Arbeit, berufliche Bildung und Frauen im Juli 1998.
35 Diese Forschungs-ABM wurden seit März 1991 auf der Grundlage einer Vereinbarung des Bundesministers für Forschung und Technologie und des Bundesministers für Arbeit und Sozialordnung als Sonderregelung für die neuen Bundesländer ermöglicht. In den alten Bundesländern war FuE bisher kein Förderkriterium des Arbeitsförderungsgesetzes (vgl. Brink 1993).

zu erarbeiten, außerdem war sie für die Entwicklung und Verwaltung wirtschaftlicher und wissenschaftlich-technischer Zentren auf dem ehemaligen Gelände der AdW verantwortlich. Dazu gehörte die Akquisition von ansiedlungswilligen Unternehmen und das Flächenmanagement. Als die KAI-AdW Ende 1991 ihre Tätigkeit beendete, ging die faktische Zuständigkeit für das Gelände der Akademie, Gebäude und deren Inventar auf das Land Berlin über. Mit der Verwaltung der Liegenschaften wurde nunmehr die landeseigene Gewerbesiedlungsgesellschaft mbH (GSG) beauftragt. Sie war zuständig für Bau- und Reparaturleistungen, für Gebäude und Infrastruktur sowie für Verkauf und Vermietung. Eine klare Kompetenzabgrenzung zwischen EGA und GSG gelang jedoch nicht, so dass auch in der Presse vermehrt darüber berichtet wurde, dass die Koordination der praktischen Arbeit auf dem Gelände nicht funktioniere: „Mangelndes Gespür für die besonderen Servicewünsche der auf dem Gelände noch oder schon wieder vertretenen wissenschaftlichen Institute bei der Gewerbe-Siedlungsgesellschaft kamen hinzu. Es entwickelte sich eine richtige Gewerbehofmentalität" (FAZ, 2.2.1993: 15).[36] 1993 wurden alle Managementaufgaben auf die EGA übertragen.

Zusammengefasst bleibt für die Anfangsphase festzuhalten, dass das Beschäftigungsproblem den akuten Handlungsbedarf 1990 am Standort begründete. Das Interesse der Berliner Politik an Adlershof muss daher zunächst im Zusammenhang mit der Abwicklung des Wissenschaftsstandortes und dem damit verbundenen Arbeitsplatzabbau gesehen werden. In diesem Kontext entstanden allmählich erste konzeptionelle Überlegungen der Verwaltungsspitze für die weitere Zukunft des großflächigen Areals, das teils noch als Produktionsstandort und teils schon als Verkehrs-, Gewerbe- und Militärbrache wahrgenommen wurde.

2.2 Projektierung

2.2.1 Aushandlungsprozesse zwischen den Senatsverwaltungen

In Adlershof sollte es sowohl um Stadtumbau im großen Stil als auch um Wirtschafts- und Wissenschaftsförderung gehen. Die für diese Ressorts zuständigen Senatsverwaltungen begannen gleichzeitig, ihre spezifischen Interessen für zukünftige Nutzungen zu artikulieren. Die Wirtschaftsverwal-

---

36 Siehe auch dazu „Streit um Kompetenzabgrenzung in Adlershof", in: Tagesspiegel vom 22.12.1992 und „Unklares Adlershofer Regime", in: Berliner Zeitung vom 7.1.1993.

tung stützte sich in der Phase der Perspektivenfindung auf ein Beraternetzwerk aus Trägern des wirtschaftlichen und technologischen Strukturwandels. In dieser Logik der Kooperation mit unterschiedlichen Experten ist ihr Rahmenkonzept entstanden. Es hatte die Aufgabe, zukünftige Technologiefelder und interdisziplinäre Querschnittsprojektfelder zu definieren, die dem Standort eine Ausrichtung geben sollten. Hier wurde die Vision formuliert, Adlershof zu einem „erfolgreichen Magneten und europäischem Zentrum für strategische Allianzen aus Wirtschaft und Wissenschaft" zu entwickeln. An dieses Rahmenkonzept anknüpfend, sah die in dieser Frühphase federführende Senatsverwaltung für Wirtschaft und Technologie in Adlershof primär das Potenzial für die Entwicklung eines Forschungs- und Technologieparks.

Anders war die Wahrnehmung in den für Stadtumbau und Stadtentwicklung zuständigen Senatsverwaltungen, die keinen monostrukturierten Gewerbestandort wollten. Um ihre Entwicklungsvorstellungen für Adlershof unter dem Leitbild einer stadtverträglichen Mischnutzung zu konkretisieren, beauftragte die Senatsverwaltung für Stadtentwicklung und Umweltschutz im Frühjahr 1991 ein Stadtplanerbüro und ein Landschaftsplanerteam, einen Rahmenplan zu erarbeiten. Ziel war es, eine Vorstufe für die verbindliche Bauleitplanung zu erreichen und einen neuen Akzent zu setzen:

„Angesichts von mehr als achtzig Gewerbeparkprojekte im Umland von Berlin, die in den meisten Fällen im Grünen auf bisherigen Agrar- und Forstflächen entstehen sollen, wird es zu einer wirtschaftlichen Überlebensfrage für den Bereich Johannisthal-Adlershof, ein Kontrastprogramm mit unverwechselbarem Standortprofil zu entwickeln" (Becker 1994: 37).

Dem Plan zufolge sollte in Adlershof zeitgemäßer Städtebau mit Nutzungsmischung, Verflechtung von urbaner Technologie- und naturnaher Erholungslandschaft, neuen Wohnquartieren und einer städtebaulichen Einbindung des Hochschulquartiers sowie einer verbesserten Erschließung für Individual- und öffentlichen Nahverkehr stattfinden.[37] Diese Rahmenplanung wurde in enger Auseinandersetzung mit Experten, Vertretern anderer Senatsverwaltungen und den Akteuren vor Ort diskutiert. So haben Workshops die Arbeit am Rahmenplan begleitet, in denen unterschiedliche Ziele artikuliert wurden. Staatssekretär Branoner stellte es im Frühjahr 1992 im Stadtforum der Öffentlichkeit vor, um den unter der Federführung von der Senatsverwaltung für Wirtschaft und Technologie „angedachten alternativen Nutzungen des Gesamtstandortes für Hafen, Güterumschlagzentrum,

---

37 Interview mit der Leitung des Planungsbüros im Mai 1998.

Müllverbrennungsanlage und EGA-Technologiepark entgegenzuwirken" (USC/AS&P 1997: 7). Insgesamt wurden unterschiedliche, miteinander in scharfer Konkurrenz stehende Nutzungsansprüche an das Gebiet artikuliert, so dass ein Mitarbeiter der Senatsverwaltung rückblickend in einem Interview von einem „*Nutzungskampf*" sprach, der hin und her ging wie in einem „*Pokerspiel*".

Im Sinne eines kleinsten gemeinsamen Nenners beschloss der Senat im September 1992, grundsätzlich das ehemalige Akademiegelände und Hauptteile des ehemaligen Flugfeldes für den Ausbau und die Neuansiedlung von Wissenschafts- und Wirtschaftseinrichtungen zu nutzen (Senatsbeschluss Nr. 2264/92). Zudem brachten die beteiligten Senatsverwaltungen eine gemeinsame Senatsvorlage ein, das Gebiet möglichst bald als Entwicklungsbereich festzulegen. Zum einen gingen die Akteure davon aus, dass die Entwicklungsmaßnahme „*Vorteile im stadtwirtschaftlichen Bereich*" bot, da man davon ausging, dass der Grundstücksmehrwert in die Maßnahme investiert werden konnte, zum anderen dass „*man leichter an die Grundstücke herankommt, als das mit normalen Baurecht und Enteignungsverfahren möglich ist.*"[38] Der Senat beschloss daher am 16. Februar 1993, der Senatsverwaltung für Stadtentwicklung drei parallele Handlungsaufträge zu erteilen (Senatsbeschluss Nr. 2929/93): zum einen die Überprüfung des vorliegenden Rahmenplans im Wege eines kooperativen Gutachterverfahrens bis zum Sommer 1993, zum anderen der Abschluss der vorgeschriebenen Voruntersuchungen für eine Entwicklungsmaßnahme und schließlich die Auswahl und der Einsatz eines treuhänderischen Entwicklungsträgers.

2.2.2 Kooperatives Gutachterverfahren und Konsensplan

Wegen der vielen Akteure und ihrer differenzierten Interessenlagen wurde nicht ein klassisches anonymes Wettbewerbsverfahren durchgeführt, sondern im Juni 1993 ein kooperatives Gutachterverfahren ausgelobt, um die konzeptionelle Planung gemeinsam mit mehreren Planungsbüros, fünf Senatsverwaltungen, dem Bezirksamt Treptow und zahlreichen Experten weiter zu konkretisieren.[39] Ein wichtiges Ziel dieses speziellen Gutachterverfahrens war es, alle Akteure einzubinden, die sich bereits innerhalb der Verwaltung und im politischen Raum Gehör verschafft hatten. Insofern bot dieses

---

38 Interview mit einem Mitarbeiter der Senatsverwaltung für Stadtentwicklung, Umweltschutz und Technologie im Februar 1999.
39 Interviews mit Mitarbeitern der Senatsverwaltung für Stadtentwicklung, Umweltschutz und Technologie im April 1998.

Verfahren bestimmte Vorteile, wie eine Mitarbeiterin der Senatsverwaltung in einem Interview bemerkte: *„Es ging die Erkenntnis rum, wenn man die Akteure in ein Verfahren einbindet, kann schließlich keiner mehr aus dem Sack springen; sie müssen sich darauf einlassen, den Entwurfsprozess mitzugestalten, dass es auch ihr Ding wird."*

Nach viermonatiger Arbeit an der städtebaulichen Idee präsentierte man der Öffentlichkeit einen ‚Konsensplan'. In einer gemeinsamen Presseerklärung der Staatssekretäre wurde dann im Oktober 1993 der ‚Schulterschluss' der drei Verwaltungen für Stadtentwicklung, Wirtschaft und Wissenschaft besiegelt. Rückblickend schätzte ein Experte den Konsensplan in einem Interview als etwas Besonderes ein: *„Das hat man sonst kaum, dass die Ressorts gemeinsam vor die Presse gehen. Das Ergebnis – ein feiner Kompromiss....Aber das Gezerre: wird hier Industriefläche weggenommen um daraus High-Tech-Fläche oder gar Wohngebiete zu machen, dann die ‚grüne Front' der Stadtentwicklungsverwaltung: 40 Jahre lang gab es diese nicht betretbaren Flächen, wo sich alle möglichen für Berlin seltenen trockenen Gräser angesammelt haben. Wie weit müssen die geschützt werden? Da haben wir auch am Ende, ähnlich wie beim Denkmalschutz, handhabbare Kompromisse gefunden. Aber das ist alles in der Phase des Gutachterverfahrens angesprochen worden. Man kam dann zu einem Konsens."* Der Konsensplan legte die Verteilung der verschiedenen Nutzungen vom Technologiepark über das Campus- und Mediengelände[40] bis zu den Wohngebieten fest, transformierte das ehemalige Flugfeld in eine Freifläche und konkretisierte die Verkehrserschließung (vgl. SenStadtUm 1993). Der Senat bekräftigte in einem weiteren Beschluss im Dezember 1993 das Ziel, einen Forschungs- und Technologiepark aufzubauen und bezeichnete das Vorhaben das „größte Zukunftsprojekt der Berliner Wirtschaft" (Senatsbeschluss Nr. 4218/93).

Für die Projektierungsphase lässt sich zusammenfassen, dass ein städtebaulicher Rahmenplan (=Konsensplan) geschaffen wurde, der die Verteilung der Nutzungsstrukturen ordnete und ein Leitbild bestimmte. Das für Adlershof entwickelte Leitbild einer „Stadt für Wissenschaft und Wirtschaft" sollte die komplexen Ziele bündeln und „einen Konsens zum Ausdruck bringen, der anders schwer vermittelbar" war (Kunst 1998: 214). Es sollte „einen Typus des Städtischen formulieren, der wissenschafts- und industriespezifisch große Nutzungen zuläßt..., zugleich aber auch die we-

---

[40] Die folgenden Ausführungen beziehen sich überwiegend auf den Steuerungsprozess der städtebaulichen Entwicklungsmaßnahme; die Analyse der Teilprojekte (u.a. Medien, Universität) erfolgt nicht im Einzelnen.

sentlichen Scharniere und Verknüpfungen städtischer Strukturbildung formuliert" (Hoffmann-Axthelm/Strecker 1995: 5). Dabei bestand aber das Problem, wie im späteren Projektverlauf deutlich wurde, dass das breit formulierte Leitbild zwar verschiedene Interessen artikulierte, sie jedoch nicht integrierte. Die unterschiedlichen Anforderungen an den Standort wurden zum Beispiel bei der Frage der Nutzungsmischung von Wohnen und Arbeiten, Produktion, Versorgung und Freizeit deutlich. Die ursprünglich angestrebte, kleinteilige Mischnutzung konnte nicht realisiert werden, da Nutzungskonflikte zwischen Gewerbe und Wohnen befürchtet wurden.[41]

2.3 Phase der öffentlichen Beteiligung und der Projektstrukturierung

2.3.1 Das Beteiligungsverfahren

Die Beteiligung der Betroffenen und der Träger öffentlicher Belange fand im Rahmen der vorbereitenden Untersuchungen zur städtebaulichen Entwicklungsmaßnahme statt, die im Auftrag der Senatsverwaltung für Stadtentwicklung und Umweltschutz von den Planerbüros ProStadt und UrbanPlan durchgeführt wurden. Dabei sollte die Frage geklärt werden, ob das Großprojekt im Sinn des Wohls der Allgemeinheit zur Deckung eines erhöhten Bedarfs an Wohn- und Arbeitsstätten oder zur Wiedernutzung brachliegender Flächen erforderlich war. Um die Betroffenheit und Mitwirkungsbereitschaft der Mieter und Pächter zu ermitteln, wurden nach Abschluss des Gutachterverfahrens und zum Auftakt einer Ausstellung über den Stand der Rahmenplanung sämtliche gewerblichen Nutzer im Untersuchungsgebiet zu einer Informationsveranstaltung zu der geplanten Entwicklungsmaßnahme in Adlershof eingeladen. Im Oktober 1993 gab es rund 430 gewerbliche Nutzer, die bis auf wenige Ausnahmen Mieter und Pächter waren und meist über kurzfristig kündbare Nutzungsverträge verfügten. Die nach der Vereinigung auf Treuhandliegenschaften angesiedelten Betriebe erhielten nur unter dem Vorbehalt Mietverträge, dass ihnen bis zur Privatisierung des Grundeigentums eine kurzfristige Zwischennutzung eingeräumt werden konnte.

---

41 Außerdem standen die Richtlinien für die Vergabe von Mitteln aus der Gemeinschaftsaufgabe „Verbesserung der regionalen Wirtschaftsstruktur" einer Mischung dieser Teilfunktionen entgegen, da ausschließlich Maßnahmen gefördert wurden, die der Entwicklung der gewerblichen Wirtschaft dienten. Die Implementierung von Wohnnutzungen innerhalb der geförderten Areale hätte zum Verlust der Förderung in den betreffenden Bereichen geführt (vgl. USC/AS&P 1997).

An der Informationsveranstaltung am 8. November 1993 nahmen ca. 250 Vertreter von über hundert Betrieben teil, die mit Mitarbeitern der Senatsverwaltung für Stadtentwicklung, dem zukünftigen Entwicklungsträger und den Planungsbüros ProStadt und UrbanPlan Themen erörterten, die für die gewerblichen Mieter von Interesse waren. Man diskutierte das Problem der mangelnden Planungs- und Investitionssicherheit für viele Betriebe infolge kurzfristiger Mietverträge, auch Ersatzstandorte für Betriebe, die im Zusammenhang mit Neuordnungsmaßnahmen ihren Standort verlagern mussten (vgl. ProStadt/UrbanPlan 1994).

Im Rahmen des Beteiligungsverfahren wurden auch die Bewohner am Standort informiert und befragt. Insgesamt wurde nur eine Teilfläche von ca. 50 ha des Untersuchungsgebietes durch Wohnen genutzt. Eine Planungszeitung und eine Ausstellung im Verwaltungsgebäude der Entwicklungsgesellschaft Adlershof (EGA) informierte die Bewohner über das Vorhaben. Sie wurden auch befragt, um ihre Bedenken und Anregungen zu erheben. Dies ergab, dass zum Teil große Verunsicherung hinsichtlich der Zukunft herrschte. Sie waren unzufrieden über die Informationspolitik des Senats und des Bezirksamtes Treptow, sie kritisierten, dass die Planung ‚von oben' stattgefunden habe und dass ihren Befürchtungen nicht genügend Rechnung getragen werde. Die Bewohner verhielten sich ablehnend gegenüber der Verkehrsplanung. Die geplante Autobahn wurde als eine neue Mauer betrachtet, die zum Abriss von Wohnhäusern führen könne. Es war auch Ergebnis der Befragung, dass ein Großteil der Bewohner der Planung eines Gewerbe-, Industrie- und Forschungsstandortes relativ gleichgültig gegenüberstand. Zum Teil wurden Umweltbelastungen durch Industriebetriebe und höheres Verkehrsaufkommen befürchtet. Die durch den Standort ermöglichte Verbindung von Wohnen und Arbeiten fand einzelne Befürworter, kam aber für die meisten Bewohner nicht in Frage. Die Arbeitsplätze, die neu geschaffen werden sollten, zielten ihrer Auffassung nach nicht auf die Arbeitnehmer, die im Untersuchungsgebiet wohnten.

Überdies wurde in den Voruntersuchungen die Mitwirkungsbereitschaft der Eigentümer ermittelt, da städtebauliche Entwicklungsmaßnahmen weitgehend in die Eigentumsrechte eingreifen. Grundstücke, deren Eigentümer nicht veräußerungsbereit sind, können ohne Bebauungsplan und ohne Prüfung der Frage, ob Gründe des allgemeinen Wohls gegeben sind, enteignet werden. Insgesamt gab es siebzehn Eigentümer bzw. Verfügungsberechtigte auf den großflächigen Gewerbe- und Industriegrundstücken. Während drei Eigentümer keine Mitwirkungsbereitschaft zeigten, waren die übrigen bereit, an der Entwicklungsmaßnahme mitzuwirken bzw. Grundstücksstellen zu verkaufen.

Insgesamt fand die öffentliche Beteiligung auf formalem Wege im Rahmen der vorbereitenden Untersuchungen statt, wie es der Gesetzgeber vorsieht. Es ging darum, die Bürger von der Bedeutung des Projekts zu überzeugen und ihre Zustimmung zu gewinnen. Bürgerbeteiligung bedeutete für die Verantwortlichen des Projekts Überzeugungsarbeit zu leisten. Ein Mitarbeiter des Entwicklungsträgers brachte diese Vorstellung in einem Interview auf den Punkt: *„Ich denke, dass die Beteiligung, die wir hier anstreben müssen, das Bemühen um Akzeptanz bei denjenigen bedeutet, die Beteiligte und Betroffene sind, also hier konkret im Umfeld der Stadtteil Adlershof. Der Stadtbezirk Treptow ist eigentlich mehr oder weniger Zuschauer dieser Veranstaltung. Es hat im Zuge der Bürgerbeteiligung bei den Bebauungsplanverfahren selbstverständlich die formal korrekten und notwendigen Verfahren gegeben, es hat aber auch eine sehr große Ausstellung gegeben, die sehr gut besucht wird auch von Leuten hier aus dem Umfeld...Also ich glaube, dass man durch eine bürgerwirksame Öffentlichkeitsarbeit und durch vernünftige Pressearbeit viel erreicht. Man sollte auch durchaus einladen zu Konferenzen und Diskussionen. Wir sind ja mit den Entwicklungsmaßnahmen Piloten für besondere Vorhaben. Der Regierende Bürgermeister sagt über diese Maßnahme, sie sei die wichtigste strukturpolitisch nach dem Hauptstadtumzug, dann muss man da schon ein bisschen was inszenieren, damit diese Wichtigkeit auch jedermann bewusst ist und man auch was davon hat."*

2.3.2 Festlegung des Entwicklungsgebietes und Finanzplanung

Die Voruntersuchungen waren zu dem Ergebnis gekommen, die Entwicklungsmaßnahme Adlershof sei im ‚Interesse des Allgemeinwohls' erforderlich. In der Begründung der für die Untersuchungen zuständigen Planerbüros hieß es, dass in Berlin ein „erhöhter Bedarf an Wohn- und Arbeitsstätten" gedeckt werden müsse (ProStadt/UrbanPlan 1994: 16). Grundlage für diese Annahme war der Erläuterungsbericht zum Entwurf des Berliner Flächennutzungsplanes von 1993, der von einem erheblichen Bevölkerungsanstieg und einer Unterversorgung an Wohnungen ausging. Wegen der strukturellen Defizite der Berliner Wirtschaftsstruktur versprach man sich durch das geplante Großprojekt neue wirtschaftliche Impulse für die gesamte Region. Daher sollte Adlershof als Entwicklungsgebiet festgelegt werden. Dafür wurde die „Verordnung über die förmliche Festlegung des Entwicklungsbereichs einschließlich zweier Anpassungsgebiete zur Entwicklungsmaßnahme Berlin-Johannisthal/Adlershof" unter Federführung der Senatsverwaltungen für Bau- und Wohnungswesen sowie für Stadtentwicklung und Umweltschutz vorbereitet. Am 16.08.1994 nahm der Senat den Entwurf zur Kenntnis und entschied, ihn den zuständigen Ausschüssen, insbesondere dem Hauptausschuss des Abgeordnetenhauses zur Vorbesprechung zuzuleiten (Senatsbeschluss Nr. 5094/94). Der Hauptausschuss beschloss schließlich die Gesamtfinanzierung der Entwicklungsmaßnahme am 21.10.1994 und stimmte zu, eine außerplanmäßige Verpflichtungsermächtigung für die finanziellen Verpflichtungen des Landes gegenüber der Entwicklungsmaßnahme zuzulassen.

Mit der Festlegung des Standortes als Entwicklungsgebiet bekräftigte der Senat das Ziel, den Entwicklungsbereich zu einer modernen Wissenschaftsstadt auszubauen und Flächen für Forschung, Technologie, Produktion und Dienstleistungen für 30.000 Arbeitsplätze auszuweisen, die Naturwissenschaften der Humboldt-Universität aufzubauen und 5.500 Wohnungen mit Folgeeinrichtungen zu errichten. Der Senatsbeschluss enthielt auch Angaben hinsichtlich der Auswirkungen auf den Haushaltsplan und die Finanzplanung. Die geschätzten Gesamtkosten für Vorbereitung, Ordnungs- und Baumaßnahmen sowie für den Entwicklungsträger beliefen sich auf rund 1,8 Mrd. DM (920 Mio. Euro). Diesen Kosten wurden erwartete Erlöse unter anderem aus Ausgleichsbeträgen, Verkauf von Grundstücken, Vermietungen und Verpachtungen in Höhe von ca. 850 Mio. DM (434,6 Mio. Euro) gegenübergestellt. Damit würde sich der Finanzierungsbedarf des Landes Berlin in den Jahren 1995-2004 auf ca. 950 Mio. DM (485,7 Mio. Euro) belaufen. Ergänzt wurden diese Zahlen durch Investitionen von ca. 1 Mrd. DM (510 Mio. Euro) für die Humboldt-Universität und andere wissenschaftliche Einrichtungen, an denen auch der Bund beteiligt ist.[42] Zum Zeitpunkt der Festlegung der Entwicklungsmaßnahme erwartete man, dass die öffentlichen Investitionen private Investitionen von ca. 2 Mrd. DM (1 Mio. Euro) auslösen würden. Insgesamt schätzte der Senat die Gesamtinvestitionen der öffentlichen Hand und der privaten Wirtschaft für das Großprojekt Adlershof auf rund 5 Mrd. DM (2,6 Mrd. Euro) (vgl. USC/AS&P 1997: 12).

---

42 Die Investitionssummen für die Humboldt-Universität wurden im Projektverlauf gekürzt. Im Februar 1995 wurden die HU-Neubaumaßnahmen für die Naturwissenschaften zum 25. Rahmenplan für den Hochschulbau mit einem Gesamtvolumen von 771 Mio. DM (394,2 Mio. Euro) angemeldet und im April 1995 vom Wissenschaftsrat bestätigt. Als im Februar 1997 der Berliner Senat die landeseigene Mitfinanzierung der Hochschulbaumaßnahmen für Adlershof beschloss, zog dies eine Kürzung des Gesamtvolumens auf 550 Mio. DM (281,2 Mio. Euro) nach sich. Vgl. dazu Bericht „Wie alles begann....", in: Unaufgefordert, Die Studentinnen- und Studentenzeitung der HU, April 1999, S. 13.

2.3.3 Beauftragung eines Entwicklungsträgers

Da Adlershof als Projekt mit gesamtstädtischer Bedeutung galt, überließ die Senatsverwaltung für Stadtentwicklung das Gebiet nicht der Bereichsentwicklungsplanung des Bezirks Treptow, sondern beanspruchte selbst die Zuständigkeit. Im weiteren Projektverlauf wurde die Planungszuständigkeit der Senatsverwaltung dadurch unterstrichen, dass der Entwicklungsbereich per Senatsbeschluss vom 20.12.1994 zu einem Gebiet von außergewöhnlicher stadtpolitischer Bedeutung erklärt wurde (Senatsbeschluss Nr. 5454/94). Die zentrale Zuständigkeit der Maßnahme lag von nun an bei der Senatsverwaltung für Bauen und Wohnen. Dies galt auch für die verbindliche Bauleitplanung, für die sonst die Bezirke zuständig sind.

Zur Durchführung der Entwicklungsmaßnahme wurde ein Entwicklungsträger beauftragt. Begründet wurde dies unter anderem damit, dass in den Häusern der Bauverwaltung und Stadtentwicklungsverwaltung auf absehbare Zeit keine freien Planungs- und Steuerungskapazitäten zur Verfügung standen, um eine zügige Durchführung des Projekts zu gewährleisten. Die Komplexität der Aufgaben machte es nach Ansicht von Mitarbeitern der Senatsverwaltung notwendig, einen Entwicklungsträger einzuschalten, da die Aufgaben nicht zum Regelgeschäft der Verwaltung gehören: *„So ein Projekt ist durch normale bezirkliche Bauleitplanung nicht zu schultern. Da wäre etwas völlig anderes daraus geworden. Es ist also zwingend, dass man eine Gesellschaft etabliert. Die Verwaltung kann das nicht. Allein die Infrastrukturplanung für die Rudower Chaussee, das Verlegen der Leitungen, die technischen Sachzwänge, die Koordination der beteiligten Firmen erfordern ein ungeheures know how, das nur eine ausgelagerte Gesellschaft hat."* Daher ist *„der Gedanke des Outsourcings schon seit etlichen Jahren da, es geht auch nicht anders wegen der Stellenstreichungen. Es kann nicht sein, dass sich die Bürokraten in alles einarbeiten, dafür ist vieles zu speziell."*

Der Einsatz eines Entwicklungsträgers wurde in einem Grundsatzbeschluss des Senats vom 16.02.1993 festgeschrieben (Senatsbeschluss Nr. 2929/93). Bereits drei Tage nach diesem Senatsbeschluss empfahl die Senatsverwaltung für Bauen und Wohnungswesen der federführenden Senatsverwaltung für Stadtentwicklung, auf eine öffentliche Ausschreibung zu verzichten (vgl. Rechnungshof von Berlin 2000). Bei der Ausschreibung für den Entwicklungsträger für das Parlaments- und Regierungsviertel hatte sich gezeigt, dass die Resonanz nicht sehr groß war. Im Fall von Adlershof sollten daher diejenigen Unternehmen angesprochen werden, die sich bereits für das Regierungsviertel beworben hatten. Die Bauverwaltung empfahl namentlich 31 Unternehmen; am 18. März 1993 übersandte die Stadtentwicklungsverwaltung nach einer Vorauswahl elf Unternehmen Informationsunterlagen und erbat bis zum 13. April 1993 qualifizierte Angebote. Lediglich drei Unternehmen gaben fristgerecht ihre Angebote ab. Albert Speer & Partner GmbH (AS&P), eine Beteiligungsgesellschaft der Frankfurter Aufbau AG (FAAG), die später den Auftrag erhalten sollte, hatte kein Angebot abgegeben, wurde aber zu einem Gespräch am 20. April 1993 in die Stadtentwicklungsverwaltung eingeladen. Die FAAG und ein weiteres Tochterunternehmen, Urban System Consult (USC), nahmen an diesem Gespräch teil. Die FAAG-Gruppe sagte schließlich zu, ein Angebot nachzureichen. Nachdem sie ihr Konzept eingereicht hatte, wurde die FAAG-Gruppe mit der Vorbereitung eines qualifizierten Auftrags zur Gründung einer Entwicklungsträgergesellschaft betraut. Am 31. August 1993 wurde schließlich der Vertrag über die Vorbereitung und Durchführung der städtebaulichen Entwicklungsmaßnahme zwischen der JAAG (Johannisthal Adlershof Aufbaugesellschaft mbH), einer 100-prozentigen Tochtergesellschaft der Frankfurter Aufbau AG, die wiederum ein Unternehmen der Stadt Frankfurt am Main ist, und dem Land Berlin geschlossen. Später wurde die JAAG in BAAG umbenannt (vgl. Rechnungshof von Berlin 2000).

Der Entwicklungsträger übernahm umfassende Aufgaben: die Vorbereitung und Durchführung der Entwicklungsmaßnahme, Ordnungsmaßnahmen, der Erwerb der im Entwicklungsbereich liegenden bebauten und unbebauten Grundstücke mit Einwilligung Berlins, die Umsetzung von Bewohnern und Betrieben, die Koordination der erforderlichen Arbeiten für die Erschließung des Entwicklungsbereichs sowie die Werbung von Interessenten und Investoren, damit die Grundstücke veräußert und neubebaut werden konnten. Ein Entwicklungsträger ist treuhänderisch tätig und erfüllt diese Aufgaben „im eigenem Namen, aber auf Rechnung der Gemeinde" (Bunzel/Lunebach 1994: 319ff).

Zur Steuerung des Entwicklungsträgers sowie zur Koordination und Abstimmung zwischen den beteiligten Verwaltungen wurde ein spezifisches institutionelles Muster gewählt. Im Fall von Adlershof wurde ein Steuerungsausschuss in Form eines ‚kleinen Senats' eingerichtet. Im Entwicklungsträgervertrag wurde festgelegt, dass sich der Steuerungsausschuss aus der Senatsverwaltung für Bau- und Wohnungswesen, für Stadtentwicklung und Umweltschutz, für Wissenschaft und Forschung, für Wirtschaft und Technologie, für Finanzen sowie für Arbeit und Frauen, dem Bezirk Treptow und schließlich dem Entwicklungsträger zusammensetzt. Dieser Steuerungsausschuss diente nicht allein der Koordination der verschiedenen Verwaltungen, sondern nahm darüber hinaus die Entscheidungen hinsichtlich der Steuerung des Entwicklungsträgers wahr, die bei den anderen Entwicklungsgebieten bei der federführenden Bauverwaltung lagen. Dazu zählte die Beschlussfassung über den Zeit-Maßnahmen-Plan, die Kosten- und Finanzierungsübersicht und der Wirtschafts- und Entwicklungsplan. Im Gegensatz zu den anderen Entwicklungsgebieten war daher nicht die federführende Bauverwaltung weisungsbefugt, sondern die ‚Konferenz der Staatssekretäre'. Das lag vor allem daran, dass in Adlershof nicht primär Wohnungsbau realisiert wurde, sondern ein komplexes wissenschafts- und wirtschaftsorientiertes Projekt, das verschiedene Politikfelder integrieren sollte. Insofern wurde die Einrichtung des Steuerungsausschusses in einem Expertengespräch als Versuch bewertet, die Kompetenzen in einem Forum zu bündeln und gegebenenfalls das *„Kompetenzgerangel"* zwischen den einzelnen Verwaltungen zu kanalisieren. Da Staatssekretäre zusammenkamen, konnten sie auch Entscheidungen hinsichtlich der Projektentwicklung treffen. Von Seiten des Entwicklungsträgers BAAG wurde diese Konstruktion als vorteilhaft betrachtet, da das Projekt direkt der politischen Spitze zugeordnet war. Der Geschäftsführer des Entwicklungsträgers BAAG Jens Krause hatte bereits aus seiner ehemaligen Tätigkeit als Staatssekretär der Senatsbauverwaltung (CDU) gute Kontakte zur Berliner Verwaltung und Politik, auf die er in seiner Arbeit für den Entwicklungsträger zurückgreifen konnte. Staatssekretär Wolfgang Branoner (CDU) sah darin auch einen Grund für die Auswahl der BAAG als Entwicklungsträger, weil sich die Kompetenz des Frankfurter Büros Speer mit der Berlin-Kenntnis von Krause verbinde (TS, 9.9.1994). Für den Geschäftsführer des Entwicklungsträgers waren diese Netzwerke von großer Bedeutung, wie er in einem Interview feststellte:

„Wenn ich nicht selber im Senat fünf Jahre lang in der Bauverwaltung Staatssekretär gewesen wäre, wäre das Projekt schon lange gescheitert. Alle verantwortlichen Leute...waren früher meine eigenen Mitarbeiter, d.h. zu denen habe ich natürlich einen hervorragenden Kontakt; wir sind zwar nicht immer einer Meinung, aber ich kann sie jederzeit anrufen. Sie glauben gar nicht, was das für eine Bedeutung hat, wenn Sie die Personen so gut kennen, dass Sie diese bei Problemen konsultieren können. Das ist extrem wichtig, es geht gar nicht anders, weil sie hängen bleiben, wenn Sie das über den normalen Weg machen. Es ist so, gerade bei der Berliner Verwaltung, die ja unheimlich tief gestaffelt ist. Der Mann, der uns verwaltungsmäßig betreut, ist Gruppenleiter, dann hat er noch einen Referatsleiter, einen Abteilungsleiter, einen Staatssekretär und einen Senator...er kann alles nur unter Vorbehalt entscheiden, deswegen ist der Kontakt zur Spitze ganz wichtig."

Der Entwicklungsträger BAAG stellte hinsichtlich der vertraglichen Bindung seiner Mitarbeiter wiederum einen Sonderfall dar, da er über kein eigenes Personal verfügte, sondern sich gänzlich der Mitarbeiter der verbundenen Gesellschaften bediente. Insofern lässt sich die BAAG als *„virtuelles Unternehmen"* bezeichnen, das nicht nur externes Personal rekrutierte, um Fachqualifikationen von außen zu gewinnen, sondern auch ganze Tätigkeitsfelder an Dritte übertrug. Im Entwicklungsträgervertrag wurde vertraglich festgelegt, dass die BAAG berechtigt sei, die ihr übertragenen Aufgaben an leistungsfähige Dritte zur selbständigen Erledigung zu vergeben. Dabei wurde hervorgehoben, dass insbesondere die Gesellschafterin (FAAG) und Tochter- und Beteiligungsunternehmen Dritte in diesem Sinn seien. Die Vergabe an die Gesellschafterin des Entwicklungsträgers oder deren Tochter- und Beteiligungsunternehmen bedurfte jedoch der Zustimmung des Steuerungsausschusses oder einer Genehmigung im Wirtschaftsplan. Laut Rechnungshof hatte die BAAG diese Regelung im Verlauf der Projektentwicklung so genutzt, dass sie übertragbare Aufgaben fast ausschließlich von ihrer Muttergesellschaft FAAG oder den mit ihr verbundenen Unternehmen erledigen ließ. Sie übertrug beispielsweise die buchhalterische Betreuung des Treuhandvermögens und die Abwicklung der Geschäftsvorfälle wie Rechnungs- und Kassenführung der FAAG. Zur Erschließung im Entwicklungsbereich beauftragte die BAAG zudem ihre Muttergesellschaft mit bestimmten Ingenieurleistungen und ihrer Koordination. Der Rechnungshof beanstandete, dass keine Ausschreibungsverfahren, an denen sich die Tochterunternehmen neben freien Anbietern gleichberechtigt hätten beteiligen können, durchgeführt wurden. Folge dieses Vorgehens seien überhöhte Ausgaben zu Lasten des Treuhandvermögens (vgl. Rechnungshof von Berlin 2000).

„Wirtschaftsfilz beim Entwicklungsträger in Adlershof" befürchtete die Abgeordnete Hämmerling der Bündnis 90/Die Grünen in der gleichnamigen Kleinen Anfrage nach der Einleitung der Entwicklungsmaßnahme wegen der Möglichkeit zur Selbstkontrahierung (Kleine Anfrage Nr. 13/1333).[43] Der Antwort des Senators für Bauen, Wohnen und Verkehr war zu entnehmen, dass die BAAG mit der Frankfurter Muttergesellschaft FAAG verschiedene Verträge im Rahmen der Erschließung und der Kostenplanung des Gebiets abgeschlossen hatte. Die FAAG war beispielsweise im Januar 1997 mit der vorbereitenden Projektsteuerung des zukünftigen S-Bahnhofs, mit Baubetreuungsaufgaben bei der Instandsetzung der Gebäude im Medienbereich sowie mit der Planung der Rudower Chaussee und der Kanaluferstrasse beauftragt. Die Höhe des Auftragsvolumens betrug 7,6 Mio. DM

---

43 Vgl. auch Kleine Anfrage Nr. 13/1854 vom 25.2.1997.

(3,9 Mio. Euro). Nach Ansicht der Opposition warf diese Praxis erheblich Probleme hinsichtlich des Wettbewerbsrechts auf (taz, 14.03.1997).

Während der Entwicklungsträger BAAG seit 1993 im 420 ha großen Entwicklungsgebiet für Städtebau und Infrastruktur zuständig war, wurde das ehemalige Akademiegelände als Wissenschafts- und Wirtschaftsstandort von der EGA Entwicklungsgesellschaft Adlershof entwickelt. Dieses Areal wurde als Anpassungsgebiet (+75 ha) festgelegt. In Anpassungsgebieten gilt das gesamte Sonderrecht der Stadtsanierung; gegenüber dem Entwicklungsbereich entfällt nur die Bodenerwerbspflicht durch die Gemeinde und die Erleichterung von Enteignungen, die im Entwicklungsbereich möglich sind (vgl. Schmidt-Eichstaedt 1998). Im August 1992 wurde das ehemalige Akademiegelände durch den Bund an das Land Berlin übertragen und ein Jahr später der EGA durch einen Einbringungsvertrag (vgl. Kleine Anfrage Nr. 13/1812).

Die Entwicklungsgesellschaft war per Senatsbeschluss Anfang 1993 in eine landeseigene Gesellschaft umgewandelt worden (Senatsbeschluss Nr. 2880/93). Mit ihrer Umwandlung von einer 100-prozentigen Tochter der Wirtschaftsförderung Berlin GmbH in eine landeseigene Gesellschaft erhielt sie die Möglichkeit, Förderinstrumente zu nutzen, die für die Entwicklung des Standortes entscheidend sein sollten. Die später in WISTA Management Gesellschaft (MG) umbenannte Betreibergesellschaft war für die Entwicklung, Vermarktung, Vermietung, Liegenschaftsverwaltung und den Betrieb des Wissenschafts- und Wirtschaftsstandorts (WISTA) und der Innovationszentren zuständig.

Die WISTA MG wurde von einem hochkarätig besetzten Aufsichtsrat mit Vertretern der Wirtschaft sowie Repräsentanten des Berliner Senats, der Wissenschaft und der Wirtschaftsförderung gesteuert und kontrolliert. Wie rückblickend in einem Expertengespräch bemerkt wurde, verfolgte man damit das Ziel, *„über Berlin hinaus Aufmerksamkeit und Unterstützung für den Standort zu gewinnen"*. An der Zusammensetzung des Aufsichtsrates wurde aber von den im Technologieforum beteiligten kleinen und mittleren Unternehmen am Standort Kritik geübt, da ortsansässige Unternehmen nicht vertreten waren. Dies hätte aber, nach Ansicht eines Experten, zu Interessenkollisionen führen können, *„wenn sozusagen der Mieter im Aufsichtsrat des Vermieters sitzt"*.

Die Initiativgemeinschaft außeruniversitärer Forschungseinrichtungen in Adlershof (IGAFA) stellte einen Zusammenschluss der auf dem WISTA Areal angesiedelten Forschungseinrichtungen dar. Daneben gab es eine Reihe weiterer Akteure, die bestimmte Teilinteressen vertraten bzw. für bestimmte Gebiete zuständig waren (Technologieforum Adlershof e.V.,

Humboldt-Universität zu Berlin etc.). Die Akteursvielfalt und vor allem die Existenz zweier ‚developer' – die WISTA MG für den Forschungs- und Technologiebereich und die BAAG für Städtebau und Infrastruktur im Entwicklungsbereich – steigerte die organisatorische Vielschichtigkeit der Entwicklungsaufgabe. Hinter den jeweiligen Entwicklungs- und Betreibergesellschaften standen wiederum verschiedene Senatsverwaltungen mit ihren typischen Ressortabgrenzungen.

Zusammenfassend lässt sich für die Phase der öffentlichen Beteiligung und der Projektstrukturierung festhalten, dass mit dem Beschluss, eine städtebauliche Entwicklungsmaßnahme festzusetzen, entscheidende Weichen für die weitere Projektentwicklung gestellt wurden. Die Voruntersuchungen hatten ergeben, dass das Projekt im ‚Interesse des Allgemeinwohls' erforderlich sei. Die Bedarfsbegründung orientierte sich dabei an den im Erläuterungsbericht zum Flächennutzungsplan von Berlin festgehaltenen hohen Wachstumsprognosen für die Stadt. Diese überzogenen Erwartungen belasteten – wie noch zu zeigen sein wird – in erheblichem Maß die weitere Projektentwicklung. Im Rahmen der Voruntersuchungen wurde auch das Beteiligungsverfahren durchgeführt, mit dem Ziel, die betroffenen Mieter, Eigentümer und Bewohner im geplanten Entwicklungsgebiet für das Vorhaben zu gewinnen. Informationsveranstaltungen und Ausstellungen dienten der Artikulation von Bedenken und zielten primär auf Akzeptanzsicherung. Schließlich kam mit der Einleitung der Entwicklungsmaßnahme ein treuhänderischer Entwicklungsträger (BAAG) zum Einsatz, der umfassende Aufgaben der Projektsteuerung übernahm. Der Entwicklungsträger musste die Projektsteuerung mit einem weiteren ‚developer' abstimmen, der für die Verwaltung des ehemaligen Akademiegeländes zuständig war. Dass der BAAG gestattet war, Aufgaben an ihre Gesellschafterin sowie an Tochter- und Beteiligungsunternehmern zu übertragen, erwies sich im späteren Projektverlauf als Nachteil für die öffentliche Hand, weil dadurch höhere Kosten entstanden.

2.4 Umsetzungsphase

2.4.1   Steuerungsversuche: Strecken und ‚Abspecken' der
        Entwicklungsmaßnahme

Die wirtschaftlichen, demografischen und finanziellen Rahmenbedingungen stimmten schon nach Festlegung der Entwicklungsmaßnahme nicht mehr mit den Prognosen überein, auf die sich das Großprojekt gegründet hatte.

Dies traf für Adlershof zu wie auch für die anderen Entwicklungsmaßnahmen Wasserstadt Oberhavel, Eldenaer Straße, Rummelsburger Bucht und Biesdorf Süd. Da der Markt nicht mitspielte, stellte sich angesichts einer veränderten Situation für die beteiligten Akteure die Frage, ob die begonnenen Großvorhaben weitergeführt, abgespeckt oder zumindest gestreckt werden sollten.

Vor diesem Hintergrund beabsichtigte der Berliner Senat „kleinere Korrekturen in Randbereichen der Entwicklungsbereiche" (SenBWV 1997: 4). Eine Aufhebung der Maßnahmen sollte in keinem Fall erfolgen. In diesem Zusammenhang stellte der Beschluss des Senats vom Juni 1996 einen Versuch dar, die Projektplanung in den fünf Entwicklungsgebieten an die veränderten Rahmenbedingungen anzupassen (Senatsbeschluss Nr. 199/96). Als Maßnahmenpaket umfasste der Senatsbeschluss eine Reihe von Modifizierungen an den Projekten. Erstens wurde im Hinblick auf die Vermarktbarkeit und die Finanzierungsmöglichkeiten die geplanten Durchführungszeiträume gegenüber den ursprünglichen Beschlussfassungen um ca. fünf Jahre bis zum Jahr 2010 verlängert. Zweitens wurde festgelegt, dass die Gesamtentwicklung deutlicher als bisher nach räumlichen und zeitlichen Schwerpunkten – also stärker gegliedert in Teilschritte – erfolgen und die Nutzungsstrukturen den veränderten Marktbedingungen angepasst werden sollten. Im Fall Adlershof umfasste der Schwerpunkt der Entwicklung bis zum Jahr 2000 das Campus-Gelände der Humboldt-Universität, die Media-City, WISTA und das Wohngebiet Südost, für 2001-2005 war vorgesehen, Gewerbegebiete und das Wohngebiet West zu entwickeln, und erst 2006-2010 Wohnen im Zentrum und Gewerbe am Großberliner Damm. Drittens sollten auch die geplanten Nutzungsstrukturen den veränderten Marktbedingungen angepasst werden. Beim Wohnungsbau wurde Wert darauf gelegt, den Bau von Eigenheimen und freifinanzierten Neubau zu verstärken und dadurch den Anteil des geförderten Wohnungsbaus zu reduzieren. Während der Anteil des freifinanzierten Mietwohnungsbaus 45% zur Zeit der förmlichen Festlegung der Entwicklungsmaßnahme in Adlershof betrug, wurde er zwei Jahre später auf 80% erhöht. Insgesamt sollten dort 4000 Wohnungseinheiten sukzessive erst von 2000 an realisiert werden. Die Entwicklung der Büro- und Handelsflächen wurde in den Entwicklungsgebieten entweder reduziert wie in der Wasserstadt, der Eldenaer Strasse, Biesdorf Süd, der Rummelsburger Bucht oder zeitlich verschoben, wie in Adlershof auf den Zeitraum nach 2005 (vgl. SenBWV 1997). Viertens wurden weitere Maßnahmen zur Kosteneinsparung getroffen, wie beispielsweise die Forderung, den Grunderwerb maßnahmenorientiert und zeitgerecht erfolgen zu lassen. Flächenvorratspolitik sollte vermieden werden. Schließlich wurde auch beschlossen, das Moratorium aufzuheben, das am 20.3.1996 verhängt wurde und wodurch die Entwicklungsgebiete angewiesen waren, nur noch unabweisbare Ausgaben zu tätigen. Ob die zeitliche Streckung tatsächlich einen Beitrag dazu leistete, die Kosten in den Entwicklungsgebieten zu senken oder die finanziellen Engpässe nur verschob, war umstritten. Eine „Zwischenfinanzierungsfalle" konnte sich dadurch ergeben, dass die Bewirtschaftungs- und Vorhaltungskosten für bereits getätigte Investitionen durch den zeitlichen Aufschub von Verkäufen um so größer wurden (Schlusche 1999: 1010). Ein Mitarbeiter des Entwicklungsträgers BAAG kritisierte in einem Interview die Entscheidung des Senats: *„Damit ist unsere Maßnahme um 100 Millionen teurer, sie hat ja einen längeren Finanzierungszeitraum zu überbrücken. Das Strecken kostet. Wenn die öffentliche Hand sich entschließt zu sparen, dann wird's richtig teuer."*

Mitte Juni 1996 fand eine Debatte im Hauptausschuss über die städtebaulichen Entwicklungsmaßnahmen statt, in der die Vorbehalte der Oppositionsfraktionen (Bündnis 90/Die Grünen, PDS) gegenüber den Entwicklungsmaßnahmen zum Ausdruck kamen (Inhaltsprotokoll Hauptausschuss, 13.6.1996). Dabei stand zwar die Kritik an der Wasserstadt Oberhavel im Mittelpunkt, die überzogenen Planungsabsichten wurden aber für alle Entwicklungsgebiete, einschließlich Adlershof, bemängelt. Michaele Schreyer (Bündnis 90/Die Grünen) kritisierte, in allen Entwicklungsgebieten seien weitere Kostensteigerungen zu erwarten. Es gehe nicht darum, die Vorhaben aufzuheben, sondern die Möglichkeiten zu prüfen, aus einem Teilprojekt auszusteigen oder ein Gebiet zu verkleinern. Außerdem lehnte Schreyer eine Vorfinanzierung der Einzelmaßnahmen über Kredite für die Treuhandvermögen ab. Eine solche „versteckte Kreditfinanzierung" sei völlig verfehlt. Auch Harald Wolf (PDS) plädierte dafür, die Entwicklungsabsichten ernsthaft zu überprüfen. Stattdessen werde von vertraglichen Bindungen gesprochen und auf Teilgebiete verwiesen, auf denen bereits Aktivitäten im Gange seien. Auch die PDS habe nicht von einer völligen „Abwicklung" bestehender Projekte gesprochen, stattdessen sollten die Entwicklungsgebiete auf die „impulsgebenden Kerne" reduziert werden. Der Abgeordnete Liepelt (CDU) verteidigte die Entwicklungsgebiete, denn an ihnen werde sich „signalhaft zeigen, ob Berlin in den nächsten Jahren noch die Kraft habe, sich an Zielen für die Zukunft zu orientieren". Man müsse innerhalb der einzelnen Entwicklungsgebiete eine Prioritätensetzung vornehmen und die Belastung beispielsweise durch Streckung verteilen. Staatssekretär Arndt (CDU) hielt ebenfalls den Kritikern entgegen, man müsse staatlicherseits Rahmenbedingungen setzen, um private Investitionen in solche Gebiete zu lenken. Der

Senat sei nicht bereit, diese Gebiete dem Verfall preiszugeben und halte an ihnen fest, wenn auch wegen anderer Voraussetzungen einzelne Veränderungen vorzunehmen sei.

Die Senatsverwaltung für Bauen, Wohnen und Verkehr bekräftigte im Laufe der Projektentwicklung immer wieder ihre Absicht, in Partnerschaft mit den Eigentümern und Investoren die komplexen Stadtumbauprojekte zu realisieren. Daher müsse Berlin bei den Entwicklungsmaßnahmen Verlässlichkeit zeigen, „weil nur durch stabile politische Rahmenbedingungen Vertrauen bei den Investoren gesichert bzw. geschaffen werden kann" (SenBWV 1997: 37). Ein Abbruch der Entwicklungsmaßnahmen wäre ein großer Vertrauensverlust für den Investitionsstandort Berlin und hätte erhebliche Schadensersatzforderungen zur Folge.

Obwohl Adlershof und die anderen Entwicklungsmaßnahmen in eine schwierige Realisierungsphase geraten waren, konnten nur kleinere Korrekturen unternommen werden. Der ‚point of no return', an dem keine grundsätzlichen Veränderungen an den Vorhaben angestellt werden konnten, war erreicht. Das Großprojekt musste zu Ende gebracht werden, obwohl damit immer neue Zugeständnisse der öffentlichen Hand verbunden waren.

2.4.2 Sinkende Bodenpreise und Finanzierungsprobleme

Die Projektentwicklung litt insbesondere daran, dass sich seit 1994 die Bodenpreise in den Entwicklungsbereichen – analog zur Entwicklung des gesamten Berliner Bodenmarktes – rückläufig entwickelt hatten (vgl. SenBWV 1998). Da das Finanzierungskonzept der Entwicklungsmaßnahme auf den Einnahmeerwartungen aus den Grundstücksverkäufen gründete, wirkte sich die Entwicklung der Bodenpreise negativ auf das Großprojekt aus.[44]

Die Grundannahme von Entwicklungsmaßnahmen ist, dass die entwicklungsbedingten Bodenwertsteigerungen abgeschöpft und zur (Selbst-)Finanzierung der Maßnahmen eingesetzt werden können: Die Kosten für die Entwicklung sollen durch die Einnahmen aus den Grundstücksverkäufen gedeckt werden, d.h. durch die Differenz zwischen entwicklungsunbeeinflusstem Anfangswert der Grundstücks und dem Grundstückswert nach der Neuordnung (vgl. Lemmen 1997). Dies ließ sich in Berliner Entwicklungs-

---

44 In Berlin Adlershof reduzierten sich die Endwerte der geplanten Wohngebiete am Landschaftspark von 850 DM/qm (ermittelt 1993 bei einer GFZ von 1,0) auf 600-750 DM/qm (ermittelt 1998 bei einer erhöhten GFZ von 1,2-1,5); bei den geplanten Misch-, Gewerbe- und Sondergebieten ließen sich insbesondere ab 1996 deutliche Endwertreduzierungen von bis zu 33% gegenüber der aktuellen Ermittlung 1998 feststellen (SenBWV 1998: 62).

gebieten realisieren, da die Endwerte im Vergleich zu den Ausgangswerten in den letzten Jahren aufgrund der sinkenden Bodenpreise in Berlin überproportional zurückgegangen waren, so dass sich die Ergebnisse des Treuhandvermögens aus Grundstücksgeschäften verschlechterten (vgl. SenBWV 1997).

In Adlershof wurde die Entwicklungsmaßnahme daher aus zwei Vermögen finanziert: aus dem Treuhandvermögen und aus dem Landeshaushalt. 1996 wurde per Senatsbeschluss festgelegt, dass traditionelle öffentliche Aufgaben im Entwicklungsgebiet vom Landeshaushalt finanziert werden sollen (äußere Erschließung, öffentliche Einrichtungen, Altlastenbeseitigung, Flächenankauf für öffentliche Einrichtungen) (Senatsbeschluss Nr. 199/96). Durch das zeitliche Auseinanderfallen zwischen Einnahmen und Ausgaben musste der Entwicklungsträger zudem zur Vorfinanzierung der Maßnahme Kredite aufnehmen, die durch später realisierte Einnahmen getilgt werden sollten. Bis Ende März 1997 hatte die BAAG Kredite in Höhe von 99 Mio. DM (50,6 Mio. Euro) aufgenommen, während sich ihre Einnahmen auf 33,4 Mio. DM (17,1 Mio. Euro) bezifferten (SenBWV 1997: 13). Nach Ansicht der Bauverwaltung erforderte die Entwicklung in Adlershof, insbesondere der Kernbereich mit den Forschungsbetrieben der WISTA, der Humboldt-Universität und der Media-City ein hohes Maß an öffentlichen Vorleistungen. Neben dem Neubau aller Erschließungsanlagen musste Bausubstanz abgerissen werden; verwendbare Bauten waren zu sanieren und Baudenkmäler zu integrieren. Eine Refinanzierung dieser Aufwendungen durch Privatisierung von Bauland war nur in sehr eingeschränktem Umfang möglich. Deshalb wurde durch die Entwicklung des Kernbereichs das Treuhandvermögen der Entwicklungsmaßnahme im Juni 1998 mit Krediten „von über 100 Mio. DM belastet" (SenBWV 1998: 48). Mit Stand September 2000 lag ein Verschuldungsstand für das Treuhandvermögen der BAAG von 248,3 Mio. DM[45] (126,9 Mio. Euro) vor (SenStadt 2000b: 15).

Insgesamt lag die wirtschaftliche Gesamtverantwortung für Adlershof beim Land Berlin, da die Entwicklungsgesellschaft nicht das wirtschaftliche Risiko für ihr treuhänderisches Handeln trug. Die Aktivitäten der öffentlichen Hand, wie Grunderwerb, Erschließung und Baulandbereitstellung stellten eine spezifische Form der Angebotsplanung dar, bei der das Land in Vorleistung ging, um das Gebiet für private Investoren interessant zu ma-

---

45 Kumulierte Kreditaufnahme seit förmlicher Festlegung des Entwicklungsbereichs (SenStadt 2000b: 15).

chen. Weil die Bodenwerte sanken und zudem Investoren größtenteils ausblieben, ging die Rechnung in Adlershof nicht auf.

2.4.3 Parlamentarische Kontrolle

Angesichts eines dramatischen Anstiegs der Haushaltsbelastung durch die Berliner Großprojekte wurde – wie wir gesehen haben – die Finanzierbarkeit der Entwicklungsgebiete immer wieder von der Opposition im Abgeordnetenhaus in Frage gestellt. Vor dem Hintergrund der Haushaltsmisere hatte die Fraktion Bündnis 90/Die Grünen bereits im März 1996 einen Antrag mit der Aufforderung an den Berliner Senat eingereicht, dem „Abgeordnetenhaus die aktuellen Planungsgrundlagen für die städtebaulichen Entwicklungsgebiete und die Wirtschaftspläne der vom Senat beauftragten Entwicklungsträger vorzulegen" (Antrag Bündnis 90/Die Grünen, 5.3.1996). Die knappen Kassen Berlins erforderten eine „kritische Überprüfung aller Großvorhaben und der beauftragten Entwicklungsträger". Um eine parlamentarische Kontrolle zu ermöglichen und um die Entwicklungsmaßnahmen bewerten zu können, wurde beantragt, die geänderten und aktuellen Ausgangsdaten für die städtebaulichen Planungen (Wohnungsbedarf und Folgeeinrichtungen, Gewerbeflächenbedarf), die Kostenveränderungen und die Wirtschaftspläne darzulegen. Am 25.09.1996 beschlossen die Abgeordneten im Hauptausschuss einstimmig, in Zukunft die Wirtschaftspläne der Entwicklungsträger, dem Vermögensausschuss des Berliner Abgeordnetenhauses in nicht-öffentlicher Sitzung zur Kenntnisnahme vorzulegen.

In Interviews mit Vertretern der Oppositionsfraktionen wurde darauf hingewiesen, dass eine effektive Kontrolle der städtebaulichen Entwicklungsmaßnahmen von größter Bedeutung sei, denn *„bei Entwicklungsgebieten ist die Konstellation problematisch: Berlin haftet, aber die Entwicklungsträger geben das Geld aus...die Kontrolle muss viel schärfer sein. Die Auseinandersetzungen im Abgeordnetenhaus, v.a. im Bauausschuss und auch im Hauptausschuss, bezogen sich darauf, dass die Entwicklungsträger schlecht gearbeitet haben, dass es keine Kontrolle vom Berliner Senat gab, so dass man versucht hat, jede Unterlage (Finanzpläne etc.) vom Senat abzufragen, um überhaupt irgendeine Kontrolle hinzukriegen."*

Dass aber die Kritik an der Kostenexplosion in den Entwicklungsgebieten nicht nur aus den Reihen der Opposition kam, sondern auch die Zustimmung der Regierungskoalition fand, zeigte schließlich der Beschluss des Hauptausschusses des Abgeordnetenhauses im Juni 1998, den Landesrechnungshof prüfen zu lassen, welche rechtlichen Möglichkeiten eines Ausstiegs bzw. eines Teilausstiegs aus den Entwicklungsmaßnahmen für das

Land Berlin bestehen und welche finanziellen Konsequenzen damit verbunden wären. Außerdem sollte der Rechnungshof darüber berichten, wie die begonnenen Maßnahmen mit dem Ziel einer Minimierung der Belastungen des Landeshaushalts sinnvoll abgeschlossen werden könnten. Bis das Prüfergebnis des Rechnungshofes über die Geschäftstätigkeit der Entwicklungsträger vorlag, drehte das Abgeordnetenhaus im November 1998 dann faktisch den Hahn für weitere finanzielle Mittel durch den Beschluss zu, nur noch bereits bestehende Verpflichtungen und solche dürften bedient werden, die für die Aufrechterhaltung der Nutzungsmöglichkeit unabdingbar seien (Mitteilung des AbgH, 3.5.1999). Alle weiteren Kreditermächtigungen der Senatsverwaltung für Bauen, Wohnen und Verkehr bedurften von nun an der vorherigen Zustimmung des Hauptausschusses. Daraufhin forderte die Bauverwaltung alle Träger auf, diese Einschränkungen einzuhalten. Der Anlass dafür, die Notbremse zu ziehen, war der immer größer werdende Schuldenstand der Entwicklungsmaßnahmen.[46]

2.4.4 Kritik des Entwicklungsträgers an den Steuerungsversuchen

Die Presse reagierte prompt auf die Diskussionen im Parlament und berichtete über die Schwierigkeiten der Großprojekte: „Die Wasserstadt ertrinkt in Schulden" (TS, 19.06.1998), „Daumenschrauben für die Entwicklungsgebiete" (TS, 19.11.1998) und „Schatten über Adlershof" (MoPo, 11.12.1998) lauteten die Schlagzeilen. Die Expertise des Rechnungshofes an den Hauptausschuss über die Entwicklungsgebiete wurde ebenso in der Presse kommentiert. „Dubiose Abrechnungen in Adlershof" – der Rechnungshof monierte in seinem Bericht, der im März 2000 den Mitgliedern des Hauptausschusses vorlag, zahlreiche Verstöße im Entwicklungsgebiet:

„Neben einer Reihe von überdimensionierten Fehlplanungen im Bereich des Wohnungs- und Gewerbebaus haben die Rechnungsprüfer dubiose Abrechnungspraktiken angemahnt...Schlampereien konstatiert der Rechnungshof auch in der Buchführung mit ‚schweren Organisations- und Dokumentationsmängeln' in der wesentliche Fehler aufgetreten seien...Dass die BAAG ‚gegen die Pflichten als ordentlicher Kaufmann' verstoßen hat, sehen die Rechnungsprüfer beim Abschluss eines Mietvertrages zu überhöhten Kosten als erwiesen an...Schäden entstanden dem Treuhandvermögen auch durch waghalsiges Jonglieren mit Krediten" (MoPo, 7.4.2000).

---

46 Wie aus dem siebten Bericht der Stadtentwicklungsverwaltung zu den städtebaulichen Entwicklungsmaßnahmen hervorging, lag im Dezember 1999 der Verschuldungsstand der Treuhandvermögen der fünf Entwicklungsträger bei 1.29 Mrd. DM (660 Mio. Euro). Im September 2000 betrug er 1.34 Mrd. DM (690 Mio. Euro) (Senstadt 2000b: 11).

Der Rechnungshof von Berlin empfahl, die Entwicklungsmaßnahme unter Berücksichtigung aller Monita weiterzuführen. Er drängte unter anderem auf Kosteneinsparungen bei Infrastruktur- und Erschließungsmaßnahmen und hielt es außerdem für dringend erforderlich, die außerordentliche Handlungsfreiheit des Entwicklungsträgers BAAG einzuschränken und die Kontrolle und die Steuerung des Trägers durch die Verwaltung zu verbessern. Daher wurde die Senatsverwaltung für Stadtentwicklung aufgefordert, bessere Kontrollmechanismen zu entwickeln. Ein neuer Treuhandvertrag sollte zudem verhandelt werden, wobei die BAAG ausdrücklich zur wirtschaftlichen und sparsamen Bewirtschaftung des Treuhandvermögens verpflichtet wurde. Aufträge an verbundene Unternehmen sollten in Zukunft nur im Wettbewerb vergeben werden (Rechnungshof von Berlin 2000: 20ff.)

Das öffentliche Nachdenken über die Erfolgsaussichten der Entwicklungsmaßnahme wurde von den Verantwortlichen des Entwicklungsträgers als Störung empfunden, weil das komplex angelegte Projekt seine Wirkung nur als Ganzes entfalten könne.[47] Jede Änderung nach dem Zeitpunkt, zu dem es ‚auf die Schiene gesetzt' wurde, erscheine als Verlust von Planungssicherheit für die Investoren und als Beeinträchtigung der Glaubwürdigkeit. Der Entwicklungsträger verlangte daher eine positive Unterstützung von der Politik. Nach Meinung des Geschäftsführers der BAAG war demzufolge auch das Abgeordnetenhaus für die Schwierigkeiten verantwortlich: *„Es neigt sehr schnell dazu, ins Detail zu gehen und verliert den Maßstab der Eingriffsschärfe und impliziert damit falsche Diskussionen und falsche Signale nach außen. Man kann das immer sehr schön am Beispiel des missglückten Smart bei Mercedes darstellen. Es würde niemand in einer öffentlichen Aufsichtsratsitzung bei Mercedes über die Schwierigkeiten dieses Fahrzeuges kontrovers diskutieren, nach außen würden sie immer noch sagen: Na ja, ist ja doch eine ganz tolle Idee, weil sonst die Verkaufserfolge dieses Autos endgültig kaputt gemacht werden würden; während das Abgeordnetenhaus, auch durch das Wechselspiel von Parlament und Opposition dazu neigt, alles in Frage zu stellen. Das konterkariert unsere Bemühungen, die zukünftigen Entwicklungen dieses Standortes positiv darzustellen."* Durch die öffentliche Kritik an den Entwicklungsträgern verschlechterten sich folglich die Vermarktungschancen für das Produkt ‚Berlin Adlershof'. Die Investoren würden die Entwicklungsträger nicht mehr ernst nehmen, wenn die politische Unterstützung fehle: *„Ohne diese Rückendeckung kann*

---

[47] Interviews mit der Geschäftsführung und der Leitung des Projektsteuerungsbereichs des Entwicklungsträgers von 1998-2000.

man so ein Gebiet nicht entwickeln. Da liegt der Fehler, das kapiert bisher der Hauptausschuss nicht, dass sie sich selber um die Früchte des Erfolges für das Land Berlin bringen, wenn sie öffentlich unsere Einnahmeerwartungen für dieses Jahr anzweifeln. Dann tragen sie mit dazu bei, dass diese auch nicht eintreten. Sie müssten genau umgekehrt sagen, natürlich schafft ihr das. Sie müssen ein Klima in der Stadt verbreiten, dass die Investoren Angst haben, sie kommen zu spät." Nach Ansicht des Entwicklungsträgers habe die Stadt daher ein *„falsches Auftragsverständnis"*. Statt die Entwicklungsträger zu demontieren, sollten sie vielmehr gestärkt werden. Der Geschäftsführer des Entwicklungsträgers vermisste zuverlässiges Handeln der Partner in der Politik und deren Rückhalt. Er verlangte mehr Eigenständigkeit und weniger *„Gängelei"*, denn durch das ständige Hineinregieren würden sich die Entwicklungsträger gegenüber den privaten Partnern unglaubwürdig machen. Jegliche Kritik am Entwicklungsträger sei kontraproduktiv und setze falsche Signale nach außen. Anstatt die Bemühungen des Entwicklers zu konterkarieren und in das *„Geschäft des Betreffenden einzugreifen"*, müsse sich die Politik selbst auf das Entwicklungsvorhaben einlassen. Sich einlassen heißt, in der gleichen unternehmerischen Logik handeln wie der Entwicklungsträger. Dies bestätigte ein weiterer Mitarbeiter des Entwicklungsträgers, der der Politik vorwarf, unternehmerisches Vorgehen zu unterbinden: *„Der Entwicklungsträger soll unternehmerisch handeln, mit dem know how eines Unternehmens und eigentlich auch mit der kreativen Risikobereitschaft. Da er aber ein treuhänderischer Verwalter von öffentlichem Vermögen ist, lässt man ihn nicht so handeln. Dann kommt der Rechnungshof und zählt die Erbsen."*

Insgesamt wurde den politischen Akteuren, insbesondere den Hauptausschussmitgliedern, vorgeworfen, nicht im Sinne der Entwicklungsmaßnahme zu handeln. Das Strecken der Maßnahme, die Prüfung durch den Rechnungshof sowie die Sperrung der Kreditaufnahme war nach Ansicht des Entwicklungsträgers kontraproduktiv für einen erfolgreichen Projektverlauf. Der Berliner Verwaltung wurde der Vorwurf gemacht, ein Projekt initiiert zu haben, aber ohne unternehmerisches Gespür damit umzugehen.

2.4.5   Realisierung von Berlin Adlershof

Von Anfang an bildete der Standort für Wissenschaft und Wirtschaft (WISTA) den Kernbereich der Entwicklungsaktivitäten in Adlershof mit seinen drei Säulen Universität, außeruniversitäre Forschung und technologieorientierte Wirtschaftsunternehmen. Hier wurden öffentliche Fördermittel zum Zwecke der Wirtschaftsförderung investiert. Weitere Teilbereiche waren mehrere Wohn- und Gewerbegebiete. Aufgrund des stadtweiten Angebotsüberhangs auf dem Wohnungs-, Gewerbe- und Büroflächenmarkt war aber noch keine Vermarktung dieser Flächen in Adlershof erfolgt. Dies sollte daher zu einer Zeit erfolgen, „in der das derzeitig konkurrierende Überangebot weitgehend absorbiert sein wird" (SenStadt 2000a: 70); und so kam es ganz anders, als es der damalige Stadtentwicklungssenator Hassemer im Jahr 1993 vorausgesagt hatte: *„Ich bin mir sicher, dass wir niemanden bitten müssen, hier zu investieren"* (TS, 19.10.1993).

Im Teilbereich der MediaCity auf dem ehemaligen DFF-Gelände wurden im Entwicklungszeitraum vorhandene Gebäude abgerissen oder saniert und mehrere Fernsehstudios an die Studio-Hamburg-Gruppe verkauft. Im Jahr 2000 arbeiteten 128 Betriebe am Standort mit einer Beschäftigtenzahl von 1.600 festen und 800 freien Mitarbeitern (SenStadt 2000a: 74). Das Folgende geht näher auf die Entwicklung des WISTA-Standortes ein.

Auf dem ehemaligen Akademiegelände ging im September 1991 ein Gründerzentrum in Betrieb, zunächst in einer provisorischen Baracke, *„um den Leuten, die freigesetzt wurden, eine Chance zu geben"*.[48] 1992 wurde der Neubau geplant und Ende 1994 eröffnet. Das Ost-West-Kooperations.-zentrum, ein Gründerzentrum für Osteuropäer und für Unternehmen, die mit osteuropäischen Firmen kooperieren, wurde 1997 fertig. Mit dem Ziel, den „größten zusammenhängenden Technologiekomplex Europas" zu bauen, wurden in großem Umfang Mittel der „Gemeinschaftsaufgabe zur Verbesserung der regionalen Wirtschaftsstruktur" (GA) am WISTA-Standort eingesetzt.[49] Bis zum Jahr 1999 waren GA-Mittel in Höhe von 484 Mio. DM (247,5 Mio. Euro) bewilligt worden (SenWiBe 1999: 99). Diese Mittel wurden hauptsächlich für den Bau der Innovationszentren in den Bereichen Photonik, Umwelttechnologie, Informations- und Kommunikationstechnologie sowie für die Sanierung eines denkmalgeschützten Gebäudes für die Material- und Verfahrenstechnologie eingesetzt. Außerdem wurden mit erheblichem finanziellen Aufwand dreizehn wissenschaftliche Einrichtungen neu- bzw. umgegründet oder neu angesiedelt. Angesichts dieser Maßnahmen zur Wirtschaftsförderung stieg auch die Beschäftigtenzahl wieder. In der Presse wurden anfangs symbolträchtige Vergleiche wie „Berlins Sili-

---

48 Interview mit dem Geschäftsführer des Innovations-Zentrum Berlin Management GmbH im Juli 1998.
49 Die Gemeinschaftsaufgabe „Verbesserung der regionalen Wirtschaftsstruktur" (GA) ist das bedeutendste Regional-Förderinstrument von Bund und Ländern. Mit der GA werden in strukturschwachen Regionen Investitionen gefördert, um die Beschäftigungssituation zu verbessern (vgl. SenWiBe 1998).

con Valley" (taz, 27.5.1995) und „Berliner Technopolis" (ZEIT, 11.8.1995) angestellt. Am 31.12.1998 gab es 269 Unternehmen im Technologiepark mit 2.269 festbeschäftigten und rund 600 weiteren Mitarbeitern (freie Mitarbeiter und ABM), neben knapp 1.500 Beschäftigten in den wissenschaftlichen Einrichtungen (vgl. WISTA-Jahresbericht 1998). Bis Ende 2000 hatten sich 358 Unternehmen mit 3.600 Mitarbeitern angesiedelt, davon waren 40% Neugründungen, 15% Ausgründungen aus der AdW und 45% Ansiedlungen (vgl. WISTA-Jahresbericht 2000). Der Umsatz der Firmen betrug 1998 360 Mio. DM (184,1 Mio. Euro) – dem Geschäftsführer der Elektronenspeicherring-Gesellschaft für Synchrotronstrahlung (BESSY) Dörhage (1999: 402) zufolge – „für das Ende der Startphase keine schlechte Bilanz und eine günstige Ausgangsposition für die Adlershofer Zielsetzungen."

Andererseits – und das stellte die Schattenseite der Projektentwicklung dar – war der vorhandene ‚Firmenmix' noch weitgehend zufallsgeprägt. So trafen die Forschungseinrichtungen in Adlershof auf ein noch „heterogenes Firmenumfeld, das von den Ausgründungen der Akademie und ihrer Nachfolgeeinrichtungen und noch relativ wenigen innovativen Neugründungen geprägt ist" (Dörhage 1999: 401). Durch den verzögerten Entstehungsprozess am WISTA konnte die Ansiedlung profilkonformer Unternehmen in den angestrebten Innovationsbereichen nicht von Anfang an erfolgen (vgl. Wilmes/Keil/Schroeder 1997). Die Schwierigkeiten beim Aufbau des Wirtschafts- und Wissenschaftsstandortes waren zum Teil auch ‚hausgemacht'. In einem Expertengespräch wurde das Fehlen einer „*effektiven Projektsteuerung*" durch die WISTA MG kritisiert. Dies galt für das Management am Standort und für die zuständigen Senatsverwaltungen: „*Abstimmungen erfolgen viel zu spät und da, wo sie nicht erfolgen müssen, aber von der Sache her geboten wären, finden sie überhaupt nicht statt...Das ist generell eine Schwierigkeit von Verwaltungen und Behörden, wo man dieses Zuständigkeitsdenken hat, zum anderen ist es eben fast schon – ich schaue mir das auch in anderen Städten an – eine spezielle Berliner Verkrustung, dass man da so wenig kooperativ zusammenarbeitet. Da gibt es enorme Schwierigkeiten ... Senatsvorlagen dauern zu lange und dann die Einspeisung in bestimmte übergeordnete Bezüge, sei es jetzt Anmeldung von neuen Wissenschaftsgebäuden für den Hochschulbaurahmenplan oder die Abstimmung der Fachministerien auf Bundesebene oder mit den Ländern, das dauert alles wahnsinnig lang. Meine heutige Sichtweise ist, um es zusammenzufassen, es fehlt hier an einer wirklich effektiven Projektsteuerung.*". Das WISTA-Gelände wurde „*viel zu lange als eine Art vergrößerter Gewerbepark*" gehandelt. In eine ähnliche Richtung geht die Kritik von Dörhage (1999: 402f.), der ein gemeinsames Konzept der Senatsverwaltungen und das „fehlende ausgefeilte Konzept für Adlershof" vermisst. Zehn Jahre nach Beginn des Projekts bedeute es ein unverzeihliches wirtschafts- und innovationspolitisches Versäumnis. Flächen- und Gebäudebereitstellung sowie Infrastruktur seien wichtige Voraussetzungen, machten aber einen modernen Technologiepark nicht aus. Die WISTA MG stand nach Meinung von Dörhage vor einem dringend notwendigen Strategiewechsel:

„Von einem noch von Ost-Mentalität geprägten Flächenvermieter (Kunde droht mit Auftrag), der seine Bauten errichtet hat und mehr schlecht als recht Mieter sucht, hin zu einer professionell arbeitenden Betreibergesellschaft, die sich als Technologiebroker und Innovationsmoderator versteht, und den Servicecharakter wie den Kommunikationsaspekt in den Mittelpunkt der Arbeit stellt" (Dörhage 1999: 404).

Sowohl Defizite der Projektsteuerung erschweren unmittelbar die Entwicklung des Technologiestandortes, als auch eine Reihe von Standortnachteilen in Berlin und Brandenburg. Die Teilung Berlins hatte gerade im wirtschaftlichen Bereich eine schwere Hypothek hinterlassen. Nachdem in der Nachkriegszeit Unternehmenszentralen im produzierenden und im Dienstleistungsgewerbe abgewandert waren, blieb wenig Potenzial für industrielle Forschung übrig. Die Berliner Region ist daher noch immer durch eine Technologie- und Innovationsschwäche geprägt. Sowohl Forschungseinrichtungen als auch Unternehmen finden wenige Großunternehmen als Partner oder Auftraggeber, die FuE-Leistungen nachfragen (vgl. Wilmes/Keil/Schroeder 1997). Insofern war das regionale Umfeld für Adlershof bisher nicht günstig. Als weitere Ursache für die Technologie- und Innovationsschwäche in Berlin wird die fehlende Anwendungsnähe der zahlreichen Forschungseinrichtungen betrachtet (vgl. Dörhage 1999). Während sich der FuE-Bedarf der Industrie auf marktnahe Aktivitäten konzentrierte, arbeitete die wissenschaftlich ausgerichtete Forschung hoch spezialisiert und nach ihren eigenen Rationalitätskriterien. Dies erschwerte konkrete Synergie zwischen den beiden Feldern. In Berlin gab es zwar bereits seit längeren Transferbemühungen, aber die gewünschten wirtschaftlichen Effekte blieben aus. Auch in Adlershof steckten die Kooperationsversuche und vor allem Transfer- und Innovationsimpulse noch sehr in den Anfängen (vgl. dazu Wilmes/Keil/Schroeder 1997, Holstein 2000).

Innovative Milieus lassen sich nur sehr mühsam züchten; in dieser Hinsicht stellt WISTA eine ‚Innovationsplantage' dar, die noch nicht genug Früchte getragen hat.

2.4.6 Geschichte einer Fehlplanung: Das Wista Business Center

Das Wista Business Center (WBC) befindet sich auf dem WISTA-Areal an der Rudower Chaussee und war ursprünglich für Dienstleistungsunternehmen und als Informationsbüro des Standortes gedacht. Außerdem sollten sich die Unternehmen, die nach Ablauf der Mietförderungszeit aus den Innovations- und Gründerzentren ausziehen würden und am Standort bleiben wollten, dort ansiedeln. Im Dezember 1997 wurde das Gebäude fertiggestellt, zu früh für die angekündigten Nutzer, da die Innovationszentren gerade erst den Betrieb aufgenommen hatten bzw. zum Teil noch in Bau waren. Angesichts des Büroflächenüberhangs in Berlin und der Tatsache, dass Adlershof noch sehr wie eine große Baustelle wirkte, zog es daher noch keine Dienstleistungsunternehmen an; daher blieb das WBC weitgehend leer.

Das Business Center war mit Mitteln eines privaten Investors (Leasingfondsmodell) auf einem der WISTA MG treuhänderisch überlassenen Landesgrundstück für 45 Mio. DM (23 Mio. Euro) errichtet worden (vgl. WISTA-Jahresbericht 1998). Die WISTA MG bestellte dem Investor ein Erbbaurecht an dem Gebäude für 99 Jahre, gleichzeitig mietete sie das Gebäude dauerhaft an und trug damit das Risiko der Vermietung (vgl. SenWFK 1999). Defizite durch fehlende Mieteinnahmen gingen also zu Lasten der WISTA MG. Da das Land Berlin 99% der Gesellschafteranteile hatte, musste der Senat als Auftraggeber deren Defizite decken. Insofern hatte auch das Land ein Interesse daran, das WBC vollständig auszulasten. Daher kam der Plan auf, die Defizite durch die Einmietung von Instituten der Humboldt-Universität zu Berlin (HUB) auszugleichen.[50] Damit in den zweckfremden Büroräumen gelehrt und geforscht werden konnte, wurden Anpassungsinvestitionen von rund 3,5 Mio. DM (1,8 Mio. Euro) und Rückbaukosten in Höhe von 1 Mio. DM (0,5 Mio. Euro) nötig (Inhaltsprotokoll Haupt, 19.5.1999). Das Angebot der WISTA MG an das Land sah einen Kaufpreis von Teilen des Gebäudes[51] zum 31.3.2007 in Höhe von 41,3 Mio. DM (21,1 Mio. Euro) vor (vgl. SenWFK 1999). Ein sofortiger Kauf kam nicht in Betracht, da sonst der gesamte Steuervorteil für den Investor entfallen wäre.

---

50 Studierende der HUB kritisierten diesen Vorgang in „Ende der Vision Adlershof? Die geplante Übernahme des WISTA-Business-Center durch die HU", in: Unaufgefordert, Die Studentinnen- und Studentenzeitung der HU, Februar 1999, S. 9.
51 Teilerwerb von 11.400m² Mietfläche; Mietfläche insgesamt ca. 17.100 m².

Warum es gelang, diese suboptimale Lösung für das Wista Business Center durchzusetzen und die Zustimmung des Abgeordnetenhauses zu gewinnen, hatte vor allem damit zu tun, dass die Einmietung der HUB von den beteiligten Akteuren bei der Senatsverwaltung für Wissenschaft, Forschung und Kultur und bei der WISTA MG positiv umgedeutet und als ‚Beschleunigungskonzept' präsentiert wurde, wie hier in einem Interview mit der WISTA MG: *„Wir haben eine Konjunkturschwäche in Berlin, bei dem hohen Angebot an Gewerbeflächen, die Risiken erfreuen uns nicht. Das ist aber nur ein Schatten bezogen darauf, warum wir an die Humboldt-Universität gedacht haben. Ein Schatten, ich sage das ganz bewusst, weil ich immer von der anderen Seite, der Presse, von der Studentenvertretung höre, wir hätten Vermietungsschwierigkeiten und deswegen muss die Humboldt kommen. Darüber kann ich nur schmunzeln, weil das ganze Konzept beinhaltet, dass die Humboldt für uns ein ganz wichtiger Faktor ist. Der richtige Impuls ist nicht, es zu verhindern, sondern die Beschleunigung der Umzüge der übrigen Fakultäten der Uni zu forcieren. Erstens ist hiermit der ‚break even point' erreicht, der ‚point of no return'. Jetzt müssen die anderen nachkommen, damit das, was hier entsteht, schnell entsteht, was dann wieder die Synergie innerhalb der Hochschule fördert."*

In einer von der Senatsverwaltung für Wissenschaft, Forschung und Kultur eingereichten Vorlage an den Hauptausschuss vom 19.04.1999, in der um die Zulassung einer außerplanmäßigen Verpflichtungsermächtigung gebeten wird, ist zu entnehmen, dass durch den Teilerwerb des WBC „Wege zu einer erheblich beschleunigten Ansiedlung der Universität bei gleichzeitiger Reduzierung des Investitionsaufwandes" eröffnet werden (Senatsvorlage Nr. 2094/99). Mit dem vorzeitigen Umzug der Institute auf Mietflächen im WBC und bei einem späteren Erwerb dieser Flächen durch das Land müssten die Neubauvorhaben der Institute für Informatik und Mathematik nicht umgesetzt werden. Damit könnten die für diese Vorhaben vorgesehenen Investitionsmittel für andere universitäre Vorhaben eingesetzt werden. Für den Erwerb durch das Land wurde daher eine Verpflichtungsermächtigung in Höhe von 45,3 Mio. DM (23,2 Mio. Euro) benötigt. Sie umfasste die Eventualverpflichtung, die im Falle eines Fehlschlages des Teilerwerbs des WBC von der HUB zu übernehmenden Kosten für die speziellen Investitionen der WISTA in die Mietfläche anzugleichen.

In der Hauptausschusssitzung am 19. Mai 1999 über die Zulassung der Verpflichtungsermächtigung stimmten die CDU dafür, die PDS dagegen, SPD und Bündnis 90/Die Grünen enthielten sich (Inhaltsprotokoll Haupt, 19.5.1999). In der Debatte plädierte der Staatssekretär für Wissenschaft, Forschung und Kultur Hertel dafür, dem Vorschlag zuzustimmen und die

Beschleunigung zu realisieren. Die SPD-Fraktion begrüßte zwar die Beschleunigung des Umzugs, strittig sei allerdings, ob das WBC im Jahr 2007 gekauft werden müsse. Der Abgeordnete Flemming (SPD) stellte fest, dass die finanzielle Mehrbelastung von 15 Mio. DM (7,7 Mio. Euro), die bei einem Einzug ins WBC gegenüber einem Neubau entstehe, zu Lasten der HUB gehe. Es müsse aber bedacht werden, dass sich das Land Berlin auch über die WISTA und deren Vertrag mit dem Investor finanziell beteilige. Diese Kosten entstünden auch, wenn die HUB sich dort nicht einmiete. Aus diesem Blickwinkel könnte ein Kauf im Jahr 2007 positiv bewertet werden. Er sehe diesen Umstand als Folge eines kritikwürdigen Vorgangs an, der anders geplant gewesen sei. Die CDU-Fraktion hielt dagegen den Kauf für erforderlich, damit die HU in ihren Planungen fortfahren könne. Die PDS-Fraktion sprach sich gegen eine Zweckentfremdung des WBC aus und äußerte den Verdacht, durch den Mietvertrag und den anschließenden Kauf solle eine Subventionierung der WISTA-Investments über den Umweg HUB stattfinden. Der Präsident der HUB (Kulka) versicherte – trotz des breiten Unmuts der betroffenen Fachbereiche über die Umzugspläne – dass die Beschleunigungsvariante begrüßt werde, da die Realisierung der Kaufoption Planungssicherheit bedeuten würde. Skeptikern des Ansiedlungskonzeptes wurde vorgeworfen, das Gesamtprojekt zu gefährden. Laut Presseberichten warf der CDU-Hochschulexperte Engler der SPD vor, sie habe „beinahe den Wissenschaftsstandort Berlin gefährdet" (TS, 21.5.1999).

Insgesamt war der politische Umgang mit dem WBC ein Beispiel dafür, dass die öffentliche Hand als Auffangbecken für Kosten dienen musste, die durch Fehlplanungen verursacht worden waren. Er ist auch ein Hinweis für die Eigendynamik von Großprojekten, die von einem bestimmten Zeitpunkt an nur schwer zu steuern sind und gleichzeitig immer wieder neue Zugeständnisse der öffentlichen Hand verlangen.

Zusammengefasst bleibt für die Umsetzungsphase festzuhalten, dass eine erfolgreiche Realisierung des Vorhabens sowohl durch exogene Faktoren als auch durch unzureichende Managementleistungen erschwert wurde. Die wirtschaftlichen und finanziellen Rahmenbedingungen stimmten nicht mit den Erwartungen und Wachstumsprognosen überein, auf denen sich das Projekt gegründet hatte. Das Vorhaben wurde aber dennoch angeschoben und konnte nur schwer an die ‚neuen' Bedingungen angepasst werden. Unvorhergesehene Verfahrensschwierigkeiten mussten vom Land Berlin ausgeglichen werden. Der treuhänderische Entwicklungsträger entwickelte ein spezifisches Eigeninteresse am Projekt, das nicht immer im Sinne des öffentlichen Auftraggebers war. Insgesamt war diese Phase von Interventionsversuchen durch das Abgeordnetenhaus geprägt. Der Anlass dafür, die

,Notbremse' in Adlershof sowie in den anderen Entwicklungsgebieten zu ziehen, war der immer größer werdende Schuldenstand in den Treuhandvermögen. Der politische Umgang mit Adlershof muss daher auch immer im Zusammenhang mit der Entwicklung der vier weiteren großen Entwicklungsvorhaben gesehen werden.

2.5 Zusammenfassung

Berlin Adlershof stellt ein Schlüsselprojekt der Landesregierung dar, mit dem Ziel, einen neuen Stadtteil für Wissenschaft und Wirtschaft zu schaffen. Mit dem Beschluss, eine städtebauliche Entwicklungsmaßnahme durchzuführen, wurden entscheidende Weichen für die Entwicklung des Standortes gestellt. Sämtliche Stufen der Baulandentwicklung blieben im Zuständigkeitsbereich der öffentlichen Hand. Sie initiierte aktiv die städtebauliche Entwicklung, finanzierte öffentliche Erschließungs- und Infrastrukturleistungen und schuf Baurecht für potenzielle Investoren. Der Ausbau des WISTA-Standortes profitierte vom Einsatz von Fördermitteln des Bundes und des Landes Berlin. Die Ursachen dafür, dass die Entwicklungsdynamik hinter den Erwartungen zurückblieb, sind vielschichtig. Während die gesamte Entwicklungsmaßnahme vor dem Hintergrund der Berliner Finanzkrise und der gedämpften Nachfrage auf dem Wohnungs- und Büroflächenmarkt erlahmte, ging die Konzeptionsschwäche des Wirtschafts- und Wissenschaftsstandortes (WISTA) auch auf Defizite der Projektsteuerung zurück, so dass Innovationseffekte bisher weitgehend ausblieben.

Die Projektentstehungsphase der städtebaulichen Entwicklungsmaßnahme war von Ressortstreitigkeiten zwischen den Senatsverwaltungen geprägt. Als Querschnittsprojekt zwischen Wirtschaftsförderung und Stadtumbau wurde Adlershof dennoch innerhalb traditioneller Verwaltungsstrukturen bearbeitet. Hier zeigte sich, dass das in öffentlichen Verwaltungen verankerte Ressort- und Hierarchieprinzip genau dann kontraproduktiv wird, wenn es darum geht, ressortübergreifende Zusammenarbeit und horizontale Kooperation wie in Adlershof zu organisieren.

Das Projektmanagement wurde von einem treuhänderischen Entwicklungsträger und einer Betreibergesellschaft des WISTA-Geländes übernommen, die sich zum Teil aufgrund unterschiedlicher Zielvorstellungen gegenseitig blockierten. Während es der WISTA Management Gesellschaft nicht gelang, ein professionelles Kooperations- und Innovationsmanagement zu etablieren, wies die BAAG spezifische Probleme eines treuhänderischen Entwicklungsträgers auf. Diese arbeiten im eigenen Namen, aber auf Rechnung der öffentlichen Hand. Laut Entwicklungsrecht sollen sie die Maßnahme interessenneutral durchführen. In Adlershof verselbständigte sich aber der Entwicklungsträger und entwickelte ein spezifisches Eigeninteresse am Projekt, das nicht immer im Sinne des öffentlichen Auftraggebers war. Die Verselbständigung bzw. die Selbstbedienungsmentalität des externen Trägers im Umgang mit öffentlichen Geldern wurde vor allem dadurch verschärft, dass vertraglich festgelegt worden war, der Entwicklungsträger sei berechtigt, die ihm übertragenen Aufgaben an Tochter- und Beteiligungsunternehmen zur selbständigen Erledigung zu vergeben.

Die Fallstudie zu Adlershof, die das ‚öffentliche Modell' beispielhaft repräsentiert, weist auf ein grundsätzliches Dilemma hin, das auftritt, wenn die öffentliche Hand als ‚Entwicklungsunternehmer' tätig wird: Es entsteht ein Spannungsverhältnis zwischen politischer Entscheidung und risikoreichem Handeln in öffentlichem Auftrag. Die öffentliche Hand übernimmt das mit der Vermarktung der entwickelten Grundstücke verbundene Risiko und wird damit partiell unternehmerisch tätig. Sie trägt das Risiko dafür, dass die Einkünfte aus den Bodenwertsteigerungen tatsächlich realisiert und damit die anfallenden Kosten gedeckt werden können. Ein Unsicherheitsfaktor ist in Entwicklungsgebieten die Entwicklung des Endwerts der Grundstücke und damit ihr möglicher Veräußerungspreis. Hier besteht eine nicht zu planende Ungewissheit: Zu Beginn der Maßnahme ist unklar, ob der durch Wertgutachten ermittelte Verkaufswert tatsächlich ermöglicht werden kann.

Der Erfolg einer Entwicklungsmaßnahme ist daher von einer Reihe von Voraussetzungen abhängig. Damit die Rechnung aufgeht, müssen vor allem die Bodenwerte bzw. Abschöpfungsbeträge langfristig auf dem prognostizierten Niveau bleiben. Dadurch, dass das Land Berlin einen erheblichen Teil der Planungs-, Grundstücksankauf- und Erschließungskosten vorfinanzieren musste, stieg zusätzlich das wirtschaftliche Risiko. Zur Vorfinanzierung der Entwicklungskosten wurden Kredite aufgenommen. Da es aber zu Verzögerungen der Projektentwicklung kam, führte dies aufgrund der laufenden Zinsverpflichtungen zu weiteren Kostensteigerungen. Planungsunsicherheiten, die ein spezifisches Kennzeichen von Großprojekten sind (Hall 1980: 4f.), wirken sich daher besonders problematisch auf Vorhaben aus, die als Entwicklungsmaßnahme durchgeführt werden, weil für Endabnehmer geplant wird, die noch nicht bekannt sind. Insgesamt stellt der Einsatz des Entwicklungsrechts eine ‚Schönwetterstrategie' dar, die – das hat die Projektentwicklung in Berlin Adlershof gezeigt – mit beachtlichen Risiken verbunden ist.

Als das Projekt in der Umsetzungsphase in eine Krise geriet, die Wachstumserwartungen enttäuscht wurden und die Fortführung des Vorhabens zu hohen Verlusten führte, entstand eine Situation, in der die Entscheidungsrationalitäten von Politik und treuhänderischen Projektträger in Gegensatz gerieten: Der Projektträger verlangte politische Rückendeckung und Planungssicherheit, um seinen Investitionsplan zu realisieren. Dies machte laufende Kapitalnachschüsse aus dem öffentlichen Haushalt bzw. neue Kreditaufnahmen erforderlich. Die politischen Entscheidungsgremien aber mussten wegen ihrer Verantwortung für den öffentlichen Haushalt zögern, eine Investition zu finanzieren, bei der das Risiko offensichtlich unbeherrschbar geworden war.

B. Oberhausen

1. Stadtentwicklungspolitik im Zeichen des Strukturwandels

1.1 Oberhausen nach dem Rückzug der Großindustrie

Oberhausen gilt als die „Wiege der Ruhrindustrie", in der die Großindustrie „lange vor der Stadt da war" (Kruse/Lichte 1991: 21).[52] 1783 begann die St. Anthony-Hütte Raseneisenerz abzubauen, neunzig Jahre später entstand die erste Gemeinde mit dem Namen Oberhausen. Stadtentstehung und Stadtwachstum sind eng mit der Geschichte der örtlichen Montanindustrie verflochten. Die Stadt ging 1929 infolge einer kommunalen Neugliederung aus den Gemeinden (Alt-)Oberhausen, Sterkrade und Osterfeld hervor; die Stadt ist aber auch heute noch von einer mehrpoligen Entwicklung gekennzeichnet. Die Siedlungsstruktur der Stadt war gänzlich an die Erfordernisse der Industrie angelehnt. Das riesige Areal der ehemaligen Gute-Hoffnungs-Hütte (GHH), die durch den Zusammenschluss der drei Hütten Jacobi, Haniel und Huyssen im 19. Jahrhundert entstanden war, stellt daher die geografische Mitte der Stadt dar. Die Entflechtung der Montanindustrie nach dem zweiten Weltkrieg führte zur Auflösung der GHH in Nachfolgegesellschaften. In den 1960er Jahren wurde das Gelände schließlich durch die

---

52 Zur Geschichte der Stadt Oberhausen siehe auch Reif 1993 und Dellwig 2002.

Thyssen Stahl AG übernommen (vgl. Kruse/Lichte 1991). In dieser Zeit setzte der ökonomische Niedergang durch den Rückzug der Montanindustrie ein. Durch die seit den 70er Jahren anhaltende wirtschaftliche Krise, vor allem im Stahl- und Kohlebereich, verschlechterte sich die Situation auf dem Oberhausener Arbeitsmarkt dramatisch. Zechenstilllegungen und Rationalisierungen führten zu hohen Arbeitsplatzverlusten. Die Zahl der Arbeitslosen erhöhte sich von 600 (1961) auf 13.400 (1987) (Richter 1992: 38). Innerhalb von dreißig Jahren gingen 40.000 Arbeitsplätze verloren (Dellwig 2002: 21). Anfang 1987 spitzte sich die Situation in Oberhausen erheblich zu, da weitere drastische Einschnitte in der Beschäftigung infolge der Werkstilllegungen bei der Thyssen Stahl AG folgten. Einzelne städtische Beschäftigungsinitiativen wurden zwar gegründet, die Stadt schien aber „wie gelähmt" (Kruse/Lichte 1991: 37). Der Sinnspruch „erst stirbt die Zeche, dann die Stadt" hing wie ein Damoklesschwert über der Stadt (Babst 1998, zit. in Strasser/Pawellek 1991: 94).

Auf die Krise – sinkende Wirtschaftskraft und steigende Sozialhilfeausgaben – reagierte die Stadtentwicklungspolitik in den 1980er Jahren zunächst mit „gesteuerter Schrumpfung" (Blase 1988: 1036). In einer Veröffentlichung des Stadtplanungsamtes hieß es (Stadt Oberhausen 1987: 7): „Nach 150 Jahren chaotischen Wachstums bis zur Hypertrophie ist jetzt Zeit für eine Atempause". Da der städtische Haushalt immer mehr in eine Schieflage geraten war, musste die Stadtplanung in Oberhausen auf eine „realistische Grundlage" gestellt werden (Blase 1988: 1037). Die Stadtentwicklungsprogramme, die vom Rat der Stadt beschlossen wurden, enthielten bis auf Einzelmaßnahmen eine Abkehr wachstumsorientierter Neubauprogramme in der sozialen Infrastruktur; zum Teil verzichtete die Stadt auf früher geplante Großprojekte, der weitere Schnellstraßenbau (Ost- und Westtangente, A 31) etwa, der Rathausneubau und der kostenträchtige Stadtbahnbau.

Die sukzessive Stilllegung der Stahlwerksbetriebe hinterließ eine großflächige Brache im geografischen Mittelpunkt der Stadt Oberhausen. So wurde die Krise, in der sich die Stadt befand, auch räumlich sichtbar. Insgesamt hat der Rückzug der Montanindustrie ein räumliches Potenzial von mehr als 500 ha Industrieflächenbrachen (= 7% des Stadtgebietes) in Oberhausen zurück gelassen (Blase 1988: 1036). Die alten Areale wurden vorwiegend als „Problemgebiet" und als „Fremdkörper" begriffen (Basten 1998: 48), auf denen neue Nutzungen entstehen sollten, damit die Flächen mitten in der Stadt nicht veröden. Kommunale Strukturpolitik hieß daher in Oberhausen in erster Linie, der „Atmosphäre verlassener Goldgräberstädte" nachhaltig entgegenzuwirken (Strasser/Pawellek 1991: 94). Mit Hilfe des

Bodenfonds Ruhrgebiet des Landes Nordrhein-Westfalen wurden die Industriebrachen zum Teil aufgekauft und als neue Gewerbeflächen erschlossen (vgl. Blase 1988). Die Ansiedlung von Unternehmen erwies sich aber als mühsam: „So befand sich die Stadt Oberhausen in der Situation, bei der Entscheidung über Ansiedlungen nicht sonderlich wählerisch sein zu dürfen" (Drescher/Dellwig 1999: 226).

Ein Teil der Industriefläche sollte auch in neue Freiraumkonzepte integriert werden. Mitte der 80er Jahre gab es Überlegungen, wie die alte Industriezone beiderseits des Rhein-Herne-Kanals wieder genutzt werden konnte. Als „Großprojekt der ökologischen Erneuerung" bezeichnet Blase (1988: 1038) das Konzept der ‚Grünen Mitte' – später sollte hier die ‚Neue Mitte' entstehen – als freiraumbezogener Teil einer umfassenden Entwicklungskonzeption, die sowohl die Schaffung eines Naherholungsbereichs vorsah als auch die Modernisierung von Arbeitersiedlungen und die Errichtung von Gewerbe- und Industriegebieten (vgl. Stadt Oberhausen 1987). Mit diesen Ideen wurde Oberhausen Sieger beim Landeswettbewerb 1987 zur Innenentwicklung der Städte und erhielt eine Sonderauszeichnung des Bundesbauministeriums. Das ökologisch orientierte Konzept Grüne Mitte wurde aber nicht weiter verfolgt, denn die damit verbundene Abkehr von neuen großen Industrieansiedlungen stieß bei vielen Politikern in Oberhausen auf Unverständnis, da die hohe Arbeitslosigkeit zu den drängenden Problemen gehörte und eine Lösung der Arbeitsplatzprobleme eher von einer großen Ansiedlung erwartet wurde. Im Ruhrgebiet und insbesondere in Oberhausen herrschte eine „strukturkonservative Mentalität", so dass nach dem Rückzug der Montanindustrie zunächst große Hoffnungen in eine neue Industrieansiedlung gesetzt wurde (Dellwig 2002: 32).

Nicht nur die Arbeitsmarktsituation bedrohte die Stadt, sondern auch die Finanzlage. Die Zahl der Sozialhilfeempfänger stieg und demzufolge erhöhten sich auch die Sozialhilfeausgaben (vgl. Kruse/Lichte 1991). Dazu kam ein weiterer Rückgang der Gewerbesteuereinnahmen und Zahlungen an den ‚Fonds Deutsche Einheit'. Oberstadtdirektor Drescher, seit März 1991 offiziell im Amt, sah kaum Möglichkeiten, durch Einschränkung aller freiwilligen Aufgaben und des kulturellen Angebots, die Haushaltslage zu verbessern (vgl. Zündorf 1996). Neue Strategien waren daher gefordert, die Finanzkrise und den Strukturwandel in Oberhausen zu bewältigen: Die Verwaltungsspitze verfolgte das Ziel, aus der altindustriellen Montanstadt ein modernes Dienstleistungs- und Freizeitzentrum zu entwickeln und dadurch neue Impulse für die Stadt zu schaffen. Auf dem Weg zu diesem neuen Leitbild wurden drei Schwerpunkte gesetzt: Zum einen ging es darum, ein neues Steuerungsmodell[53] in die Kernverwaltung einzuführen, zum anderen Public Private Partnerships für die Wirtschaftsförderung zu schaffen und zum dritten das „Projektmanagement des Strukturwandels" mit dem Großprojekt ‚Neue Mitte Oberhausen' umzusetzen, das im Zentrum der Aufmerksamkeit der vorliegenden Studie steht (Drescher/Dellwig 1998: 103ff.). Mit letzterem war beabsichtigt, einen neuen tertiären Mittelpunkt zu schaffen, der gleichzeitig die Stadtteile Sterkrade und Osterfeld im Norden und Alt-Oberhausen im Süden der Stadt miteinander verbinden würde. Dieser Ort „gemeinsamer Erfahrung von Arbeit" sollte durch einen „Ort gemeinsamer Freizeiterlebnisse" ersetzt werden (Drescher/Dellwig 1998: 117). Die drei Maßnahmen fanden weitgehend parallel statt.

Unter dem Stichwort ‚Rathaus ohne Ämter' wurde unter der Leitung von Drescher die Verwaltung in Oberhausen modernisiert. Der Umbau war besonders ehrgeizig, da Ämter abgebaut und Arbeitsbereiche geschaffen wurden, die nach betriebswirtschaftlichen Kriterien arbeiten sollten. Insgesamt sollte die Verwaltung ‚verschlankt' und die Arbeitsabläufe beschleunigt werden. Mit dieser Verwaltungsreform wurde 1992 konzeptionell begonnen, 1995 wurden erste Schritte zur Einführung dezentraler Ressourcenverantwortung unternommen. Ein weiterer Schritt zur Kosteneinsparung war die Schaffung öffentlich-privater Kooperationen, denn in Zeiten des Strukturwandels müssten, so Drescher und Dellwig (1998), Wirtschaft und öffentliche Hand zusammenarbeiten. Seit 1992 betrieb Oberhausen daher Public Private Partnership in der Wirtschaftsförderung mit der Entwicklungsgesellschaft Neu Oberhausen, an der die Stadt sowie 36 Unternehmen und Verbände 50% der Anteile hatten. Außerdem wurden die Wirtschaftsbetriebe der Stadt Oberhausen in eine GmbH überführt, dabei wurden 49% der Anteile von einem privaten Konsortium übernommen. Die Privatisierung sollte den städtischen Haushalt entlasten und die Dienstleistungen effektiver gestalten.

Insgesamt versuchte die Ratsspitze in Oberhausen in den 90er Jahren, neue Wege zu gehen, die Kommunalverwaltung zu modernisieren und die Eigenbetriebe der Stadt zu privatisieren. Wood (2001: 140) spricht in diesem Zusammenhang von der „Zunahme marktförmiger Aushandlungsformen", die auf neue Steuerungsformen der Entwicklungsprozesse in Oberhausen hinweisen. Weiterhin wurde das Ziel verfolgt, mit dem Großprojekt

---

53 In NRW hat die Diskussion um die Einführung neuer Steuerungsmodelle für die Kommunalverwaltung früher begonnen als in den anderen Bundesländern (vgl. Alemann/Brandenburg 2000).

‚Neue Mitte' den Strukturwandel zu bewältigen. Da Projekte dieser Größenordnung nicht allein im Stadtrat entschieden werden, sondern auch auf überlokaler Ebene verhandelt werden müssen, sollen im Folgenden die institutionellen Voraussetzungen für kommunale Zusammenarbeit im Ruhrgebiet skizziert werden.

1.2 Institutionelle Voraussetzungen kommunaler Zusammenarbeit im Ruhrgebiet

Das Land Nordrhein-Westfalen weist viele Unterschiede hinsichtlich der Bevölkerung, Raum und Wirtschaftsstruktur auf – „von den dünnbesiedelten, immer noch stark landwirtschaftlich geprägten Gebieten der Eifel, des Münsterlandes oder Ostwestfalens bis zu den industriellen Ballungsräumen an Rhein und Ruhr" (Andersen 1998: 33). Das Ruhrgebiet ist durch ein beachtliches Nord-Süd-Gefälle geprägt, im Süden (Hellwegzone) befinden sich tertiäre Zentren, attraktives Wohnen und Naherholung, im Norden befinden sich hingegen die dicht besiedelten Arbeiterstädte.[54] Oberhausen gehört zur Emscherzone,[55] wo die früheren Zentren der Montanindustrie angesiedelt waren.

Das besondere Industrialisierungsmuster, die Siedlungsstruktur und die Verflechtung von Arbeiten, Wohnen und kommunaler Politik trug zu einer für das Ruhrgebiet spezifischen „Kleinräumigkeit der Orientierung" bei, die dazu führte, dass die Öffentlichkeit mehr von „lokalpatriotischen Gefühlen als technisch-funktionalen Aspekten der Neugliederung, der Verwaltungsreform und der Strukturpolitik der Region" bewegt wurde (Goch 1999: 345). Da sich das Ruhrgebiet als Bergbaurevier konstituierte und damit als Wirtschaftsregion mit spezifischen Standortfaktoren, fehlten die Voraussetzungen für eine politische oder eine Verwaltungs-Einheit. Zudem waren Umfang und Abgrenzung des Ruhrgebiets nicht klar festgelegt, da seine Grenzen Ergebnis industrieller Entwicklungen waren, die sich im Zeitverlauf wandelten (vgl. Petzina 1993). Dennoch sind die einzelnen Städte im Ruhrgebiet aufgrund ihrer Entstehungsgeschichte, den ökologischen und sozialen Folgeproblemen der Montanindustrie sowie der polyzentrischen Struktur des Raumes Teil eines regionalen Zusammenhangs kommunaler Zusammenarbeit. Die kommunale Zusammenarbeit im Ruhrgebiet hat sich infolge veränderter Aufgabenstellungen gewandelt. Es gibt zahlreiche Formen und Ein-

---

54 Zur Ruhrgebietsentwicklung im 20. Jh. vgl. Reulecke (1981).
55 Siehe zum Strukturwandel in der Emscherzone Ache u.a. (1992).

richtungen kommunaler Kooperation, die sich hinsichtlich räumlicher Zuschnitte, Aufgabenbereiche und Strategien zum Teil überlagern (vgl. Kilper 1995). Für die Kooperation im Ruhrgebiet bzw. in Teilgebieten zuständig sind u.a. der Ruhrverband, der Kommunalverband Ruhrgebiet (KVR), die Emscher-Lippe-Region, die Mülheim-Essen-Oberhausen-Region, die Regionalkonferenzen etc. Die beiden Landschaftsverbände Westfalen und Rheinland durchschneiden die Grenzen des KVR-Gebiets. Der KVR versucht, eine Interessenabstimmung und -wahrnehmung für das gesamte Ruhrgebiet wahrzunehmen. Als Nachfolgeorganisation des Siedlungsverbandes Ruhrkohlenbezirk (SVR) bekam der KVR 1975 eine eingeschränkte Aufgabenstellung:[56] Ihm wurde die regionale Entwicklungsplanung entzogen und den neuen Bezirksplanungsräten der Regierungsbezirke zugewiesen. Der Grund für die Kompetenzreduzierung des Verbandes lag in dessen verwaltungsorganisatorischer Isolierung, außerdem befürchteten kommunale Institutionen, die Kompetenzen dieses regionalen Verbandes würden zu dominant. Auf Landesebene wollte man keinen tonangebenden Ballungsraum Ruhrgebiet (vgl. Goch 1999).

Die für das Ruhrgebiet zuständigen Bezirksplanungsräte sind den Regierungsbezirken Düsseldorf im Rheinland, Münster und Arnsberg in Westfalen zugeordnet. Keines der Verwaltungszentren liegt im Ruhrgebiet selbst. Indem die Bezirksplanungsräte von den Kommunen nach den Wahlergebnissen mit Gemeindevertretern besetzt werden, sollte das Selbstverwaltungsrecht der Kommunen in der Regionalplanung besser verwirklicht werden. Die Entscheidung über die Landesplanung blieb als staatliche Aufgabe beim Land, die Aufsichts- und Vollzugsfunktion wird hingegen durch die Bezirksplanungsbehörde ausgeübt. Durch die Schaffung der Bezirksplanungsräte sollte die Landesplanung mit der kommunalen sowie regionalen Planung verknüpft werden (vgl. Goch 1999). Während sich die Kompetenzen des KVR von nun an auf Freiraumsicherung, Erholungsplanung, Öffentlichkeitsarbeit und Kartografie beschränken, erstrecken sich die Aufgaben

---

56 Von Anfang des 20. Jahrhunderts bis zur Mitte der 60er Jahre waren die Institutionen der regionalen Selbstregulierung durch Kommunen, (Montan-)Industrie und Gewerkschaften geprägt (vgl. Kilper 1995). Hier ist insbesondere die Emschergenossenschaft zu nennen, die seit ihrer Gründung 1904 durch Preußisches Sondergesetz gebildet wurde und für die Regelung der Entwässerung im Emschergebiet und die Reinigung der Abwässer zuständig war, sowie der Siedlungsverband Ruhrkohlenbezirk (SVR), der 1920 von den Preußischen Landesversammlung ins Leben gerufen wurde. Unmittelbarer Anlass war die Anwerbung von Bergleuten für den Steinkohlebergbau im Ruhrgebiet und die Durchführung von Maßnahmen zur Lösung der Wohnungsfrage, da mehr als eine halbe Million Menschen untergebracht werden mussten. Die ‚Siedlungstätigkeit' im weiteren Sinne war damit ein erster Ansatz einer regionalen Raumordnungspolitik.

der Bezirksplanungsräte auf Planungsaufgaben wie Städte-, Wohnungs-, Straßenbau, Wasserwirtschaft und Abfallbeseitigung. Diese müssen versuchen, im Spannungsfeld von regionaler Gebietsplanung und der Respektierung kommunaler Planungshoheit, konkurrierende Interessen zu koordinieren (vgl. Alemann/Brandenburg 2000).

Insgesamt wird die komplizierte Verwaltungsgliederung im Ruhrgebiet als „Standortnachteil im Strukturwandel" eingeschätzt (FES 2000: 15). Die Initiativen für eine Bewältigung des Strukturwandels im Ruhrgebiet sind zahlreich. Eine regionale Strategie für das Ruhrgebiet wird aber wegen der institutionell zersplitterten Planung erschwert. Innerhalb der Regierungsbezirke werden Planungen für unterschiedlich geprägte Räume realisiert und zusammengehörige Räume durch Bezirksgrenzen geteilt. Dadurch, dass keine Ruhrgebietsbehörde geschaffen wurde, hat die Landesregierung „viele Kompetenzen im größten und wichtigsten Ballungsraum des Landes behalten" und ist damit „umgekehrt aber auch für diesen Raum in besonderer Weise unmittelbar verantwortlich" (Goch 1999: 350).

Verschärft wurde die Städte-Konkurrenz seit den 1980er Jahren, weil die Städte im Ruhrgebiet vergleichbare Stadtentwicklungsstrategien entwarfen, ähnliche Wirtschaftsförderungsprogramme aufstellten und überall auf zukunftsträchtige Schlüsseltechnologien setzten. Aufgrund der massiven Probleme, vor denen die Kommunen standen – Rückzug der Montanindustrie, hohe Arbeitslosigkeit, Infrastrukturdefizite – sind sie zunehmend auf Fördermittel der Europäischen Union, des Bundes und des Landes angewiesen. Kommunaler Wettbewerb und Kirchturmspolitik prägen den politischen Alltag im Ruhrgebiet (vgl. Kilper 1995, Tenfelde 2000).

2. Die Neue Mitte Oberhausen

2.1 Projektinitiative

2.1.1 Das gescheiterte ‚World Tourist Center' Oberhausen

Nach der Stilllegung der Stahlwerksbetriebe der Thyssen-Stahl AG und dem Verlust der ökonomischen Basis klaffte eine großflächige Brache in der geografischen Mitte Oberhausens. Die Stadt wollte dieses Gebiet rasch einer neuen Nutzung zuführen. Statt einer ‚Grünen Mitte' schwebte – wie oben bereits dargestellt – den sozialdemokratischen Politikern eine größere Industrieansiedlung vor, mit der Arbeitsplätze geschaffen werden sollten. Rückblickend wird diese Position in einem Interview auf den Punkt gebracht: *„Da hat man sich im kommunalpolitischen Bereich sehr schnell darauf verständigt, dass das Primat der Arbeitsplatzbeschaffung vorherrschen muss, dass eine Ansiedlung möglichst aus einem Guss stattfinden soll. Diese Fläche wollten wir als Filet...Man erhoffte sich dadurch wichtige strukturpolitische Impulse...Eine beeindruckende Ansiedlung war wichtig für das städtische Selbstbewusstsein, es gab auch in Oberhausen eine Neigung zum Selbstmitleid... Hier gab es aber die Parole, weg von der Klagemauer, Aufbruch nach vorne."*

In diese Situation trat im November 1988 die kanadische Investorengruppe Triple Five, zusammen mit der führenden deutschen Einkaufscenter-Management-Gesellschaft ECE an die nordrhein-westfälische Landesregierung mit dem Vorschlag heran, auf dem über 100 ha großen ehemaligen Schwerindustriegelände, das „größte Freizeit- und Einkaufszentrum der Welt" zu errichten (Blotevogel/Deilmann 1989: 641). Die Vorstellung von einem Stadtumbau ohne Wachstumsimpulse gehörte damit der Vergangenheit an. Triple Five wurde aufgefordert, ein ausgearbeitetes Konzept vorzulegen. Die Stadt Oberhausen wurde zwar informiert, aber die konkrete Bearbeitung des Projektvorschlags fand hauptsächlich im Kabinett bzw. in den betroffenen Ministerien statt. Hier wurde auch eine interministerielle Arbeitsgruppe eingerichtet, in der fünf Ministerien und die Staatskanzlei vertreten waren. In einem kommunalen Koordinierungskreis sollten die Interessen der Oberhausener Nachbargemeinden diskutiert werden.

Im April 1989 legte die kanadische Investorengruppe ein Unternehmenskonzept vor, das eng an die von Triple Five in Demonton (Alberta, Kanada) erbaute ‚West Edmonton Mall', dem größten Shopping-Center der Welt, angelehnt war und in einem geschlossenen Gebäudekomplex – dem ‚World Tourist Center' – ein Einkaufscenter (250.000 m²), ein Hotel- und Bürocenter sowie ein Freizeitcenter mit verschiedenen Angeboten wie einem Wellenbad, einem Grottenkanal mit U-Booten, Delfinarium und mehrere Aquarien etc. vorsah (vgl. Blotevogel/Deilmann 1989). Im Außenbereich waren ein Campingplatz und ein Bootshafen, ein Bahnhof und eine Busstation geplant. Um dieses Vorhaben gezielt zu vermarkten, vor allem um die Bedenken der Oberhausener Nachbarstädte vor schwerwiegenden Kaufkraftverlagerungen auszuräumen, betonten die Investoren die Freizeit- und Tourismusfunktion für einen überregionalen Einzugsbereich sowie die positiven regionalwirtschaftlichen Effekte durch Kaufkraftzuflüsse durch Touristen. Aus diesen Annahmen zu positiven Effekten leitete Triple Five zahlreiche Subventionsforderungen ab. Der Investor forderte eine Befreiung vom Ladenschlussgesetz, einen zinsverbilligten Kredit mit 35-jähriger Laufzeit, eine Grundsteuerbefreiung für ebenfalls 35 Jahre, eine Spielkasino-Lizenz ohne Beteiligung des Landes und der Gemeinde an den Einnahmen sowie die Übernahme der Kosten für den Bau einer S-Bahn-Station, eines Bootshafens und die Altlastensanierung des Geländes durch die öffentliche Hand.

Trotz dieser weitreichenden Forderungen löste der Projektvorschlag in der Oberhausener Verwaltungsspitze, den Ratsfraktionen (mit Ausnahme der Bunten Liste) sowie dem örtlichen Einzelhandelsverband teilweise begeisterte Aufbruchstimmung aus. Triple Five war, wie in einem Expertengespräch betont wurde, *„zunächst ein Strohhalm, bis dahin hatte die Stadt nur Rückschläge erlebt."* Innerhalb der Landesregierung gingen die Meinungen jedoch auseinander. Während der Wirtschaftsminister das Vorhaben befürwortete, lehnte es der Städtebauminister ab. Um die kanadischen Pläne weitergehend beurteilen zu können, bestellte die Landesregierung ein Gutachtergremium ein, das die Auswirkungen des WTC analysieren und bewerten sollte. Gleichzeitig beauftragten die Nachbarstädte und -kreise das Essener Beratungsunternehmen Ageplan und den Duisburger Geografieprofessor Blotevogel mit der Erstellung eines Gutachtens. Beide Gutachten, die Mitte Juni 1989 der Öffentlichkeit vorgestellt wurden, stimmten in den Kernaussagen überein. Demnach würde die Realisierung des WTC beträchtliche Auswirkungen auf das zentralörtliche System im Ruhrgebiet hervorrufen, die nicht im Einklang mit den Zielen der Raumordnung und Landesplanung stehen. Das Projekt war nicht städtebaulich integriert, da der Standort inmitten eines großen Industriegeländes lag und von den nächsten Wohngebieten verkehrlich abgetrennt war. Daher genügte das WTC nicht den landesplanerischen Anforderungen an Sondergebiete für Einkaufszentren. Nach Einschätzung der Gutachter wäre ein Bebauungsplan nicht genehmigungsfähig (vgl. Blotevogel/Deilmann 1989).

Wegen der negativen Bewertung durch die Gutachten fasste die Landesregierung am 20. Juni 1989 den Beschluss, das WTC-Projekt nicht weiter zu verfolgen. Diese Entscheidung bedeutete das Aus für die Pläne der kanadischen Investorengruppe. Das „Wunder von außen" sollte sich nicht einstellen, stattdessen machte sich eine „ziemliche Ernüchterung" breit (Kruse/Lichte 1991: 16). In der gleichen Kabinettsitzung wurde aber auch beschlossen, das Grundstück in Oberhausen umgehend für „Zwecke der Wirtschaftsförderung" zu sichern, damit eine „Parzellierung oder unterwertige Nutzung" verhindert werden konnte. Außerdem sollte für die künftige Nutzung des Grundstücks ein Wettbewerb eröffnet und dafür ein „besonderes Projektmanagement" eingerichtet werden (PUA-Schlußbericht 1995: 42). Damit brachte die Landesregierung ihre Entschlossenheit zum Ausdruck,

Oberhausen aktiv bei der Bewältigung des Strukturwandels zu unterstützen. Die herausragende und imageprägende Bedeutung des Thyssen-Geländes zur Aufwertung des Ruhrgebiets wurde betont.

Die Ablehnung des WTC-Konzepts hatte einen „dringenden Handlungsbedarf für Oberhausen" (PUA-Schlußbericht 1995: 44) zur Folge, nicht zuletzt, weil „man eine ganze Ruhrgebietsstadt sozusagen in depressiver Stimmung vorfand" (APr 11/551: 6). Am 17. Juli 1989 beauftragte der Ministerpräsident den Finanzminister Schleußer in seiner Funktion als Liegenschaftsminister, das Grundstück zu sichern. Damit ging die federführende Verantwortung für die Entwicklung der Fläche auf die Landesregierung über. Die Zuteilung dieser Aufgabe an den Finanzminister lässt sich, so Basten (1989: 55), vor allem aus Schleußers Interesse an seiner Heimatstadt erklären. Für Aufgaben der Wirtschaftsförderung oder des Städtebaus sind sonst die jeweiligen Ministerien verantwortlich.

Insgesamt löste das gescheiterte WTC-Projekt eine neue politische Dynamik aus, die die Landesregierung eng mit den weiteren Entwicklungen auf dem ehemaligen Thyssengelände verband. Wie kaum bei einem anderen Großprojekt war ihre Initiative und die Suche nach Lösungen so deutlich wie bei der Neuen Mitte Oberhausen.

2.1.2 Die aktive Rolle der Landesregierung

Nachdem die Landesregierung ihr Interesse an der Entwicklung und Vermarktung der Thyssen-Fläche bekundet und Finanzminister Schleußer mit der Sicherung des Geländes betraut hatte, dominierte die landespolitische Ebene in der Anfangsphase der Projektentwicklung. Die Stadt Oberhausen spielte zunächst nur eine untergeordnete Rolle. Am 28.8.1989 fasste der Rat der Stadt Oberhausen zwar einen Aufstellungsbeschluss für den B-Plan Nr. 275, womit für das gesamte Thyssenareal zwischen Essener Straße und Rhein-Herne-Kanal eine „planungspolitische Willensbekundung" abgelegt wurde (Basten 1998: 157). Demnach sollte die zukünftige Bebauung hohen städtebaulichen und ökologischen Standards gerecht werden. Hervorgehoben wurde auch das Ziel, neue Arbeitsplätze zu schaffen. Da aber zu dieser Zeit weder Investoren noch genaue Nutzungspläne vorhanden waren, war der Aufstellungsbeschluss nicht mehr als ein symbolisches Signal. Auch die Verhandlungen mit dem Thyssen-Konzern über das Grundstück hatten noch nicht Gestalt angenommen. Insofern mussten noch einige Grundlagen geschaffen werden, bis ein Bebauungsplanentwurf angefertigt werden konnte. Diese Vorarbeiten erfolgten auf landespolitischer Ebene. Dort erzeugte die Ablehnung der kanadischen Investitionspläne einen Tatendrang, der zu einer Reihe von inhaltlichen Entscheidungen und organisatorischen Maßnahmen führte, mit der das Industrieflächen-Recycling eingeleitet werden sollte. Im September 1989 wurde in einer interministeriellen Besprechung im Finanzministerium über die Umsetzung des Kabinettsbeschlusses – Sicherung der Fläche und Einsatz eines Projektmanagements – beraten, an der neben Vertretern des Finanzministeriums, des Ministeriums für Umwelt, Raumordnung und Landwirtschaft (MURL), des Ministeriums für Stadtentwicklung, Wohnen und Verkehr (MSWV) und des Ministeriums für Wirtschaft, Mittelstand und Technologie (MWMT) auch Vertreter der Westdeutschen Landesbank und deren Tochtergesellschaft West LB Immobilien GmbH teilnahmen. Hier wurde bereits die Frage des Ankaufs und der Aufbereitung des Thyssen-Geländes erörtert. Auch die Finanzierung des Ankaufs des Grundstücks durch Fördermittel wurde angesprochen. Während in den in Betracht kommenden Förderprogrammen Mittel zur Förderung von Grundstückskäufen nicht enthalten waren, bezeichnete man eine Sanierung des Grundstücks aus Mitteln der „Gemeinschaftsaufgabe Verbesserung der regionalen Wirtschaftsstruktur" als „sehr gut denkbar" (PUA-Schlußbericht 1995: 145). Die Finanzierung des Ankaufs, der Sanierung und der Aufbereitung des Thyssen-Geländes wurde im Laufe der Projektentwicklung zu einer Schlüsselfrage, mit der die Mitarbeiter ihre Entschlossenheit, das Großprojekt zu realisieren, unter Beweis stellen sollten. Diesen Beratungen folgten auf Landesebene erste organisatorische und personelle Maßnahmen: Ein neu eingerichtetes Sonderreferat nahm ab Oktober 1989 seine Arbeit auf, das für die Projektabwicklung in Oberhausen zuständig war und unter anderem die entscheidenden Haushaltsplanungen vornahm.

Zusammengefasst ist für die Phase der Projektentstehung die dominante Rolle der Landesregierung hervorzuheben. Der Beschluss der Landesregierung, die Projektpläne der kanadischen Investmentgesellschaft in Oberhausen nicht weiter zu verfolgen, versetzte das Land in Zugzwang, eine erfolgreichere Lösung für die Flächenreaktivierung in Oberhausen zu finden. Immerhin waren mit der Ablehnung des Projektes die Hoffnungen der Stadtoberen zunichte gemacht worden, mit einem Leuchtturmprojekt die Attraktivität der Stadt sowie die Arbeitsmarktsituation zu verbessern. Die federführende Verantwortung für die Entwicklung der Fläche ging zunächst an die Landesregierung, die damit eine eigentlich kommunale Aufgabe übernahm. Durch ihre maßgebliche Rolle in der Entstehungsphase gewann die Frage, wie und mit welchen Mitteln die Thyssen-Fläche genutzt werden könnte, eine neue Dynamik, nicht zuletzt aufgrund des Engagements und der Machtressourcen des Finanzministers.

2.2 Projektierung

2.2.1 Die Suche nach Investoren

Um das von der Landesregierung geforderte Projektmanagement einzurichten, wurde beschlossen, eine privatrechtliche Projektentwicklungsgesellschaft zu etablieren, die damit beauftragt wurde, Investoren zu suchen und die Vermarktung der Thyssen-Grundstücke durchzuführen wie auch die Kaufvertragsverhandlungen mit Thyssen zu begleiten. Daher vereinbarte das Land seine Beteiligung an der Grundstücksentwicklungsgesellschaft Oberhausen mbH (GEG) gemeinsam mit der WestLB Immobilien GmbH und der Stadt Oberhausen.[57] Statt einen Investorenwettbewerb zu veranstalten, sollte ein Großinvestor gesucht werden. Welche Gründe aus Sicht eines SPD-Politikers in Oberhausen dafür sprachen, wurde in einem Interview deutlich: *„Wir haben den Weg gewählt, eine Entwicklungsgesellschaft auf Investorensuche zu schicken. Bei der Internationalen Bauausstellung (IBA) wurden Wettbewerbe veranstaltet, Sinn war es, ein Qualitätsbewusstsein zu wecken, sich frei zu machen vom graue Maus-Image und von Minderwertigkeitskomplexen. Im Ruhrgebiet hat man die billigste Lösung immer für die adäquateste gehalten, man traute sich nicht, nach den Sternen zu greifen. Die Ideenwettbewerbe haben internationale Maßstäbe in die Region gebracht. Das war bezüglich der Entwicklungsziele nicht vorrangig bei der Neuen Mitte, da war es vorrangig einen Investor oder eine Investorengruppe zu finden, um ein ‚Maximum an Arbeitsplätzen' zu schaffen."*

Die Investorensuche erwies sich als schwierig. Es kam zwar zu Gesprächen mit verschiedenen in- und ausländischen Investoren, die jedoch erfolglos blieben. Ein großes Hindernis war, dass die meisten Investoren bereits aufbereitete und erschlossene Flächen bevorzugten. Im Dezember 1990 scheiterten – aus Sicht des Finanzministeriums – nach „vielversprechendem Verhandlungsbeginn" die Bemühungen der GEG, die Firma Heidelberger Druckmaschinen AG für ein Vorhaben auf dem Thyssen-Gelände zu gewinnen (PUA-Schlußbericht 1995: 46). Als Grund für das Scheitern wurde die mit der Wiedervereinigung verbundenen schwierigen Vermarktungschancen genannt. Der politische Wandel bewirkte eine veränderte Förderlandschaft

---

57 Am 28.9.1989 wurde die GEG gegründet, deren alleinige Gesellschafterin zunächst die WestLB Immobilien GmbH war. Am 4. April 1990 trat das Land als Gesellschafter hinzu, vgl. Schlußbericht des PUA vom 11.1.1995, S. 46. Vgl. auch Meldung ‚Lennings sucht Investoren für Oberhausen', in: Neue Ruhr Zeitung vom 24.8.1989.

und weckte bei den Investoren das Interesse, in den neuen Bundesländern zu investieren.

Zu ersten „vertraulichen Kontakten" der GEG mit dem Investor Edwin Healey (Firmengruppe Stadium) kam es im November 1990 (PUA-Schlußbericht 1995: 75). Die ehemalige Verbindungsfrau von Triple Five, die sich nach dem Scheitern des Vorhabens selbständig gemacht hatte, gelang es, Healey für Oberhausen zu interessieren. Sie wusste, dass die Stadt auf der Suche nach einem Investor war.[58] Die GEG lud Healey nach Oberhausen ein, und auf Einladung Healeys fuhr man nach Sheffield, um sich über das dortige Einkaufszentrum Meadow Hall zu informieren, das seine Firma auf einer Industriebrache errichtet hatte (NRZ, 7.10.1991). Die Kontakte vertieften sich, und „bald charterte die GEG einen Hubschrauber, um Healey per Flug über das Ruhrgebiet eine Einordnung der Oberhausener Fläche in den räumlichen Zusammenhang zwischen Dortmund und Duisburg zu vermitteln" (Basten 1998: 67).

2.2.2 Die Pläne des Großinvestors

Im März 1991 waren die Projektpläne so weit, dass die GEG im Kongress-Center der Düsseldorfer Messe „dem engen Kreis der Betroffenen" die Firma Stadium präsentierte (Basten 1998: 67). Dort legte diese dar, dass sie nach dem Vorbild der von ihr in Sheffield errichteten Meadow Hall auf dem Thyssen-Areal als Projektentwickler und Investor innerhalb eines Konsortiums internationaler Investoren folgende Teilbereiche eines Gesamtprojekts zu realisieren beabsichtigte (PUA-Schlußbericht 1995: 57): ‚Tivoli-Gärten' nach dem Kopenhagener Vorbild mit landschaftlich gestalteten Flächen in einem Gartengelände mit Gewässern und Spazierwegen sowie einer Kanalpromenade, an die sich unter anderem Restaurants, Vergnügungsstätten und Attraktionen reihen sollten. Ein Sportzentrum mit zahlreichen Einrichtungen sollte ebenfalls Platz finden. Die ‚Internationale Einkaufsstraße' und das ‚Vergnügungs- und Freizeitzentrum' sollten nach bestimmten europäischen Themen gestaltet sein. Vorgesehen waren darüber hinaus ein Bereich mit Familienunterhaltung, Behinderteneinrichtungen, Seniorenzentrum und Kinderbetreuung sowie Restaurants und Abendunterhaltung. Fußgängerzonen, Yachthafen mit Hotel-Marina, Kongresszentrum und -hotel und ein Büro-Park mit einer Nutzfläche von 100 000 m². Der Investor beabsichtigte, dieses Konzept bis Mitte 1996 zu realisieren. Insgesamt sollten rund 2 Mrd.

---

58 Interview mit leitenden Verwaltungsangestellten in Oberhausen im Januar 2001.

DM investiert und bis zu 10.000 neue Arbeitsplätze geschaffen werden. Ziel des Investors war es, in Oberhausen einen neuen Stadtkern zu schaffen, der zunächst als ‚Gartenstadt Oberhausen', später als ‚Neue Mitte' bezeichnet wurde (WAZ Oberhausen, 9.10.1991).

Bei dieser Präsentation des Investors war die Stadt Oberhausen zum ersten Mal offiziell anwesend. Die erfolgreiche Investorensuche fand zur Zeit des Amtsantritts des Oberstadtdirektors Burkhard Drescher, der das Projekt sofort zur „Chefsache" machte (Basten 1998: 158). Er wurde zum Ansprechpartner Healeys und der GEG, in der er einen Posten im Aufsichtsrat übernahm. Durch diesen Verantwortungsbereich und durch seinen persönlichen Kontakt zu Schleußer vertiefte sich seine Zusammenarbeit mit dem Finanzministerium und weiteren für das Projekt relevanten Ministerien (Stadtentwicklung MSWV, Raumordnung MURL, Wirtschaft MWMT). In den ersten Abstimmungsgesprächen wurde beschlossen, mehrere Gutachten in Auftrag zu geben. Stadtplaner Jochen Kuhn aus dem Büro Architektur- und Stadtplanung Düsseldorf wurde im Auftrag der Stadt Oberhausen mit der Aufgabe betraut, gemeinsam mit dem Verkehrsgutachter Retzko + Topp eine städtebauliche Konzeption für eine ‚Neue Mitte' zu entwickeln, um so die Vorstellungen des Investors umzusetzen. Insgesamt sollten die Nutzungsvorschläge des Investors in ein breiteres städtebauliches Konzept eingebettet werden. Das Rahmenkonzept für die Neue Mitte verfolgte das Ziel, einen neuen Stadtteil neben den vorhandenen Alt-Oberhausen, Sterkrade und Osterfeld zu entwickeln, und die Neue Mitte mit den drei Stadtteilen zu verknüpfen. Kuhn orientierte sich zum Teil an der Idee einer städtebaulichen Spirale, die das Pariser Büro Reichen & Robert Anfang der 90er Jahre im Rahmen eines städtebaulichen Wettbewerbs der Internationalen Bauausstellung Emscher Park zum Neubau des Technologiezentrums Umweltschutz (TZU) entwickelt hatte (Bestandteil des IBA-Projekts ‚Allee der Industriekultur'). Die Spirale spannte, ausgehend vom TZU, den Bogen über Schloss und Gasometer bis zur Zeche Osterfeld und verknüpfte sie miteinander (vgl. Drescher/Dellwig 1996).

Außerdem gab die GEG bei der prognos AG ein Gutachten in Auftrag, in dem die Kaufkraftströme und Attraktivitätsgefälle zwischen der Stadt Oberhausen und den unmittelbaren Nachbarstädten untersucht werden sollten (vgl. prognos 1991). Durch diese externe Begutachtung des Projekts ergaben sich nach Basten (1998) einige Vorteile, die für das weitere Vorgehen von Bedeutung waren. Die Stadt Oberhausen konnte Fachleute gewinnen, die das Investorenprojekt auf ihre Auswirkungen hin untersuchen sollten. Eine fundierte gutachterliche Absicherung war gerade für den späteren Diskussionsprozess mit den betroffenen Nachbarstädten von Bedeutung.

Fachliche Kompetenz sollte demonstriert werden, um Kritikern des städtebaulichen Vorhabens gesicherte Informationen entgegenhalten zu können. Der Investor sollte auch von der Ernsthaftigkeit der Absicht Oberhausens, an dem Projekt festzuhalten, überzeugt werden. Gleichzeitig brachte die externe Begutachtung eine Zeitersparnis. Private Planungsbüros konnten schneller und flexibler arbeiten als die städtische Verwaltung. Schließlich ermöglichte die externe Begutachtung eine „weitgehende Geheimhaltung der Planungen" (Basten 1998: 159). Indem diese Aufgabe an private Büros abgegeben wurde, konnte sie im nicht-öffentlichen Bereich abgewickelt werden. Das Vorhaben wurde zunächst nur im kleinen Kreis erörtert; die Oberhausener Verwaltung und die Nachbarstädte wurden in der Anfangsphase nicht umfassend eingeschaltet.

Bis zu der öffentlichen Präsentation des Großprojekts im Oktober 1991 wurden parallel im Finanzministerium Finanzierungsmodelle für den Ankauf der Fläche erörtert und erste Verhandlungen mit dem Investor geführt, die nachfolgend dargestellt werden.

2.2.3 Verhandlungen mit dem Grundstücksbesitzer und mit dem Investor

Die Vertragsverhandlungen mit der Firma Stadium des Investors liefen parallel zu den Verhandlungen über das Grundstück. Da dem Finanzminister die Verantwortung dafür übertragen wurde, die Thyssen-Fläche zu sichern, liefen auf landespolitischer Ebene Verhandlungen mit den Firmen der Thyssen-Unternehmensgruppe.

Auch wenn die Mitarbeiter des Finanzministeriums einen direkten Kaufvertragsschluss zwischen Thyssen und dem Investor bevorzugten, waren sie rasch davon überzeugt, dass dieser „Königsweg" kaum zu realisieren war, da es unter anderem unterschiedliche Preisvorstellungen der beiden Verhandlungspartner gab und der Investor den Erwerb eines bereits aufbereiteten Grundstücks favorisierte (PUA-Schlußbericht 1995: 79). Insofern war schon frühzeitig ein Ankauf der Fläche durch das Land in der Diskussion. Wie der Grundstückskauf finanziert und wer für die Aufbereitung der Fläche verantwortlich gemacht werden sollte, musste mit Thyssen verhandelt werden. Unterschiedliche Finanzierungsmodelle, die von Mai bis Oktober 1991 entwickelt wurden, belegen den schwierigen Verhandlungsweg bis zum Abschluss der Verträge. Wegen der fehlenden Bereitschaft Thyssens, sich an den Abbruch- und Sanierungskosten zu beteiligen, konnte nicht am Finanzierungsmodell festgehalten werden, wonach sich das Land und Thyssen die Freilegungskosten je zur Hälfte teilen sollten; diese Kosten sollten auf den Veräußerungserlös, den Thyssen anstrebte, angerechnet werden (vgl. APr 11/588). Dieses sogenannte ‚LEG-Modell' orientierte sich an den Richtlinien des Grundstücksfonds Nordrhein-Westfalens, der über die Landesentwicklungsgesellschaft (LEG) ähnliche Aufbereitungsprojekte von altindustriellen Flächen insbesondere im Ruhrgebiet durchführte. In den Verhandlungsrunden zwischen Mitarbeitern des Finanzministeriums, der Grundstücksabteilung von Thyssen und den Geschäftsführern der GEG erwies sich Thyssen jedoch als nicht sehr kompromissfreudig. Die von ihr vorgelegten Vertragsentwürfe enthielten nach Ansicht des Finanzministeriums eine Vielzahl von Regelungen, die das Land einseitig benachteiligten. Den Vertretern Thyssens war die beabsichtigte Großinvestorenlösung und der Zeitdruck, der von der Firma Stadium ausging, bekannt. Nach Auffassung von Mitarbeitern des Finanzministeriums war Thyssen bereit, diese für das Land schlechten Rahmenbedingungen auszunutzen. Außerdem gab es bei Thyssen Überlegungen, auf dem Areal weitere Eigennutzungen anzusiedeln, die das Land zusätzlich unter Druck setzten (PUA-Schlußbericht 1995: 68). Daher wurde eine andere Finanzierungsmöglichkeit – das Fördermodell – erforderlich: Wirtschaftsfördermittel sollten eingesetzt und der Gesamtkaufpreis von 60 Mio. DM möglichst durch eine Senkung der Verlagerungskosten gedrückt werden. Die weiteren Kosten für Abbruch-, Bodensanierungs- und Erschließungsmaßnahmen von 120 Mio. DM wurden als legitim bezeichnet, da die Schaffung einer Neuen Mitte zur erforderlichen Strukturverbesserung beitrage. Auf dieser Grundlage wurde in einer Verhandlungsrunde am 17. September 1991 schließlich Einvernehmen über die wesentlichen Punkte des zwischen Thyssen und dem Land abzuschließenden Kaufvertrages erzielt (PUA-Schlußbericht 1995: 70).

Die Verhandlungen mit dem Investor wurden von der Grundstücksentwicklungsgesellschaft GEG geführt. Oberstadtdirektor Drescher übernahm dabei die Funktion des Kontaktmannes zwischen dem Investor und den Gremien auf Landesebene. Das Investorenvorhaben war mit dem städtebaulichen Anforderungsprofil der Stadt Oberhausen und den landesplanerischen Vorgaben der Landesregierung abzustimmen. Nach eigenen Angaben hatte Drescher „ständig mit dem Investor Kontakt gehabt, dessen Verhandlungsposition beleuchtet, aber auch begleitet und ihn beeinflußt, in verschiedenen Punkten seine Position zu verändern – sozusagen als Scharnier zwischen Investor und GEG und Thyssen und Finanzministerium und auch dem Städtebauministerium und dem Wirtschaftsministerium" (APr 11/621: 4). Seine Aufgabe sei es auch gewesen, „Seelenpflege" zu betreiben, da der Investor im Laufe der Verhandlungen immer ungeduldiger wurde und auf einen Abschluss der Verträge drängte. Der Oberstadtdirektor versuchte „mit Verve, alles zu tun, um dafür Sorge zu tragen, daß uns der Investor nicht abspringt." Ihm sei es gelungen, einen „guten Draht zum Investor" zu entwickeln, was bei solchen Vorhaben von besonderer Bedeutung sei; zumal dann, „wenn man den Investor kennen lernt, kommt man sehr schnell dazu, daß der ein Self-made-man ist, der 21 Einkaufszentren in Großbritannien gebaut hat und der auch von daher sicherlich nicht wie ein Konzern zu betrachten ist. Da kommt es auch sehr auf persönliche Drähte an, und die habe ich versucht zu stricken" (APr 11/621: 74).

Stadium hatte bereits im Mai 1991 einen „Bedingungskatalog" für den beabsichtigten Erwerb des Thyssen-Areals, die Planungsanforderungen und den Zeitplan vorgelegt. Der Investor nannte darin auch als Zeitpunkt des Kaufvertrages den 2. Januar 1992 und als Kaufpreis für das aufbereitete Grundstück 20 Millionen Pfund Sterling (PUA-Schlußbericht 1995: 75). Andererseits mussten die Vorstellungen des Investors mit den zu realisierenden Möglichkeiten bzw. den Vorgaben im Gebietsentwicklungsplan abgestimmt werden. Daher mussten bestimmte Rahmenbedingungen eingehalten werden. Da das Gutachten der prognos AG auf der Grundlage von Modellrechnungen zum Kaufkraftabfluss aus Oberhausen dem Einkaufszentrum von bis zu 70.000 qm Zentrenverträglichkeit bescheinigt hatte, das Investorenkonzept aber eine Einzelhandelsfläche von 95.000 qm netto vorsah, musste die geplante Gesamtfläche reduziert werden (PUA-Schlußbericht 1995: 78).

Anfang Juni berichtete Oberstadtdirektor Drescher in einem Schreiben an Finanzminister Schleußer über den Stand der Gespräche (PUA-Schlußbericht 1995: 77). Danach war die Firma Stadium bereit, das Grundstück nach der Erteilung einer positiven Bauvoranfrage im März 1992 zu erwerben. Die Bebauung sollte nach dem Rahmenplan von Kuhn erfolgen, dabei war das High Definition Oberhausen (HDO, Fernsehproduktionszentrum für hochauflösende Fernsehtechnologie) in den Plan integriert. Stadium war bereit, sich an der Betreibergesellschaft von HDO mit einem Anteil von 75% zu beteiligen. In dem Schreiben wurde auch auf die Notwendigkeit einer Zustimmung des Kabinetts zu den Entwicklungsplänen hingewiesen. Dies sollte noch im Juni geschehen, um die Voraussetzungen für eine Beteiligung von Stadium an HDO zu erfüllen. Weiterhin hieß es in dem Schreiben, nach dem Kabinettsbeschluss sei eine öffentliche Präsentation des Vorhabens erforderlich. Die Unterrichtung der Landesregierung sollte sich jedoch bis zum Oktober 1991 hinziehen.

Die Firma Stadium wollte zügig mit der Projektentwicklung vorankommen. Daher verlangte Stadium ab Juni einen baldigen Eintritt in Verhandlungen über den Grundstückskaufvertrag. Um einen Einblick in die Verhandlungen mit Thyssen zu bekommen, äußerte der Investor auch verstärkt den Wunsch, an den Verhandlungen mit Thyssen beteiligt zu werden. Die HDO-Beteiligung war in diesem Zusammenhang nur Mittel zum Zweck (PUA-Schlußbericht 1995: 80). Damit wollte Healey in erster Linie seinen Druck auf das Land verstärken. Mitarbeiter des Landes hatten sich mit der GEG geeinigt, den Investor aus den Verhandlungen mit Thyssen herauszuhalten, um sich nicht in die „Thyssen-Karten" schauen zu lassen.

Im Vorfeld der öffentlichen Präsentation des Projekts am 8. Oktober 1991 versuchte der Investor die Verhandlungen zu forcieren. Am 2. Oktober fand erstmals ein Verhandlungsgespräch zwischen Beamten des Finanzministeriums und Vertretern des Investors sowie den Geschäftsführern der GEG statt. Dort seien die Vertreter des Finanzministeriums mit einem „detaillierten Vorvertrag überfallen worden" (APr 11/651: 148). Darin war beispielsweise vorgesehen, dass ein Teil der Fläche bereits am 1. Dezember in den Besitz Stadiums übergehe. Auch ein genauer Kaufpreis von 60 Mio. DM wurde genannt. Dieser sollte bis zur öffentlichen Präsentation als ‚letter of intent' abgegeben werden. Der zuständige Referatsleiter im Finanzministerium Lebro bemerkte zur Strategie der Verhandlungspartner, dass „die das meines Erachtens ganz geschickt gegenüber dem Land ausgenutzt und gesagt [haben]: Der Healey kommt am 8. Oktober nur, wenn ihr den ‚letter of intent' abgebt, und zwar des Inhalts, daß wir jetzt bald auch mit Stadium zu Potte kommen" (APr 11/651: 148). Da der Vertrag mit Thyssen noch nicht vollständig ausgehandelt worden war, wollte das Land sich nicht auf ganz konkrete Formulierungen einlassen. Stattdessen gab der Finanzminister nur eine Absichtserklärung, wonach versucht werden sollte, eine Abschlussreife des Vertrages noch im Jahr 1991 herbeizuführen. Wenn dies nicht gelinge, wolle man sich für die Dauer von sechs Monaten binden, nur mit diesem Investor zu verhandeln.

Zusammengefasst ist für die Phase der Projektierung hervorzuheben, dass bei der Suche nach einem Investor auf die Lösung ‚aus einem Guss' gesetzt wurde, mit der die Arbeitsplatzprobleme beseitigt werden sollten. Daher wurde die Wahl eines Großinvestors begrüßt, der nach dem Vorbild eines großflächigen Einkaufs- und Freizeitzentrums auf einer ähnlichen Industriebrache in Sheffield, ein Projekt in Oberhausen realisieren sollte. Die Pläne des Investors waren für die Projektkonzeption bestimmend, sie wurden aber abgefedert von einem im Auftrag der Stadt entworfenen städtebaulichen Rahmenplan und von städtischen Gutachten, die dem Vorhaben Zentrenverträglichkeit bescheinigten. In den Verhandlungen mit den privaten Partnern wurde deutlich, dass die Position des Landes als auch der GEG als schwach eingestuft werden musste. Gerade weil die Verhandlungen parallel stattfanden, waren die Handlungsspielräume der öffentlichen Akteure eingeschränkt. Die Thyssen-Unternehmensgruppe wusste von den Vertragsverhandlungen der GEG mit dem Investor. Diese Konstellation und das Fehlen einer echten Alternative schwächte die Position der öffentlichen Verhandlungspartner. Dies wurde auch dadurch deutlich, dass sowohl Thyssen als auch Stadium Druck ausübte, um die Verhandlungen zu forcieren. Der Investor warnte, andernorts zu investieren, und der Grundstückseigentümer drohte damit, die Fläche für eigene Zwecke nutzen zu wollen. Thyssen wusste, dass das Land auf die Fläche angewiesen war. Die ‚schwache' Verhandlungsposition des Landes begründete auch die Kompromisslosigkeit, mit der Thyssen die Verhandlungen führte und schließlich – wie noch zu sehen sein wird – das im Ergebnis ausgehandelte finanzielle Risiko zu Lasten des Landes.

2.3 Phase der öffentlichen Beteiligung und der Projektstrukturierung

2.3.1 Erste öffentliche Vorstellung des Investors

Nachdem bereits erhebliche Vorarbeiten für die Projektentwicklung geleistet worden waren, fand die erste öffentliche Vorstellung des Investors am 8. Oktober 1991 statt. Bei dieser Präsentation in den Räumlichkeiten der Stadtsparkasse Oberhausen waren der Oberbürgermeister und der Oberstadtdirektor der Stadt Oberhausen, Finanzminister Schleußer, der Stadtplaner und Architekt Kuhn, der Aufsichtsratsvorsitzende der GEG sowie Edwin Healey anwesend (vgl. Basten 1998). Der Investor versprach, der Stadt ein gänzlich neues Gesicht zu geben und mit seinem ‚Milliarden-Vorhaben' neue Arbeitsplätze zu schaffen (NRZ, 9.10.1991). Diese Veranstaltung, an dem neben Oberhausener Bürgern auch die Presse zahlreich vertreten war, sollte demonstrieren, dass bereits wichtige Grundlagen geschaffen worden waren, an denen neben externen Gutachtern auch das Ministerium beteiligt war. Es sollte zum einen gezeigt werden, dass die Landesregierung hinter dem Vorhaben stand und zum anderen, dass sich die Projektplanung durch „Kompetenz und Seriosität" (Basten 1998: 116) auszeichnete. Da das städtebauliche Vorhaben bisher weitgehend unter Verschluss gehalten worden war und nur wenig Informationen an die Verwaltung und die politischen Gremien sowohl in Oberhausen als auch an die Nachbarstädte durchgesickert waren, diente der öffentliche Vorstellungstermin auch dazu, potenziellen Kritikern Wind aus den Segeln zu nehmen. Eine Lehre, die Finanzminister Schleußer aus dem gescheiterten WTC-Projekt gezogen hatte, war, dass nur „solche

Investitionsvorhaben öffentlich dargestellt werden, die echte Realisierungschancen" haben (APr 11/551: 7). So hat Oberstadtdirektor Drescher „auch in Beratung mit Schleußer entschieden und mit dem Oberbürgermeister, der auch davon Kenntnis hatte, daß wir zunächst einmal prüfen, ob das Projekt städtebaulich verträglich ist. Und wenn es nicht verträglich gewesen wäre...hätten wir es still und heimlich abgewürgt, und dann hätte die Öffentlichkeit davon auch gar nichts erfahren" (APr 11/621: 22). Die Öffentlichkeit sollte erst zu einem späteren Zeitpunkt informiert werden. Die bereits geleisteten Vorarbeiten sollten signalisieren, dass das Vorhaben unumkehrbar und auf die Unterstützung aller angewiesen war.

Der Vorstellungstermin war schließlich ein „Startschuß zur breiteren Integration der Verwaltung und der politischen Gremien in die Arbeit der Neuen Mitte Oberhausen" (Basten 1998: 166). Seit dem symbolischen Aufstellungsbeschluss für den Bebauungsplan 275 im August 1989 war der Rat der Stadt nicht offiziell über den Stand der Verhandlungen informiert worden. Dabei hatten zu diesem Zeitpunkt bereits Absprachen mit der Landesebene stattgefunden, war ein Investor für das Vorhaben gefunden und Rahmenpläne entworfen worden (vgl. Basten 1998).

2.3.2 Zustimmung der Fraktionen im Stadtrat

Die Stadtverordneten in Oberhausen wurden am 14. Oktober 1991 von Oberstadtdirektor Drescher über die Konzeption der Projektes unterrichtet und über ihre Einordnung in eine vom Stadtplaner Kuhn entwickelte städtebauliche Rahmenplanung unter Berücksichtigung der Landesgartenschau 1999, der HDO-Aktivitäten und der Ziele der Internationalen Bauausstellung Emscher Park. Nach einer kurzen Debatte im Rat, in der alle Fraktionen (SPD, CDU, FDP) mit Ausnahme der Bunten Liste ihre grundsätzliche Zustimmung für das Projekt zum Ausdruck brachten, fasste der Rat den Beschluss, die Verwaltung damit zu beauftragen, die planungsrechtlichen Voraussetzungen bis Ende 1992 für die Realisierung des Projektes ‚Neue Mitte' zu schaffen (Ratsprotokoll, 14.10.1991). In der Begründung hieß es, dass die Chance genutzt würde, das Thyssen-Areal einer „zukunftsorientierten Wiederverwertung" in Kooperation mit den Ministerien, der GEG und dem Investor Stadium zuzuführen. Der Bereich der Neuen Mitte mit den Verfügungsflächen von Thyssen-West und Zeche/Kokerei Osterfeld stellte in der von der Landesregierung beschlossenen „langfristig orientierten Strategie der Aufwertung des Ruhrgebietes einen zentralen Faktor dar". Die Industriebrache sollte in eine lebendige Neue Mitte Oberhausen verwandelt werden. Es war von „Erlebnisraum" die Rede sowie von „urbanen Einrichtungen" wie Einkaufen, Gastronomie, Sportmöglichkeiten und Gewerbe – „eingebettet in einer landschaftlich reizvollen Umgebung". Das Projekt sei räumlich und ideell in das IBA Emscher Park-Konzept integriert (Ratsprotokoll, 14.10.1991). Der Beschäftigungsgewinn wurde auf 10.500 Arbeitsplätze bei einer Gesamtnutzfläche von 124 ha geschätzt.

2.3.3 Aufbau projekttauglicher Verwaltungsstrukturen

Die Oberhausener Verwaltung wurde durch einen mehrstufigen Prozess eingebunden, an dessen Ende die Schaffung projekttauglicher Strukturen stand. Anfang 1991 richtete der Oberstadtdirektor bereits das Koordinierungsbüro O.2000 ein, mit dem strukturrelevante Projekte innerhalb der Stadtverwaltung koordiniert werden sollten und das quer zu den bisherigen Ämterstrukturen mit einem direkten Eingriffsrecht ausgestattet wurde. Im Zusammenhang mit der Planung zur Neuen Mitte wurden alle Fragen im Koordinierungsbüro gebündelt. Im Rückblick bildete diese ‚Stabstelle' des Oberstadtdirektors den Auftakt für die umfangreiche Verwaltungsreform bzw. das neue Steuerungsmodell in Oberhausen – das ‚Rathaus ohne Ämter'. Insofern bot das sich anbahnende Großprojekt einen Anlass für die erste verwaltungsinterne Umstrukturierung, mit der zunächst ein kleiner Kreis von Eingeweihten für das Großprojekt gewonnen werden sollte. Während der Vorabstimmungen mit den Ministerien und den Verhandlungen mit Thyssen hatte Oberstadtdirektor Drescher nur diesen engen Kreis an Vertrauten in der Verwaltung in die Planungen eingebunden. Diese „interne Führungsgruppe" (Basten 1998: 166), zu denen neben den Leitern des Koordinierungsbüros O.2000 die Dezernenten für Umwelt und für Bauen und Planen gehörten, hatte bereits Entscheidungen getroffen, wie die offiziellen Planungsverfahren beschleunigt werden konnten. So kam es bereits einen Tag nach dem Ratsbeschluss über die Einleitung des Planungsverfahrens zu der konstituierenden Sitzung des verwaltungsinternen Arbeitskreises ‚Neue Mitte Oberhausen'. Dieser Arbeitskreis sollte alle Arbeitsbereiche im Zusammenhang mit der Planung der Neuen Mitte bündeln, wie ein Mitarbeiter der Verwaltung in einem Interview deutlich machte: *„Wir haben gesagt, wir müssen die besten Leute aus der Verwaltung herausziehen, sie in Arbeitsgruppen hineintun, diese haben sich nur mit der Neuen Mitte beschäftigt. Wir sind jede Woche unter Leitung des Oberstadtdirektors zusammen gekommen."*

Verwaltungsbeamte, die über die jeweils benötigte fachliche Qualifikation und Kompetenz verfügten, wurden in den Arbeitskreis berufen, „so daß jenseits der Verwaltungshierarchie nicht nur Dezernenten und Amtsleiter am Tisch saßen, sondern ebenfalls häufig die spezialisierten Abteilungsleiter, ohne daß ihre Amtsleiter zwangsläufig eingebunden waren" (Drescher/Dellwig 1996: 197). Es ging darum, für das Großprojekt alle Kräfte zu bündeln und die Arbeit an dem Vorhaben nicht in das normale Geschäft der Verwaltung hineinzugeben. Kurze Entscheidungswege waren für eine zügige und engagierte Projektentwicklung entscheidend, deshalb wurden in den Arbeitsgruppen nicht nur die Entscheidungsträger gehört, sondern auch die Sachbearbeiter.[59] Dadurch konnten schnelle Verfahrensabläufe ermöglicht, Bebauungspläne in knapp drei Jahren erstellt und Baugenehmigungen geschaffen werden (vgl. Drescher/Dellwig 1996).

2.3.4 Die Bürgermeinung

Die Planungen zum Großprojekt, über das die Oberhausener Öffentlichkeit am 4. Dezember 1991 in der Bürgeranhörung im Rahmen der Bauleitplanverfahren umfassend informiert wurde, stießen auf unterschiedliche Meinungen. Der Einzelhandel, der in den drei gewachsenen Oberhausener Stadtkernen ansässig war, fürchtete hohe Umsatzverluste. Die Oberhausener Stadtverwaltung verstand es jedoch, den Einzelhandelsverband in einen gemeinsamen Arbeitskreis und in Gesprächsrunden einzubinden, damit ihre Sorgen ernst zu nehmen und sie schließlich für das Projekt zu gewinnen.[60]

Protest gegen das Großprojekt kam aus der angrenzenden Arbeitersiedlung an der Ripshorster Strasse. Die dortige „Riwetho"-Interessengemeinschaft[61], ein Bündnis innerhalb der Siedlung, das in den achtziger Jahren nach dem erfolgreichen Widerstand gegen den geplanten Abriss der Siedlung entstanden war, befürchtete eine Beeinträchtigung der Wohnqualität durch Umweltbelastungen aufgrund von Emissionen und dem späteren Autoverkehr (vgl. Meixner 1995). Eine Normenkontrollklage gegen den Bebauungsplan 275 A, die der Mieter und Stadtverordnete der Bunten Liste Wilke im späteren Verlauf der Projektentwicklung im Mai 1994 einreichte, wurde jedoch beim Oberwaltungsgericht abgewiesen. Wie er in einem Interview schilderte, lautete die Begründung, dass er als Nicht-Stahlwerker gar nicht rechtmäßig in der Siedlung lebe und somit auch nicht klagen dürfe. Der Abrissantrag der Eigentümer (Thyssen Immobilien) ließ nicht lange auf sich warten. Er wurde jedoch nicht umgesetzt; im Gegenzug verzichteten die Bewohner auf weitere Klagen.

---

59 Interview mit leitenden Verwaltungsangestellten im Januar 2001.
60 Interview mit einem leitenden Verwaltungsangestellten im Januar 2001.
61 „Riwetho" steht für Ripshorster Straße, Werkstraße und Thomastraße.

Der Großteil der Oberhausener Bürger befürwortete das geplante Einkaufs- und Freizeitzentrum, verfolgte zunächst jedoch ungläubig und abwartend die Planungen:

„Offenbar war man nicht zuletzt durch die Erfahrung mit Triple Five sehr vorsichtig geworden, den Versprechungen an eine neue, glitzernde Zukunft für die Thyssen-Flächen Glauben zu schenken" (Basten 1998: 202).

Zusammengefasst ist für die Phase der öffentlichen Beteiligung und der Projektstrukturierung hervorzuheben, dass sie erst dann einsetzte, nachdem der Investor gefunden, der städtebauliche Rahmenplan sowie die externen Gutachten erstellt und damit wesentliche Vorarbeiten geleistet worden waren. Bis dahin waren die Planungen nicht nur vor den Bürgern, sondern auch gegenüber den Nachbarstädten, den politischen Gremien und Teilen der Verwaltung in Oberhausen geheim gehalten worden. Parlament und Öffentlichkeit sollten erst dann von dem Vorhaben erfahren, wenn die Planungen so weit fortgeschritten waren, dass der ‚point of no return' erreicht war. Ziel dieses taktischen Umgangs, vor allem mit den demokratischen Kontrollorganen, war es, eine grundsätzliche Debatte über das Für und Wider der Planungen zu vermeiden. Alternativplanungen sollten umgangen und Kritiker bewusst in der entscheidenden Phase der Projektentstehung still gehalten werden. Nach der öffentlichen Präsentation des Investors wurde eine breitere Beteiligung der Verwaltungsmitarbeiter eingeleitet und Projektstrukturen geschaffen, die eine querschnittsorientierte Bearbeitung des Vorhabens ermöglichte.

2.4 Umsetzungsphase

2.4.1 Lösung der Grundstücksfinanzierungsfrage: das Fördermodell

Nachdem das Finanzierungsmodell, das eine stärkere finanzielle Einbindung der Thyssen Stahl AG bei der Sanierung der Flächen anstrebte (LEG-Modell), nicht durchsetzungsfähig war, musste über den Einsatz von Bundes- und EG-Mittel neu beraten werden. Als zuständige Behörde für die Bearbeitung von Anträgen für die regionale Wirtschaftsförderung wurde der Regierungspräsident in Düsseldorf eingeschaltet. Am 24. Oktober 1991 wurden die Voraussetzungen für dieses Finanzierungsmodell im Wirtschaftsministerium auf Arbeitsebene konkretisiert (PUA-Schlußbericht 1995: 92f.). Die Verwaltungsmitarbeiter legten dar, dass ein Grundstückskaufpreis von 20 Mio. DM nicht im Rahmen der regionalen Wirtschaftsförderung förderfähig sei, denn Infrastrukturmaßnahmen und Abbruchkosten erhalten nur dann eine Förderung, wenn sie in kommunaler Trägerschaft durchgeführt werden. Deshalb wurde entschieden, dass die Stadt Oberhausen dem Land seinen Drittelanteil an der Grundstücksentwicklungsgesellschaft (GEG) abkaufe und die Satzung dahingehend geändert wurde, dass diese nicht mehr auf Gewinnerzielung ausgerichtet war. Der weitere Plan sah vor, dass die GEG das Grundstück vom Land kaufte und die Freimachung übernahm, wobei sie sich verpflichtete, die Verlagerung durch Thyssen vornehmen zu lassen. Die Baureifmachung des Grundstücks zur Bereitstellung eines von allen Aktivitäten freigelegten Geländes umfasste ein Volumen von 110 Mio. DM. Im Rahmen des Regionalen Wirtschaftsförderungsprogramms[62] war ein Fördersatz von 80% möglich, während 20% zunächst von der GEG zu tragen waren.

Die Umstellung auf ein Fördermodell war notwendig geworden, weil es schwierig wurde, den anstehenden Finanzierungsbedarf für das Vorhaben zu decken. Grundsätzlich standen für Infrastrukturmaßnahmen zwei verschiedene Finanzierungsprogramme der regionalen Wirtschaftsförderung zur Auswahl: zum einen die „Gemeinschaftsaufgabe zur Verbesserung der regionalen Wirtschaftsstruktur" (GA) von Bund und Land und zum anderen eine Förderung aus den EG-Strukturfonds. Während im Herbst 1991 keine Mittel aus EG-finanzierten Programmen zur Verfügung standen, war der für 1991 verfügbare GA-Bewilligungsrahmen noch nicht ausgeschöpft. Problematisch war hingegen, dass nach dem Rahmenplan der Gemeinschaftsaufgabe und den darauf basierenden Förderrichtlinien des Landes eine Voraussetzung der Erschließung von Industrie- und Gewerbegelände sei, dass auf diesem Gelände nur Betriebe mit Primäreffekt angesiedelt würden. Damit sind Betriebe gemeint, die einen überwiegend überregionalen Absatz haben. Im Fall der Neuen Mitte ging man daher davon aus, die vorgesehenen Einzelhandelsaktivitäten seien nicht förderfähig. Diese Einschränkung gab es bei EG-finanzierten Programmen nicht, die flexibler waren (PUA-Schlußbericht 1995: 159). Nach dem vom Wirtschaftsministerium erlassenen Förderschema aus dem Jahr 1990 für Infrastrukturmaßnahmen war der maximale Investitionszuschuss nach Gesamtvolumen und Förderquote begrenzt. Eine Ausnahme von dieser Regelung wurde bei Maßnahmen von besonderer Strukturrelevanz gemacht, die aus EG-Programmen finanziert werden; hier wurde der Fördersatz auf maximal 80% angehoben. Der Aus-

---

62 „Gemeinschaftsaufgabe zur Verbesserung der regionalen Wirtschaftsstruktur" (GA) von Bund und Land.

gangspunkt für diese Festlegungen war die seinerzeitige akute Mittelknappheit bei GA- und Landesmitteln. Inzwischen hatte sich die finanzielle Situation aber entspannt. Um eine Förderung der ‚Neuen Mitte' zu ermöglichen, wurde das Förderschema per Erlass neu geregelt. Das Großprojekt war damit Anlass, die Bestimmung so zu ändern, „daß die vorgenannten Ausnahmen dann zulässig sind, wenn die Maßnahme aus EG-Programmen finanziert werden kann" (PUA-Schlußbericht 1995: 97, Herv. im Original). Das Planungskonzept enthielt Nutzungen mit Primäreffekt (Gewerbe, Mehrzweckhalle und Hotels), die einen prozentualen Anteil von 35% hatten. Daher wäre dieser Anteil am gesamten Fördervolumen aus Mitteln der GA finanzierbar. Es wurde beschlossen, auch die übrigen 65% zunächst aus diesen Mitteln zu zahlen. 1992 sollte eine Refinanzierung über Mittel aus den europäischen Programmen stattfinden. Diese flexible Lösung bei der Bewilligung von Fördermitteln zeigt, dass die zuständigen Akteure in den Ministerialbehörden auf interministeriellem Weg, an den gegebenen Richtlinien vorbei, eine gemeinsame Lösung erarbeiteten.

2.4.2 Abschluss des ‚Vier-Vertrags-Modells'

Die Umstellung auf das Fördermodell machte eine Überarbeitung der Vertragsentwürfe notwendig. Aus dem bereits ausgehandelten Kaufvertrag zwischen dem Land und Thyssen wurden die zugesicherten Entschädigungszahlungen für die Verlagerungsmaßnahmen (max. 48 Mio. DM/24,5 Mio. Euro) ausgeklammert, da nunmehr das Land bzw. die Grundstücksentwicklungsgesellschaft GEG verantwortlich für die Ausführung der Verlagerungs- und Sanierungsarbeiten war. Thyssen war aber nur damit einverstanden, wenn Thyssenunternehmen mit den Verlagerungsarbeiten beauftragt wurden. Daher wurde ein weiterer Vertrag in das Gesamtpaket integriert, in dem die GEG die Firma Thyssen-Stahl mit der Durchführung der Verlagerungsarbeiten beauftragte. Es wurde einvernehmlich festgelegt, eine öffentliche Ausschreibung dieser Maßnahmen sei nicht erforderlich (PUA-Schlußbericht 1995: 98ff.).

Insgesamt wurden am 5. Dezember 1991 vier Verträge bei dem damit beauftragten Notar beurkundet; drei Kaufverträge und ein Verlagerungsvertrag. Thyssen verkaufte das gesamte Gelände nördlich der Essener Straße und westlich der Osterfelder Straße an das Land NRW (Vertrag Thyssen – Land), das wiederum die Fläche an die GEG weiterveräußerte (Vertrag Land – GEG). Thyssen erreichte damit sein bereits vor Beginn der konkreten Vertragsverhandlungen formuliertes Verhandlungsziel, das Gelände für einen Kaufpreis von 20 Mio. DM (10,2 Mio. Euro) zu veräußern und die auf dem Grundstück befindlichen Infrastruktureinrichtungen auf Kosten des Erwerbers verlagern zu können. Das Grundstück wurde mit allen Aufbauten erworben, darunter Infrastruktureinrichtungen, die die Thyssen Stahl AG für die Betriebsgelände östlich der Osterfelder Straße und für den Verwaltungsbereich Essener Straße benötigte. Da das Kaufgrundstück für das Investitionsprojekt geräumt und baureif hergerichtet werden sollte, mussten die Infrastruktureinrichtungen verlagert werden. Die GEG wurde Trägerin der Abbruch- und Verlagerungsmaßnahmen, beauftragte aber – wie dies von Thyssen in den Verhandlungen verlangt worden war – wiederum die Thyssen Stahl AG, diese Maßnahmen durchzuführen (Vertrag GEG – Thyssen).

Der Vertrag zwischen der GEG und Stadium sah einen Kaufpreis von 60 Mio. DM (30,7 Mio. Euro) für das freigelegte Areal vor (Vertrag GEG – Stadium). Die GEG übernahm die Freilegung, Baureifmachung, Entsorgung des Areals. Der Investor verpflichtete sich wiederum zur Bebauung des Geländes entsprechend dem Kuhn-Plan. Außerdem wurde vereinbart, dass der Investor den Betrieb der zu errichtenden Einrichtungen für zwanzig Jahre sicherstellen sollte. Der Kaufpreis sollte erst dann fällig werden, nachdem die Aufträge für die Freilegung erteilt und die Finanzierung dieser Maßnahmen gesichert worden sind.

Der Beurkundungstermin dauerte nahezu den gesamten Arbeitstag, da verschiedene inhaltliche Einzelaspekte noch beraten und verhandelt werden mussten (PUA-Schlußbericht 1995: 125, 245ff.). Die Stimmung war angespannt, da Einzelfragen noch kontrovers diskutiert wurden. So entstand teilweise ein „gereiztes Klima". Nach Aussagen des Regierungsdirektors „haben wir noch einmal mit Thyssen das Kriegsbeil ausgegraben, weil die uns in einer letzten Fassung die 3,4 Millionen DM für Unvorhergesehenes, die ich ja mehr oder weniger rausgeboxt hatte, wieder aufgeweicht hatten….Dann haben wir wieder Auszeiten genommen, haben alles durchdiskutiert und sind wieder in die Verhandlungen mit Thyssen eingestiegen" (APr 11/651: 157f.). Auch die Übernahme der Planungskosten durch die Stadt Oberhausen im Falle, dass bei dem geplanten Investitionsvorhaben Bauunterbrechungen oder Verzögerungen der Fertigstellung eintreten würden, war bis zuletzt offen. Schließlich einigten sich die Vertragspartner auf die Planungskostenübernahme durch die Stadt, sofern sie ein Verschulden treffe. Um die GEG von sämtlichen Risiken freizustellen, übernahm das Land die Risiken für eventuelle Verteuerungen oder für die Übernahme der Kaufpreiszahlung, falls Stadium dem nicht nachkommen sollte.

Als Ergebnis der Vertragsverhandlungen wurden für das Land NRW folgende Risikoübernahmen festgelegt: Erstens enthielten die Verträge eine Freizeichnungsklausel für Thyssen für etwaige Altlasten zuungunsten des

Landes, zweitens wurde neben der Aufbereitungsverpflichtung der GEG gegenüber dem Investor in den Verträgen zudem vereinbart, dass der Investor die Kosten unvorhergesehener Entsorgungsmaßnahmen und umweltrechtlicher Auflagen bis zu einem Betrag von 5 Mio. DM (2,6 Mio. Euro) tragen würde, das Land übernahm die darüber hinausgehende Summe bis 20 Mio. DM (10,2 Mio. Euro), drittens übernahm das Land das Altlastenrisiko, da eine über die getroffene Risikoverteilung hinausgehende Beteiligung des Investors nicht möglich war. Insgesamt hielt Finanzminister Schleußer die Übernahme der Risiken seines Ministeriums „im Interesse der Entwicklung der Region und zur Verhinderung einer langfristig ungenutzten Industriebrache für erforderlich" (PUA-Schlußbericht 1995: 256). In einer Ministervorlage vom 4.12.1991 hieß es zu den weitgehenden Risikoübernahmen seitens des Landes:

„Die vertragliche Gesamtkonzeption ist so ausgestaltet, daß das Land im Ergebnis weitgehend alle daraus resultierenden finanziellen Risiken zu tragen hat. Hervorzuheben ist, daß sowohl der GEG als auch dem Investor Rücktrittsrechte zustehen, die im Fall ihrer Ausübung entsprechende Rückabwicklungskosten verursachen. Ein Großteil dieser Risiken ist angesichts der belastbaren Zusagen des MWMT tragbar. Das verbleibende Restrisiko (Bonität Stadiums und der GEG, Bodensanierungsrisiko, Bauleitverfahren, insb. Baugenehmigung) muß im Interesse der Strukturverbesserung des Emscher-Lippe-Raumes vom Land übernommen werden. Diese Risiken wären auch nach dem ursprünglichen Konzept (Ankauf und Freilegung durch das Land mit anschließender Weiterveräußerung an Stadium) vom Land zu tragen gewesen" (PUA-Schlußbericht 1995: 123).

2.4.3 Einsatz eines Parlamentarischen Untersuchungsausschusses

Die Veräußerung des Thyssen-Geländes an Stadium hatte auf Landesebene ein parlamentarisches Nachspiel. Widersprüche und Ungereimtheiten und insbesondere die unterlassene rechtzeitige Unterrichtung des Landtags über die Transaktionen machte den Einsatz eines Parlamentarischen Untersuchungsausschusses (PUA) notwendig, wie die Antragsteller in der Plenardebatte im Landtag am 24. März 1992 begründeten (vgl. WAZ Düsseldorf, 26.2.1992). Außerdem bestehe „der Verdacht, dass der Finanzminister die Gewährleistung für noch nicht bekannte Altlasten übernommen hat" (MdL Dr. Linssen, CDU), zudem habe das „Finanzministerium Gelder bewilligt, ohne sorgfältig zu prüfen, ob die Förderkriterien erfüllt waren" (MdL Höhn, GRÜNE). Zur Debatte stand auch die „Rolle, die der Finanzminister gespielt hat, insbesondere, ob er in der Lage war, zwischen den unterschiedlichen Hüten, die er trägt, korrekt zu unterscheiden" (MdL Dr. Rohde, FDP). Er habe die Landesinteressen nicht hinreichend gewahrt. Des Weiteren wurde kritisiert, dass „offenbar Haushaltsrecht mißachtet" worden sei (MdL Dr. Busch, GRÜNE) und die „Landesregierung keine der vielen Möglichkeiten genutzt hat, um hier aufzuklären" (MdL Lanfermann, FDP) (PUA-Schlußbericht 1995: 25).

Der Landtag setzte einen parlamentarischen Untersuchungsausschuss ein, unter anderem mit dem Auftrag festzustellen, ob beim Grundstückskauf das Haushaltsrecht beachtet sowie nach Recht und Gesetz und den üblichen Verfahrensregeln gehandelt worden sei. Die Frage nach der Beteiligung des Landtages war auch Gegenstand eines von den Oppositionsparteien eingeleiteten Verfahrens vor dem Verfassungsgerichtshof. Laut Landeshaushaltsordnung (§64) dürfen landeseigene Grundstücke, die einen erheblichen Wert haben und deren Veräußerung im Haushaltsplan nicht vorgesehen sind, nur mit Einwilligung des Landtages veräußert werden, soweit nicht aus zwingenden Gründen eine Ausnahme hiervon geboten ist. In diesem Fall ist der Landtag alsbald von der Veräußerung zu unterrichten.

Im Fall der ‚Neuen Mitte' wurde keine Einwilligung des Landtages vor dem Abschluss der Verträge mit Thyssen und Stadium am 5.12.1991 seitens des Finanzministers eingeholt. Der An- und Verkauf des Thyssen-Geländes war erst in der Sitzung des Haushalts- und Finanzausschusses vom 13. Februar 1992 und in der Plenardebatte am 20. Februar 1992 intensiv behandelt worden. Dort wurde auch die haushaltsrechtliche Abwicklung des Projekts erörtert. Finanzminister Schleußer erklärte in der Sitzung des Haushalts- und Finanzausschusses, dass die Einwilligung des Landtags nicht eingeholt wurde, weil dies aus „zwingenden Gründen" nicht möglich gewesen sei (PUA-Schlußbericht 1995: 202). Als Grund für die schnellen Entscheidungen, die zum Vertragsabschluss am 5. Dezember 1991 führten, wurde der vom Investor und von Thyssen ausgehende Verhandlungsdruck genannt. So habe der Investor seine Bereitschaft zur Investition von dem Übergang des Grundstücks im Jahr 1991 abhängig gemacht. Der sofortige Abschluss der Verträge wurde zur Bedingung für die weitere Abwicklung des Projektes. Der Investor hatte zudem noch angedeutet, dass es zu Oberhausen auch Alternativen gäbe. Der Aufsichtsratsvorsitzende der GEG Lennings berichtete, dass in Gesprächen mit dem Investor ein gewisser Unmut zu spüren sei, dass es nicht schnell genug voran ginge, denn „es wurden von Mister Healey Parallelen gezogen, daß in Sheffield alles glatter gegangen wäre" (APr 11/577: 161). Er habe sich über Genehmigungsabläufe und über die vielen Abstimmungsbedürfnisse geärgert. Das Drängen des Investors wurde auch damit begründet, dass bereits Investitions- und Vorlaufkosten angefallen seien und dass für die weitere Planung noch im Jahr 1991 eine vertragliche

Grundlage erwünscht wurde. Druck sei auch von der Thyssen AG gekommen, die parallel zu den Grundstücksverhandlungen über ein ‚joint venture' mit einer italienischen Firma, die sich an einem Stahlwerk in Oberhausen beteiligen wollte, verhandelt hätte. Thyssen hatte den Eindruck vermittelt, dass sie das Grundstück lieber behalten als verkaufen wollten (APr 11/577: 141). Am Tag der Beurkundung der Verträge seien außerdem noch Verhandlungen über inhaltliche Aspekte geführt worden. Insofern war aus Sicht der Landesvertreter kein zeitlicher Spielraum für die Benachrichtigung des Landtages vorhanden gewesen. Zudem hatte der Investor einen Vertragsabschluss unter Vorbehalt der Zustimmung des Landtages abgelehnt.

Im Ergebnis stellte der PUA in seiner abschließenden Bewertung der Vorgänge fest, dass nicht eindeutig geklärt werden konnte, ob eine vorherige Beteiligung des Landtages (gem. § 64 LHO) vor der Weiterveräußerung der Grundstücke an die GEG notwendig gewesen wäre. Der Verfassungsgerichtshof entschied in seinem Urteil vom 3. Mai 1994 nicht darüber, ob zwingende Gründe die vorherige Beteiligung des Landtages entbehrlich machten, da auch ein Verstoß gegen § 64 keine Verfassungsverletzung, sondern lediglich die Verletzung einfachen Rechts darstelle. Die Frage, ob die zeitlichen Umstände eine vorherige Beteiligung des Landtages ermöglicht hätten oder zwingende Gründe dem entgegenstanden, ließ der PUA daher als Rechtsfrage offen. In der Frage der Beachtung des Haushaltsrechts stellte der Verfassungsgerichtshof in seinem Urteil fest, der Finanzminister habe das Recht des Landtages (Art. 81 Landesverfassung) verletzt, „indem er in Erfüllung des Kaufvertrages über das Thyssen-Gelände ohne die dafür erforderliche Bewilligung im Haushaltsplan am 31.Dezember den fälligen Kaufpreis von 20 Mio. DM gezahlt hat" (PUA-Schlußbericht 1995: 258). Nur solche Ausgaben seien verfassungsrechtlich zulässig, die von der im Haushaltsplan enthaltenen Zweckbestimmung gedeckt würden. Dieses Prinzip sei verletzt worden, da die in Anspruch genommenen Mittel zweckfremd verwandt worden seien.

Die Oppositionsfraktionen der CDU, FDP und Bündnis 90/Die Grünen machten indes in ihren Minderheitenvoten zu dem Schlussbericht des Untersuchungsausschusses deutlich, dass die „Kontrollorgane der Demokratie" beim Ankauf des Grundstücks umgangen wurden. Der Finanzminister habe bis zum Schluss alle Möglichkeiten ausgelassen, die Oppositionsfraktionen von seinen Plänen zu informieren. Bündnis 90/Die Grünen betonten, „selbst wenn es Minister Schleußer aus zwingenden Gründen unmöglich gewesen wäre, den Landtag über den Verkauf zu informieren und um Einwilligung zu bitten, hätte er ihn anschließend baldmöglichst unterrichten müssen. Das ist nicht geschehen. Obwohl in den Wochen nach den Vertragsbeschlüssen am 5. Dezember 1991 mehrere Sitzungen des Haushaltsausschusses und auch Plenarsitzungen des Landtages stattfanden, hat der Finanzminister es in rechtswidriger Weise unterlassen, seiner Unterrichtungspflicht nachzukommen" (PUA-Schlußbericht 1995: 327).

Insgesamt kam mit dem Einsatz des Untersuchungsausschusses ein besonders spektakuläres parlamentarisches Kontrollinstrument zum Zuge, mit dem das zweifelhafte Agieren des Finanzministers bei dem Grundstücksdeal mit der Thyssen Stahl AG genauer unter die Lupe genommen wurde. Untersuchungsausschüsse können zwar keine Sanktionen verhängen, aber dafür „politische Skandale" vor den Augen der Öffentlichkeit behandeln (Rudzio 1991: 251). Daher befürchtete die politische Spitze in Oberhausen, das „politische Gerangel in Düsseldorf [könne] das Projekt selbst in ein ‚schlechtes Licht' setzen" (taz, 11.3.1992; vgl. WAZ Oberhausen, 17.2.1992).

2.4.4 Die Planverfahren in der Diskussion im Stadtrat

Nachdem der Rat in Oberhausen am 14. Oktober 1991 die Verwaltung damit beauftragte, die planungsrechtlichen Grundlagen für die Realisierung des Projektes zu schaffen, kam es nur selten zu kontroversen Debatten über die Neue Mitte (vgl. Basten 1998). Die Fraktionen im Rat der Stadt Oberhausen unterstützten grundsätzlich, mit Ausnahme der Bunten Liste, die Entwicklung des Großprojektes. Die Bunte Liste verstand sich hingegen als *„kritische Instanz"* und wollte eine öffentliche Debatte über das geplante Vorhaben einleiten. Rückblickend meinte ein Mitglied der Grünen, es sei vorwiegend darum gegangen, Fehlentwicklungen zu zeigen, für die Erarbeitung alternativer Konzepte fehlten ihnen jedoch die Ressourcen.

Am 24. Februar 1992 setzte die FDP-Fraktion im Stadtrat die Rolle des Finanzministers Schleußers im Grundstücksgeschäft auf die Tagesordnung, ohne aber damit das Projekt grundsätzlich zu kritisieren (Ratsprotokoll, 24.2.1992). Stadtverordneter Lanfermann machte deutlich, es gehe seiner Fraktion darum, die „Dinge" auseinander zu halten. Die Fraktionen der CDU und FDP äußerten ihr Missbehagen an der imageschädigenden Diskussion im Landtag und in der Presse. Stadtverordneter Pohlmann (Die Grünen/BL) kritisierte hingegen Finanzminister Schleußer, der am Landtag vorbei gehandelt habe, ebenso sei der Rat von den Überlegungen für eine Verwertung des Grundstücks ausgeschlossen gewesen. Der Fraktionsvorsitzende der SPD Groschek beanstandete daraufhin das Verhalten der Grünen und der BL-Fraktion und wandte sich energisch gegen den Versuch, durch Vermischung sachfremder Dinge Finanzminister Schleußer, dessen Engagement für den Oberhausener Strukturwandel großes Lob verdiene, zu verunglimpfen.

Nachdem die Offenlegung der Bebauungspläne Nr. 275 A mit großer Mehrheit gegen die Stimmen der BL-Fraktion am 2. Juni 1992 beschlossen wurde, geriet das Thema Neue Mitte in den Hintergrund der Arbeit des Stadtrates (vgl. Basten 1998). Erst am 8. Februar 1993 fand anlässlich des Satzungsbeschlusses zum Bebauungsplan 275 A wieder eine inhaltliche Debatte statt (Ratsprotokoll, 8.2.1993). Für diese Sitzung hatten die Fraktionen allgemeine Stellungnahmen vorbereitet, in denen sie ihre Haltung zur Neuen Mitte zum Ausdruck brachten. Für die SPD-Fraktion wies der Stadtverordnete Wehling insbesondere auf die Beschäftigungsperspektive des Projekts hin. Jegliche Kritik am Vorhaben wurde zurückgewiesen, denn „wer [...] die Konzeption der Neuen Mitte nach wie vor in der Öffentlichkeit auf ein rein kommerzielles Einkaufszentrum zu reduzieren versucht, handelt nicht nur leichtfertig, sondern – sofern er dies bewusst tut – eindeutig gegen die Interessen der Stadt, ihren Mitbürgerinnen und Mitbürgern. Wer so handelt ist sich – Herr Pohlmann – seiner kommunalpolitischen Verantwortung nicht bewußt" (Ratsprotokoll, 8.2.1993, Anlage 2).

Auch der Stadtverordnete Eckhold für die CDU-Fraktion beschwor die politische Verantwortung bei der strukturellen Veränderung und Neuordnung Oberhausens. So lasse sich die CDU in Oberhausen auch nicht durch „intellektuelle Zwischenrufer aus den eigenen Reihen" im Düsseldorfer Landtag von ihrer schon mehrmals unterstrichenen positiven Gesamtbewertung des Projekts abbringen. Es gebe zur Neuen Mitte keine wirtschaftlich vertretbare Alternative. Er unterstrich die Absicht, den stetigen Abfluss von Kaufkraft aus Oberhausen zu stoppen. Oberhausen sollte nicht weiterhin als „die ‚graue Maus' unter den Städten des Ruhrgebiets" angesehen werden. Kritisch vermerkte er, die Stärkung der alten Stadtteilzentren sei bisher vernachlässigt worden. Damit sei eine Einschränkung der Wettbewerbsfähigkeit und Chancengleichheit der Oberhausener Einzelhändler verbunden (Ratsprotokoll, 8.2.1993, Anlage 3). Der Stadtverordnete Pohlmann für die BL-Fraktion äußerte grundsätzliche Bedenken an dem Planungsvorgang. Die Beschlussfassung zum Bebauungsplan 275 A und die Grüngestaltungsplanung habe nichts mit Entscheidungsfreiheit zu tun, „geht es doch vielmehr um das Nachvollziehen einer vor über zwei Jahren in kleiner Runde beschlossenen Entscheidung." Statt eines „städtebaulichen Ideen- und Realisierungswettbewerbs mit anschließender öffentlicher demokratischer Entscheidungsfindung" wurde abseits aller Öffentlichkeit „verstärkt über die Filzschiene nach potentiellen Investoren" gesucht (Ratsprotokoll, 8.2.1993, Anlage 4). Zum Abschluss kam für die SPD der Stadtverordnete Groschek zu Wort, der in einer recht überschwänglichen Rede die Neue Mitte als „großen Wurf" feierte, „weil Oberhausen mit diesem Projekt ... herausragen wird aus dem Meer der Tränen, das uns umgibt angesichts der Krisen- und Katastrophenmeldungen" (Ratsprotokoll, 8.2.1993, Anlage 6). Im Anschluss an diese Debatte wurde die Begründung zum Bebauungsplan und die eingegangenen Bedenken und Anregungen diskutiert, um schließlich den Bebauungsplan 275 A und die Grüngestaltungsplanung gegen die Stimmen der Bunten Liste als Satzung zu verabschieden.

Insgesamt war der inhaltliche Beitrag des Rates zu den Planungen der Neuen Mitte gering. Die Kritikpunkte der einzelnen Fraktionen „blieben im gesamten Verlauf des Planverfahrens die gleichen, standen in ihren Grundzügen bereits im Frühjahr 1992 fest und fanden auch keinen erkennbaren Niederschlag bei der Weiterentwicklung der Kuhnschen Rahmenkonzeption in einen fertigen Bebauungsplanentwurf" (Basten 1998: 200). Die Debatten im Rat zeigten deutlich, dass Kritikern meist zur Last gelegt wurde, das Vorhaben schlecht zu reden und damit zu gefährden. Diese Polarisierung in Projektbefürworter und -gegner hat eine konstruktive Auseinandersetzung um die Neue Mitte unmöglich gemacht.

2.4.5 Die Neue Mitte und die Bezirksplanung

Da ein Großprojekt wie die Neue Mitte nicht nur vielfältige Auswirkungen auf die nähere Umgebung hat, sondern auch auf das weitere Umfeld der Nachbarkommunen, stellt sich die Frage, wie sich die Nachbarstädte gegenüber den Planungen zur Neuen Mitte verhielten. Die benachbarten Städte waren insbesondere deswegen von den Planungen betroffen, weil sie davon ausgehen konnten, das geplante Shopping-Center werde unter anderem Konsequenzen für die regionale Kaufkraftbindung und für das Verkehrsaufkommen haben (WAZ Düsseldorf, 27.5.1992).

Im Falle des von der kanadischen Investmentgesellschaft ‚Triple Five' geplanten ‚World Tourist Centers' hatten die Nachbarkommunen Oberhausens und deren Einzelhandelsverbände eine ablehnende Position bezogen, weil sie eine Verlagerung der Kaufkraftströme im Ruhrgebiet und negative Auswirkungen auf ihre Haupt- und Nebenzentren befürchteten (vgl. Blotevogel/Deilmann 1989). Insofern waren die Nachbarstädte an dem Scheitern der Planungen zu dem gigantischen Einkaufszentrum beteiligt. Insgesamt ließ sich die allgemeine Einstellung gegenüber Nachfolgeprojekten nach Bastens (1998: 114) Einschätzung als eine Mischung aus „Mißtrauen und ein wenig schlechtes Gewissen" darstellen.

Die Nachbarstädte – u.a. Essen, Mühlheim, Duisburg, Bottrop – wurden planungsrechtlich in die Neue Mitte eingebunden. Drei Arten von Planungsverfahren waren dabei relevant (Basten 1998: 117): die Änderung des Gebietsentwicklungsplans (GEP), die Verfahren zur Änderung des Flächennutzungsplanes (FNP) und die Aufstellung verschiedener Bebauungspläne in Oberhausen. Die Nachbarstädte mussten dabei zum einen auf lokaler Ebene eine eigene Position und eine offizielle Stellungnahme zu den Plänen erarbeiten, zum anderen waren sie auf regionaler Ebene über die Düsseldorfer Bezirksregierung eingebunden. Von November 1991 an waren sie Träger öffentlicher Belange im Rahmen der Beteiligungsverfahren und wurden um Antworten bis Januar 1992 gebeten. Diese Frist wurde aber verlängert, da zum einen der Bebauungsplanentwurf erst Ende Februar vorlag und zum anderen das Verfahren zur Änderung des Gebietsentwicklungsplanes eingeleitet wurde. Die Komplexität des Vorhabens machte einen längeren Verständigungsprozess notwendig.

Auf der regionalen Ebene war der Regierungsbezirk Düsseldorf, zu dem Oberhausen gehört, von Bedeutung. Hier ist die Bezirksplanungsbehörde für die Regionalplanung im Regierungsbezirk zuständig und erarbeitet die Gebietsentwicklungspläne (GEP). Sie wird dabei von dem Bezirksplanungsrat kontrolliert, der nach Landesplanungsgesetz das Beratungs- und Entscheidungsgremium der Gebietsentwicklungsplanung im Regierungsbezirk ist und aus gewählten Gemeindevertretern der kreisfreien Städte bzw. Kreise besteht. Hier wird auch entschieden, ob Gebietsentwicklungspläne bei vorgesehenen Projektplanungen geändert werden müssen. Nach der ersten offiziellen Präsentation der Planungen zum Großprojekt ‚Neue Mitte' durch die Stadt Oberhausen beim Regierungspräsidenten und den relevanten Dezernaten der Bezirksregierung in Düsseldorf am 14. November 1991 entschied die Bezirksplanungsbehörde, das Vorhaben mache eine GEP-Änderung notwendig. Die Stadt Oberhausen hatte gehofft, dass eine GEP-Änderung nicht erforderlich sei, und auch auf Landesebene war man Mitte 1991 noch davon ausgegangen, sie sei nicht nötig, „so daß eine Abstimmung mit dem Bezirksplanungsrat entfällt" (PUA-Schlußbericht 1995: 77). Am 23. Januar 1992 fasste der Bezirksplanungsrat jedoch einen Erarbeitungsbeschluss zu der 35. Änderung des GEP. Im März wurden die Oberhausener Planungen den Mitgliedern des Bezirksplanungsrates vorgestellt, woraufhin der Beschluss zur Verfahrenseröffnung bestätigt wurde. Hier stimmten drei Vertreter der Grünen dagegen (Basten 1998: 101).

Da die Bezirksplanungsbehörde der Meinung war, das vorhandene Gutachten (Untersuchung des Kaufkraftgefälles zwischen Oberhausen und seinen Nachbarstädten) reiche nicht aus, um die landesplanerische Verträglichkeit des Projektes zu beurteilen, da darin keine Aussagen zu den Auswirkungen auf die Stadt- und Stadtteilzentren der Nachbarstädten enthalten war, gab die Stadt Oberhausen zwei weitere Gutachten in Auftrag; ein Markt- und Standort-Gutachten für den Einzelhandel sowie eine Untersuchung zu der Markt- und Tragfähigkeit der Neuen Mitte (vgl. GfK 1992, ish 1992). Nachdem diese Gutachten erstellt waren, beauftragte der Arbeitskreis ‚Einzelhandel und Verkehr', in dem sich die Nachbarstädte zusammengeschlossen hatten, um die Begutachtung kritisch begleiten zu können, wiederum das Büro Ageplan damit, die vorliegenden neuen Gutachten hinsichtlich ihrer Richtigkeit zu überprüfen (Basten 1998: 105). Bei einem Informationsgespräch im Juli im Rathaus in Oberhausen, wo die Gutachten vorgestellt wurden, gelang es dem Gutachterbüro der Nachbarstädte nicht, die Aussagen der Expertise der Stadt Oberhausen zu enthärten.

Die Nachbarstädte befürchteten negative Effekte infolge eines Kaufkraftabflusses und eines erhöhten Verkehrsaufkommens. Die Kritik am Oberhausener Großprojekt wurde vor allem über die Einzelhandelsverbände und den Verein zur Erhaltung und Förderung der Stadtkultur im Ruhrgebiet organisiert, der unter anderem von dem Geschäftsführer des Essener Einzelhandelsverbandes gegründet worden war (WAZ Düsseldorf, 3.6.1992; NRZ, 1.7.1992). Das Projekt sollte aber nicht gänzlich verhindert werden – auch um ein Zeichen gegen das ‚Kirchturmdenken' im Ruhrgebiet zu setzen. Daher wurde anstatt einer vollständigen Ablehnung des Vorhabens über die Verkaufsflächenbegrenzung verhandelt. Die Stadt Oberhausen erklärte sich nach einer Besprechung mit dem Investor bereit, statt einer Festschreibung der Nettoverkaufsfläche über den Bebauungsplan, eine entsprechende Baulast eintragen zu lassen und den Nachbarkommunen und -kreisen auf Basis einer Verpflichtungsermächtigung zuzusichern, diese Baulast sei nur unter Rücksprache mit ihnen zu ändern (vgl. Basten 1998).[63] Rückblickend wertete der Fraktionsvorsitzende der SPD in Oberhausen das positive Abstimmungsverhalten am Beispiel Duisburg wie folgt: „*Letztendlich war die historische Situation und die Stimmungslage so, dass neben Duisburg-Rheinhausen vor allem Hattingen und Oberhausen durch die Kohle- und Stahlbeschlüsse die großen Verlierer des Strukturwandels waren. Duisburg wurde als Zentrum struktureller Hilfe herausgestellt, die Duisburger haben eine gönnerhafte Geste entwickelt und haben sich dann erbarmt, dem klei-*

---

63 Einige Jahre später regte sich in Oberhausen Kritik an dieser Auflage, die als entwicklungshemmend empfunden wurde. Vgl. Meldung ‚Stadt will die Zwangsjacke abstreifen', in: WAZ Oberhausen vom 9.6.1999.

nen Nachbarn Oberhausen eine solche Entwicklungschance nicht zu verbauen."

Mitte Oktober 1992 wurde schließlich die Aufstellung der 35. Änderung des GEP beschlossen. Die ehemaligen Thyssen-Flächen sollten in einen Wohnsiedlungsbereich umgeformt werden. Damit wurden die planungsrechtlichen Voraussetzungen für die Errichtung des Einkaufszentrums geschaffen. Der Beschluss enthielt auch eine Begrenzung der Verkaufsfläche auf 70.000 m² und eine Anbindung an Alt-Oberhausen durch eine neue ÖPNV-Trasse. 24 von 29 anwesenden Vertretern aus den umliegenden Städten und Gemeinden stimmten im Bezirksplanungsrat für die Änderung des Gebietsentwicklungsplans. Dagegen sprachen sich drei Vertreter der Grünen und zwei CDU-Abgeordnete (NRZ, 16.10.1992).

Das Ergebnis macht deutlich, dass es den Nachbarstädten trotz ihrer Bedenken hinsichtlich der regionalen Auswirkung des Shopping-Malls nicht darum ging, das Vorhaben zu verhindern. Mit dem GEP-Änderungsverfahren waren zwar politische Auseinandersetzungen verbunden, aber letztlich fand sich eine breite Mehrheit für das Oberhausener Großprojekt. Aus der Ablehnung der Triple Five-Projektidee hatte die Stadt Oberhausen die Lehre gezogen, insbesondere die Nachbarstädte erst dann zu informieren, wenn das Vorhaben unterschriftsreif war. Nach Bekanntgabe der Pläne wurden die Nachbarstädte intensiv eingebunden, wie ein leitender Mitarbeiter der Verwaltung in Oberhausen in einem Interview deutlich machte: *"Nachdem wir uns mit Healey über den Kaufvertrag und auch über den Inhalt des Bebauungsplans einig waren, haben wir frühzeitig die Nachbarstädte eingeladen, diesen Prozess ständig zu begleiten, wir haben mehrere Arbeitskreise gegründet, zu denen Vertreter der Kommunen eingeladen wurden...Ein großer Vorteil war, und das hat sicher manchem das Wasser aus den Mühlen genommen, dass wir sie frühzeitig beteiligt haben...die Argumente waren im Vorfeld schon bekannt, wir konnten dagegen argumentieren. Das bedeutete auch einen Zeitgewinn."*

Das Vorgehen der Bezirksplanungsbehörde war in diesem Planungsfall auf Konsens ausgerichtet. Basten (1998: 107) zeigt, wie es der Behörde gelang, durch ein konsensual orientiertes Vorgehen die Nachbarstädte, -kreise und IHKs in ein kooperatives Planungsverfahren einzubinden. Ein Streit zwischen Oberhausen und den Nachbarstädten sollte vermieden werden. Die Vorgehensweise im Fall der Neuen Mitte unterschied sich von den üblichen GEP-Änderungsverfahren darin, dass ein enger Zeitrahmen von der Stadt Oberhausen bzw. vom Investor vorgegeben war. Um alle Interessen zu berücksichtigen, übernahm die Behörde eine Vermittlerrolle. Um das

Verfahren zu versachlichen, wurde bei der Beurteilung des Vorhabens vorwiegend auf externe Gutachter zurück gegriffen. Da das geplante Einkaufs- und Freizeitzentrum der Stadium-Gruppe die ungeteilte Unterstützung der Landesregierung fand, lässt sich vermuten, dass sich die Nachbarstädte auch an das Votum des Landes anpassten, nicht zuletzt waren sie sich ihrer Abhängigkeit vom Land bewusst (z.b. bei der Vergabe von Fördermitteln) (vgl. Basten 1998). Aber auch parteipolitische Faktoren hatten Einfluss auf das Verhalten der Nachbarstädte. Von sozialdemokratischer Seite wurde in den umliegenden Kommunen, wie es ein Mitglied des Landtages von Bündnis 90/Die Grünen in einem Interview auf den Punkt brachte, *„auf der reinen Parteischiene"* Überzeugungsarbeit geleistet. Der eigentliche politische Prozess fand auf bilateraler Ebene zwischen dem Finanzminister Schleußer, Oberstadtdirektor Drescher und den sozialdemokratischen Parteifreunden in den Nachbarstädten statt. Da die Sozialdemokraten auch hier noch *„fest im Sattel saßen"*, waren diese informellen Aushandlungsprozesse erfolgreich. Während die *„SPD-Fraktionen solidarisch in die Pflicht genommen wurden"*, fand auf der formellen Ebene, dem Bezirksplanungsrat, kaum noch Meinungsbildung statt. Dass ein gutes sozialdemokratisches Netzwerk herrschte, bestätigte auch der Fraktionsvorsitzende der SPD in Oberhausen in einem Interview: *„Wir hatten damals eine sehr gut und stark funktionierende Fraktionsvorsitzendenrunde im Ruhrgebiet, wo ich schon Sprecher war, über diesen Weg hatte ich Zugang zu wichtigen Entscheidungsträgern in der Region. Auch durch persönliche Verbundenheit ist man zu dem Schluss gekommen, durch regionale Vetos so etwas nicht zu verbauen, das möglichst konstruktiv im Bezirksplanungsrat z.B. zu begleiten."*

2.4.6 Realisierung der Neuen Mitte

Im September 1994 erfolgte die Grundsteinlegung für das Einkaufszentrum in der Neuen Mitte, genau zwei Jahre später wurde das CentrO eröffnet (vgl. BMVBW 1999). Das Areal besteht aus ca. 70.000 qm Einzelhandelsfläche, einem Gastronomiezentrum, einer CentrO-Promenade mit Gastronomie und einem Multiplex-Kino, einer Musicalhalle und Parkhäusern mit 10.500 Stellplätzen. Des Weiteren sind Komplementäreinrichtungen entstanden: eine Veranstaltungshalle mit 12.000 Sitzplätzen (Arena), ein Businesspark, ein Hotel an der CentrO-Allee und ein ca. 8 ha großes Freizeitgelände

(CentrO-Park) (Stadt Oberhausen 2000: 17). An privaten Mitteln flossen bis 1997 ca. 1,5 Mrd. DM (770 Mio. Euro) in den Standort.[64] Öffentliche Investitionen und Fördermittel wurden schwerpunktmäßig für die Flächenreaktivierung (ca. 150 Mio. DM/76,7 Mio. Euro) und den Ausbau des öffentlichen Nahverkehrs (ca. 300 Mio. DM/153,4 Mio. Euro) eingesetzt. Zur Neuen Mitte zählte nicht nur das Einkaufs- und Freizeitzentrum, sondern auch das im Kontext der Internationalen Bauausstellung IBA umgestaltete ehemalige Werksgasthaus von Thyssen zu Technologiezentren (72,6 Mio. DM/37,1 Mio. Euro) und der Gasometer als Ausstellungshalle (16 Mio. DM/8,2 Mio. Euro) an der ‚Allee der Industriekultur'. Zum Zeitpunkt der Eröffnung des CentrO waren der Autobahnanschluss und die Anbindung der Neuen Mitte durch das ÖPNV-System realisiert worden.[65] 1994 hatte die bauliche Realisierungsphase des Umbaus der Osterfelder Strasse zur Autobahnanschlussstelle Osterfeld als auch der neuen ÖPNV-Trasse zwischen Oberhausener Hauptbahnhof und Dorstener Strasse begonnen. Schwierigkeiten bereitete dabei die Finanzierung der Haltestelle, da der prämierte Entwurf eine kostspielige Dachkonstruktion vorsah, die die Fördermöglichkeiten des Gemeindeverkehrsfinanzierungsgesetzes überschritt (vgl. Basten 1998). 1995 leitete Oberstadtdirektor Drescher das Vergabeverfahren ein, um den Zeitplan einzuhalten. Bis dahin gab es noch keine Lösung für die Deckung der Finanzierungslücke. Insgesamt belief sich der Fördermitteleinsatz für die zentrale ÖPNV-Trasse auf 256,3 Mio. DM (131 Mio. Euro), dabei brachte das Land 195,6 Mio. DM (100 Mio. Euro) auf, der Eigenanteil der Stadt belief sich auf 60,7 Mio. DM (31 Mio. Euro) (vgl. Stadt Oberhausen 1997).

Zwischen CentrO und Rhein-Herne-Kanal waren auf dem ca. 12 ha großen ehemaligen Zementwerksgelände mit rechtskräftigen Bebauungsplänen ein Großaquarium und ein künstliches Hafenbecken mit Wassersport-Einrichtungen ausgewiesen worden (vgl. Stadt Oberhausen 2000). Neben der Marina waren auch Wohnungen eingeplant – 400 bis 550 Wohneinheiten im öffentlich geförderten Geschosswohnungsbau. Nachdem ein Investor abgesprungen war, erwarb die Oberhausener Baufördergesellschaft das Ge-

---

64 Einkaufszentrum – 900 Mio. DM (460 Mio. Euro), Promenade und Kino – 100 Mio. DM (51,1 Mio. Euro), Freizeitpark – 70 Mio. DM (35,8 Mio. Euro), Erschließung – 125 Mio. DM (64 Mio. Euro), Gewerbepark CentrO. – 300 Mio. DM (153,4 Mio. Euro), Mehrzweckhalle Arena – 100 Mio. DM (51,1 Mio. Euro) (Stadt Oberhausen 1997: 11). Zur Realisierung des Vorhabens unterzeichnete der britische Investor (Stadium-Gruppe) einen Kooperationsvertrag mit dem europäischen Großkonzern P & O, die sich mit 50% an dem Projekt beteiligte. Siehe dazu Meldung ‚Großkonzern steigt in Neue Mitte ein', in: WAZ Oberhausen vom 22.1.1993.
65 Der Straßenbau belief sich auf etwa 70 Mio. DM (35,8 Mio. Euro) (Willke 1997: 37)

lände für 8,1 Mio. DM (4,1 Mio. Euro) von der GEG mit dem Auftrag, Investoren zu finden (Basten 1998: 187). Die Realisierung des Marina-Geländes scheiterte aufgrund der fehlenden Finanzierung. Auf der vorgesehenen Fläche für den Wohnungsbau entstand stattdessen ein Ausstellungsgelände für Musterfertighäuser. Damit musste die Stadt eingestehen, dass der Wohnungsbau, der das Großprojekt städtebaulich in Oberhausen integrieren sollte, nicht zu realisieren war.

Nach Ansicht der Stadt Oberhausen war die Realisierung des CentrO und der angrenzenden Einrichtungen nur ein erster Schritt bei der Umsetzung des Strukturwandelkonzepts Neue Mitte. Vom CentrO erhoffte man sich die Rolle eines „Katalysators" und „Frequenzbringers", und wurde daher als „Marketinginstrument" für den weiteren Strukturwandel bezeichnet (Stadt Oberhausen 2000: 11). Im Jahr 2000 wandte sich die Stadt dem 63 ha großen Gelände des Stahlwerks Oberhausen zu, das südlich der Emscher in unmittelbarer Nachbarschaft des CentrO liegt. Die städtische Projektentwicklungs- und Beteiligungsgesellschaft PBO, war im November 1999 Eigentümerin des Geländes geworden, sie sollte es über ihre Tochtergesellschaften O.vision Projektgesellschaft mbH und O.vision Zukunftspark Oberhausen GmbH entwickeln und vermarkten. Dafür wurde das Frankfurter Architektenbüro Albert Speer & Partner (AS&P) mit der Erstellung eines Masterplans beauftragt, mit der Vorgabe, dabei die Nutzungen „Entertainment und Infotainment" zu berücksichtigen (Beschlussvorlage, 26.2.2000).

Neben der Sorge negativer Auswirkungen des Großprojekts auf den Bestand der Stadtzentren in Oberhausen und in der Region und einer damit verbundenen Verschärfung des interkommunalen Wettbewerbs um Kaufkraft (vgl. Micosatt 1992) war die Frage nach der Anzahl und der Qualität der Arbeitsplätze in der Neuen Mitte Streitpunkt zwischen der Ratsspitze und der Opposition (vgl. Wilke 1997). Möglichst viele Arbeitsplätze – über 10.000 – sollte die Ansiedlung in der geografischen Mitte der Stadt rechtfertigen. 1997 legte die Stadt Zahlen vor, die von 4.415 geschaffenen Arbeitsplätzen im Bereich Einkaufen, Gastronomie und Kino/Arena und Freizeit ausgingen. Davon entfielen 3.848 auf das Einkaufszentrum mit Gastronomie und Kino (vgl. Stadt Oberhausen 1997). 45% der Arbeitsplätze waren Vollzeit (2015), 16,2 % stellten versicherungspflichtige Teilzeitbeschäftigte (715) dar, 36,6% (1614) arbeiteten auf 610 DM-Basis (ohne Versicherungspflicht). 446 Arbeitsplätze wurde in die neue Mitte von anderen Standorten und aus Oberhausen (86) verlagert. Für die Kritiker bestätigte sich damit, dass die Neue Mitte keine wesentliche Erleichterung auf dem Arbeitsmarkt gebracht hatte. Im Juni 1997 habe das Arbeitsamt Oberhausen mit 13.771 Arbeitslosen 3.500 Arbeitslose mehr ausgewiesen als 1992 (Wilke 1997:

37). Ein weiteres Problem stellten die Auswirkungen des Großprojekts auf die vorhandene Zentrenstruktur in Oberhausen dar. Nach Wilke (1997) gaben zwischen 1992 und 1996 51 Geschäfte ihren Betrieb mit Räumungsverkäufen in Oberhausen auf. Die alte Innenstadt sei von einer zunehmenden „Aldisierung" gezeichnet. Die beiden „Kaufstrom-Magnete" Kaufhof und C&A haben eine Dependance im CentrO. Der Kaufhof tätigt unter Angebotsreduzierung seine Geschäfte auch am Altstandort. Derzeit würden 16 Ladenlokale in der alten Mitte von Oberhausen leer stehen – acht davon in 1a- bzw. 1b-Lagen der Marktstraße (Wilke 1997: 37). Während Alt-Oberhausen Umsatzverluste verzeichnete, seinen überörtlichen City-Charakter verlor und sich zwangsläufig zu einem Nahversorgungszentrum mit einer veränderten Struktur des Angebots (kurzfristige Angebote, Fast Food) wandelte, hat sich hingegen Sterkrade behaupten können. Dort reagierte die Interessengemeinschaft (STIG) mit einem Marketingprogramm auf die Eröffnung des CentrO.[66] Insgesamt verstärkte das CentrO die Konkurrenz um Kaufkraft nicht nur in der Region, sondern auch innerhalb Oberhausens.

Zusammengefasst bleibt für die Umsetzungsphase festzuhalten, dass das Großprojekt nicht nur durch das Vorhandensein eines Großinvestors realisiert werden konnte, sondern auch infolge eines erheblichen Einsatzes von Fördermitteln für die Flächensanierung und die öffentliche Infrastruktur. ‚Kooperatives Verwaltungshandeln' ist das Stichwort, mit dem die Mobilisierung von Fördermitteln auf Ministerialebene gelungen war und mit dem auf Stadtverwaltungsebene in eigens für das Projekt eingerichteten Projektarbeitsgruppen die Planverfahren zügig bearbeitet werden konnten. Auch wenn das Einkaufs- und Freizeitzentrums als Katalysator bezeichnet wurde, mit dem weitere Investitionsvorhaben z.B. für das Marina-Gelände angezogen werden sollten, erlahmte die Projektentwicklungsdynamik nach der Eröffnung des CentrO.

2.5 Zusammenfassung

Als die Stahlwerksbetriebe in Oberhausen stillgelegt wurden und eine großflächige Brache inmitten der Stadt zurückblieb, wurde ein Investor gesucht, der mit einem spektakulären Projekt neue Arbeitsplätze schaffen sollte. Die Wirtschaftsförderer favorisierten die Ansiedlung eines Großinvestors. Be-

---

66 Interview mit dem Fraktionsvorsitzenden der SPD in Oberhausen im Januar 2001.

günstigt wurde diese Haltung durch den Glauben an Lösungen ‚aus einem Guss', mit denen die Perspektivlosigkeit beendet werden sollte. Die Abstimmung zwischen Spitzenpolitikern, Verwaltungsspitze und einem Großinvestor ist zudem eine Konstellation, die im Ruhrgebiet Tradition hat. Daher fand der Projektvorschlag des britischen Großinvestors Healey für ein großes Einkaufs- und Freizeitzentrum breite Zustimmung. In diesem Vorhaben, das beispielhaft für das Investorenmodell steht, war der britische Investor von Anfang an in die Planungen eingebunden, kaufte das Grundstück und übernahm die innere Erschließung des Geländes; die Konzeptentwicklung und die späteren Baumaßnahmen erfolgten in Abstimmung mit dem städtebaulichen Rahmenplan der Stadt Oberhausen. Damit das private Investitionsinteresse tatsächlich realisiert werden konnte, schaffte die öffentliche Hand Anreize von der Altlastenbeseitigung über die Freilegung bis zur Erschließung des Geländes durch den ÖPNV und durch einen neuen Autobahnanschluss. Das Einkaufszentrum CentrO stellt den ökonomischen Kern der Neuen Mitte dar und soll für die weitere Entwicklung des Standorts als Katalysator dienen. Dennoch konnten einzelne Teilprojekte wie das Marina-Gelände und der Wohnungsbau wegen fehlender Finanzierung nicht verwirklicht werden.

Für die Anfangsphase bestimmend war die dominante Rolle der Landesregierung, die sich über das normale Maß hinaus für die eigentlich kommunale Aufgabe der Stadtentwicklung engagierte. Als entscheidend für die Projektentwicklung erwies sich das starke Engagement von Promotoren bzw. öffentlichen Schlüsselfiguren in Person des Finanzministers auf Landesebene und des Oberstadtdirektors auf kommunaler Ebene. Politiker wurden zu Projektmanagern und wirkten auf eine effektive und schnelle Durchführung des Projekts hin. Da ein gutes sozialdemokratisches Netzwerk herrschte, konnte durch die Partei die Meinung der Nachbarstädte zur Änderung des Gebietsentwicklungsplanes beeinflusst werden.

In der Umsetzungsphase des Projekts wurden neue Strukturen des Projektmanagements eingeführt. Durch die Schaffung eines Koordinierungsbüros sowie eines Arbeitskreises gelang eine Anpassung der Verwaltungsstrukturen an die Anforderungen einer querschnittsorientierten Bearbeitung des Großprojekts. Neben diesen Verfahren, die auf Kommunikation und Konsensorientierung setzen, waren es immer wieder Machtpotenziale der Projektpromotoren, die zentrale Entscheidungen im Planungsverlauf herbeiführten. Bürokratische Verfahren konnten dadurch zum Teil umgangen werden. So konnten die Vorarbeiten der Projektentwicklung vorwiegend auf informellen Wege zustande kommen. Informelle Kooperation sind aber meist undurchschaubar für Dritte. Die Öffentlichkeit in Oberhausen und die

Nachbarstädte sollten erst dann von dem Vorhaben erfahren, wenn die Planungen so weit fortgeschritten waren, dass es kein ‚Zurück' mehr geben konnte. Ziel dieses taktischen Umgangs vor allem mit den demokratischen Kontrollorganen war es, eine grundsätzliche Debatte über das Projekt zu vermeiden. Durch die gewählte Informationspolitik wurde stattdessen zu einem bereits fortgeschrittenen Zeitpunkt Zustimmungsdruck auf die politischen Entscheidungsgremien ausgeübt.

Da alternative Entwicklungspfade fehlten und die Stadt nicht auf das Vorhaben des englischen Investors verzichten wollte, waren die öffentlichen Verhandlungspartner in einer vergleichbar schwachen Verhandlungsposition und mussten sich an die Bedingungen der privaten Verhandlungspartner anpassen, die ihre Interessen durchzusetzen wussten. Die schwache Position des Landes begründete auch die Kompromisslosigkeit, mit der vor allem die Thyssen Stahl AG die Verhandlungen führte, und schließlich das im Ergebnis ausgehandelte hohe finanzielle Risiko zu Lasten des Landes. Der von den privaten Verhandlungspartnern ausgeübte Zeitdruck wurde als ‚zwingender Grund' genannt, warum der Finanzminister keine Einwilligung des Landtages vor dem Abschluss der Verträge mit Thyssen und Stadium eingeholt hatte. So wurde das Verfahren im ‚Dienst der Sache' verkürzt, um noch 1991 zu einem gesamten Vertragswerk zu kommen. Die Schlüsselfiguren hatten sich in ihrer Rolle als ‚politische Unternehmer' an die Handlungslogik der privaten Akteure angepasst, die ihr Handeln nicht demokratisch legitimieren mussten. Die damit verbundene Umgehung der demokratischen Kontrollorgane sowie die Missachtung haushaltsrechtlicher Vorgaben auf Landesebene hatte ein parlamentarisches Nachspiel und führte zur Einsetzung eines Parlamentarischen Untersuchungsausschusses. Mit diesem spektakulären Kontrollinstrument politischer Skandale des Parlaments wurde zwar eine öffentliche Debatte über die zweifelhafte Rolle des Finanzministers bei dem Grundstückskauf mit der Thyssen AG in Oberhausen erzwungen, weitere Folgen hatte der Einsatz des Untersuchungsausschusses jedoch nicht. Das Investorenprojekt wurde mit breiter Unterstützung der Oberhausener Ratsfraktionen, mit Ausnahme der Bunten Liste, in öffentlich-privater Kooperation weitergeführt.

C. Lille

1. Das ‚lokale System' in Frankreich

1.1 Stadtentwicklungspolitik in der ‚Métropole du Nord'

Die Industrieregion Nord-Pas-de-Calais hat seit den 1960er Jahren ähnlich wie das Ruhrgebiet eine intensive Strukturkrise durchlitten (vgl. Battiau 1995, Loréal/Moulaert/Stevens 1996). Im 19. Jahrhundert war Lille Zentrum des europäischen Textilhandels. Einst regionales Zentrum an der französischen Peripherie, entwickelte sich die Region zu einem der wichtigsten Ballungszentren Frankreichs und zu einem Knotenpunkt zwischen den britischen Inseln und dem kontinentalen Europa. Neue Arbeitsplätze konnten vor allem durch den Ausbau Lilles als Logistikzentrum geschaffen werden. Nicht alle Städte in der Region profitierten in gleichem Maße von der Tertiärisierung; die Umstrukturierung der Wirtschaft beispielsweise in Roubaix-Tourcoing gestaltete sich schwierig (vgl. Bruyelle 1991). Daher bestehen starke Disparitäten in der Region (vgl. Dormand u.a. 1998, ADU 2000).

Als zentraler Wendepunkt in der jüngeren Geschichte von Lille erwies sich die Absicht der britischen Premierministerin Thatcher und des französischen Präsidenten Mitterand, beide Länder durch einen Eurotunnel unter dem Ärmelkanal zu verbinden.[67] Die endgültige Entscheidung fiel am 20. Januar 1986 symbolträchtig im Rathaus von Lille, wo das französisch-britische Abkommen unterschrieben wurde (vgl. Paris/Stevens 2000). Auf europäischer Ebene liefen zudem Verhandlungen über eine nordeuropäische TGV-Strecke, und so folgte 1987 ein weiterer, für die Entwicklung des europäischen Verkehrsnetzes und für Lille als zukünftiger Bahnknotenpunkt wichtiger Schritt: Die Verkehrsminister Frankreichs, Belgiens und Deutschlands unterzeichneten einen Vertrag über die gemeinsame Entwicklung des nordeuropäischen Hochgeschwindigkeitsnetzwerkes in La Haye (Le Monde, 12.10.1987). Für die Region Nord-Pas-de-Calais öffnete der Tunnel unter

---

67 Bei der Realisierung dieses Verbindungsstücks handelte es sich um ein öffentlich-privates Partnerschaftsprojekt. Die Finanzierung des Tunnels erfolgte ausschließlich durch den privaten Sektor. Private Unternehmen übernahmen darüber hinaus Planung, Bau und Betrieb. Der Tunnelverlauf wie auch die Zugangsstraßen wurden in Kooperation mit staatlichen Behörden festgelegt. Der Staat war – zusammen mit regionalen Gebietskörperschaften – auch für den Bau dieser Zufahrtsstraßen zuständig (vgl. Ascher 1993).

dem Ärmelkanal, der TGV-Halt in Lille und der europäische Binnenmarkt „neue Türen" (FES 2000: 38, vgl. auch Levine 1994). Für Belgien, die Niederlande und für Großbritannien stellt Lille das Tor nach Frankreich dar. Umgekehrt ist Lille für einen Großteil der Warenströme aus den südeuropäischen Märkten „ein obligatorischer Kreuzungspunkt" auf dem Weg in die Nachbarländer (FES 2000: 38). Von diesen Ereignissen ging eine neue Rolle für die Region aus, und damit wuchs auch der Bedarf nach einer kohärenten Entwicklungsstrategie. Der Eurotunnel und die Hochgeschwindigkeitsstrecke haben sich heute als der „entscheidende Moment" erwiesen, an dem die Entwicklung des Ballungsraums in eine „metropolitane Logik" überging (Paris/Stevens 2000: 153). Von nun an begann eine gemeinsame Anstrengung von Politik und Wirtschaft für die zukünftige Entwicklung der Region.

Für die Stadtentwicklungspolitik in dem Ballungsraum von Lille spielt der Stadt-Umland-Verband eine große Rolle. Mitte der 1960er Jahre wurden diese Verbände im Zuge der staatlichen Raumordnungspolitik geschaffen, die das Ziel verfolgte, mehrere neue Agglomerationen (‚métropole d'equilibre') als Gegengewicht zur dominanten Hauptstadtregion und somit eine ausgeglichene wirtschaftliche Entwicklung zwischen dem Südwesten, dem Nordosten sowie dem Pariser Raum herzustellen.[68] Lille wird seitdem ‚Métropole du Nord' genannt. In institutionelle Formen gegossen wurde diese Politik 1966 mit der Gründung der Stadt-Umland-Verbände; die lokale Entwicklung sollte durch eine gemeinsame Institution koordiniert werden. Die am Verband beteiligten Städte mussten daher Kompetenzen im Bereich des Städtebaus und der Stadtplanung abgeben (vgl. Mazet 2000). Für diesen Zweck haben die Verbände beträchtliche finanzielle Ressourcen zur Verfügung, da sie staatliche Subventionen und Steuereinnahmen der am Verband beteiligten Kommunen erhalten. Damals wurden vier Verbände zwangsweise geschaffen: im Ballungsraum Lille-Roubaix-Tourcoing, Bordeaux, Lyon und Straßburg. Wegen ihres obligatorischen und technokratischen Charakters wurde den Stadt-Umland-Verbänden schon früh vorgeworfen, die kommunale Selbstverwaltung zu schwächen. Bis auf sieben weitere freiwillige

---

68 Neben Lille-Roubaix-Tourcoing sollten unter anderen Marseille, Metz-Nancy, Lyon-Saint-Etienne-Grenoble, Nantes-Saint-Nazare ein Gegengewicht zur Pariser Region bilden. Dafür wurde die Infrastruktur ausgebaut und die Ansiedlung von Dienstleistungen in den Stadtzentren gefördert (vgl. Mazet 2000).

Gründungen[69] wurden keine weiteren Einrichtungen dieser Art gegründet (vgl. Stumm 1999).

Die Communauté Urbaine de Lille (CUDL) ist eine Ansammlung von 88 Städten, von denen nur vier über 50.000 Einwohner haben (Lille, Roubaix, Tourcoing, Villeneuve d'Ascq). Der Rat des Stadt-Umland-Verbandes wird von den jeweiligen Stadträten der beteiligten Städte gewählt. Der Verbandsrat repräsentiert die Kommunen im Verhältnis zu ihrer Bevölkerungszahl. Insgesamt hat sich der Stadt-Umland-Verband von Lille als wichtiger Akteur unter anderem im Bereich der wirtschaftlichen Umstrukturierung des Ballungsraumes erwiesen. Loréal, Moulaert und Stevens (1996) weisen aber darauf hin, dass lange keine kohärente Entwicklungsstrategie existierte, wofür Rivalitäten zwischen den zahlreichen Städten, die sich in Größe und Wirtschaftskraft stark unterscheiden, verantwortlich waren.

Die interkommunale Konkurrenz wurde durch Regelungen im Rahmen der Dezentralisierungsreform aus dem Jahr 1982 (siehe unten) verschärft. So haben die Kommunen die Möglichkeit, durch direkte Förderung (Fördermittel für Gewerbegründung oder für die Schaffung von Arbeitsplätzen) und indirekte Unterstützung wie der Subventionierung von Miet- oder Verkaufsflächen die wirtschaftliche Entwicklung voranzutreiben. Die Struktur des Steuersystems hält die Stadträte in den Kommunen davon ab, die Kompetenzen der Wirtschaftsförderung an die CUDL abzugeben. Die Gewerbesteuer geht direkt an die Kommunen. Daher wurden ohne eine übergeordnete Koordination Gewerbezonen ausgewiesen und Wirtschaftsunternehmen angeworben und angesiedelt (vgl. Loréal/Moulaert/Stevens 1996). Diese interkommunale Konkurrenz geht auf eine lange Rivalität zwischen den Kommunen zurück (vgl. Cole 1996). Dem Stadt-Umland-Verband fehlte es aufgrund seiner Zusammensetzung an der die einzelnen Gemeinden übergreifenden Legitimität, die es ihm erlauben würde, Konflikte und Blockierungen zu überwinden (vgl. Hoffmann-Martinot 1999). Bis in die 1980er wurde die CUDL als zerstückelter Ballungsraum bezeichnet (‚métropole en miettes'). Oft war es das „Misstrauen der kleineren Städte" gegenüber den größeren, die die Politik im Stadt-Umland-Verband geprägt hat (Bruyelle 1991: 128). Dieser Konflikt erklärt auch die Krise des CUDL Ende der 1980er Jahre, die bis zur Wahl des Bürgermeisters von Lille, Pierre Mauroy, andauerte. Sein Vorgänger Arthur Notebart hatte achtzehn Jahre lang re-

---

69 Dunkerque, Le Creusot-Montceau-les Mines, Le Mans, Brest, seit 1995 Alencon, Arrras und Nancy (Mazet 2000: 137).

giert.[70] Der Stadt-Umland-Verband war oft Schauplatz von Rivalitäten zwischen politischen Gruppierungen, großen und kleinen Städten oder zwischen Personen. Erst mit dem Bürgermeister von Lille als Präsidenten des CUDL wurde ein Politikstil eingeführt, der stärker auf interkommunale Zusammenarbeit setzte (vgl. Lille Métropole 1998, Pradeilles 1993). Bruyelle (1991: 133) sprach sogar vom Beginn einer ‚politique de solidarité', auf die erste Entscheidungen Anfang der 90er Jahre hindeuteten.

Dass Pierre Mauroy gleichzeitig Bürgermeister und Präsident des Stadt-Umland-Verbandes sein konnte, ist auf die in Frankreich mögliche Praxis der Ämterhäufung zurückzuführen.[71] Bürgermeister haben dadurch Einflusspotenziale auf unterschiedlichen politischen Ebenen.[72] 1985 wurde per Gesetz die Möglichkeit der Ämterhäufung für Bürgermeister von Städten mit über 20.000 Einwohnern eingeschränkt, so dass sie seitdem maximal zwei lokale oder nationale Mandate innehaben können (vgl. Mabileau 1996).[73]

Der Wahl Mauroys zum Präsidenten der CUDL vorausgegangen war eine Initiative der Bürgermeister der großen Städte Lille, Roubaix, Tourcoing, Villeneuve d'Ascq, Marq-en-Baroeul, ein gemeinsames interkommunales Programm zu definieren (vgl. Stevens 1993). Die Vorschläge der Bürgermeister wurden im November 1988 in einer Charta zusammengefasst. Zum ersten Mal wird darin ausdrücklich betont, ein Gleichgewicht innerhalb der Metropole und einen Ausgleich zwischen den Kompetenzen der Kommunen

---

70 Wegen seines autoritären und unkooperativen Politikstils wurde er als „König Arthur" bezeichnet (vgl. Bruyelle 1991).
71 Pierre Mauroy wurde zunächst 1973 Bürgermeister von Lille, nach einer kurzen Unterbrechung 1981 als Premierminister, nahm er das Amt 1983 wieder an, vgl. Meldung „La retraite active de Pierre Mauroy", in: Le Monde vom 16.2.2001, S. 12.
72 Hervorzuheben ist die starke Stellung des Bürgermeisters im ‚lokalen System' Frankreichs; er bestimmt die kommunalpolitische Szene. Oft wird diese ‚Allmacht des Bürgermeisters' durch eine lange Amtsdauer und durch die Praxis der Ämterhäufung verstärkt (vgl. Hoffmann-Martinot 1999).
73 Für die gewählten Vertreter sind die Kommunen die optimale Ebene, von der aus sie ihre politische Karriere gestalten können. Die Ämterhäufung ist Bestandteil des klassischen politischen Karriereverlaufs: „Der Notable klettert die lokale politische Karriereleiter empor (Stadtrat, Bürgermeister, Departmentrat, Regionalrat), um gegebenenfalls – dies betrifft eine Minderheit – in das Parlament (Nationalversammlung, Senat) vorzustoßen" (Mabileau 1996: 68). Je mehr Mandate ein Politiker auf sich vereinigen kann, desto stärker wird seine Position innerhalb dieses Geflechts auf Kosten z.B. „kleiner Nur-Bürgermeister". Auch heute noch sind die Beziehungen eines Bürgermeisters um so effizienter, je weiter sie in die Schaltstellen der Zentralregierung hineinreichen (vgl. Stumm 1999). Es gibt sogar Untersuchungen, die einen Zusammenhang feststellen zwischen der Qualität des Beziehungskapitals eines Bürgermeisters und dem Ausmaß der infrastrukturellen Ausstattung oder der Qualität der Serviceleistungen einer Stadt (vgl. Große/Lüger 1989).

schaffen zu wollen (vgl. Lille Métropole 1998). Insgesamt wurden drei Zielsetzungen für die Strategie einer Stadtentwicklungspolitik mit europäischer Perspektive formuliert: Erstens die Entwicklung von großen Projekten, zweitens der Ausbau des Verkehrsnetzes (dazu gehörte die Fertigstellung des Metronetzes, der Schnellstraße und des öffentlichen Nahverkehrs), drittens wurde betont, eine Wohnungspolitik mit dem Schwerpunkt der Sanierung von benachteiligten Stadtteilen zu verfolgen. Es wurde vorgeschlagen, sieben große Projekte in der Lille Métropole zu initiieren: ein ‚Téléport' und eine konzertierte Planungszone unter anderem für Wohnungsbau in Roubaix, ein internationales Transportzentrum in Roncq, ein Technologieschwerpunkt in Villeneuve d'Ascq, ein Logistikzentrum in Lomme, eine Wirtschaftszone in Tourcoing und ein internationales Dienstleistungszentrum am neuen TGV-Bahnhof in Lille. Diese Großprojekte zielten hauptsächlich auf Wirtschaftsförderung in der Region. Damit hatten sich die einflussreichsten Städte bereits auf die wesentlichen Investitionen der CUDL festgelegt, als Pierre Mauroy die Präsidentschaft übernahm. Dieser Konsens ermöglichte es, ohne den sonst üblichen Konflikt zu regieren:

„A first political and strategic approach to metropolitan economic development emerged around these projects, which the principal mayors had wanted, and which together would produce an 'orderly development of the metropolis'. The development strategy defined mainly what the metropolis could be and wanted to become: a metropolis at the European level with business services reaching out over a wide area of the north of Europe, as well as distribution activities, especially transport and logistics linked to the nodal position of Lille in the rail and motorway networks, and in the longer term, in the canal network" (Loréal/Moulaert/Stevens 1996: 243).

Die Entscheidung, mehrere Großprojekte im Ballungsraum Lille durchzuführen, war der erste Ansatz einer kohärenteren Strategie für die wirtschaftliche Entwicklung der Region.[74] Diese Strategie fand auch ihren Niederschlag im Flächennutzungsplan von 1997. Die großen Projekte sollten zu Motoren der wirtschaftlichen Entwicklung werden. Da diese Vorhaben auch eine stark wettbewerbsorientierte Komponente in sich tragen, ist fraglich, ob sich die Spannungen zwischen den Kommunen und den vier großen Städten (Lille, Roubaix, Tourcoing, Villeneuve d'Ascq) abbauen lassen (Moulaert/Salin/Werquin 2001: 158). Insgesamt muss die Entwicklung des Groß-

---

74 Die Hinwendung zu einer stärker integrierten Politik, die einer tertiären Logik folgte, wurde außerdem durch institutionelle Neuerungen unterstrichen. Anfang 1990 wurde eine Entwicklung- und Planungsgesellschaft („Agence de Développement et d'Urbanisme") eingerichtet, die als Untereinheit der CUDL für Entwicklungsstrategien verantwortlich ist (vgl. Loréal/Moulaert/Stevens 1996, Duszynski 2000).

projekts Euralille in diesen regionalen Kontext zwischen interkommunaler Zusammenarbeit und Konkurrenz eingebettet werden.

1.2 Dezentralisierungsbestrebungen in Frankreich

Große Projekte der Stadtentwicklung wurden in Frankreich lange innerhalb eines hochzentralisierten Staates realisiert. Fast zwei Jahrhunderte war die politisch-administrative Struktur Frankreichs durch einen streng zentralistischen Charakter geprägt, der durch die Französische Revolution und die Reformen Napoleons entstanden war. Die verfassunggebende Versammlung hatte 1790 die Aufteilung des Territoriums in 83 Départements verfügt und die Sonderrechte der alten Provinzen aufgehoben. Damit war die „unteilbare Republik" geschaffen (Müller-Brandeck-Bocquet/Moreau 2000: 131). Heute ist der Zentralstaat nicht das alleinige Entscheidungszentrum, sondern seit den 1960er Jahren „unablässig dabei zu delegieren, zu dekonzentrieren und zu dezentralisieren" (Hoffmann-Martinot 1999: 363). Inzwischen existiert eine Vielzahl an öffentlichen, halböffentlichen und privaten Akteuren, die Bestandteil der institutionellen Struktur Frankreichs geworden sind.

Auch wenn Frankreich nach wie vor eines der am stärksten zentralisierten westlichen Länder ist, gibt es seit mehreren Jahrzehnten Bestrebungen, der zentralstaatlichen Vormundschaft entgegenzusteuern (vgl. Große/Lüger 1996). Aufgrund des wirtschaftlichen-sozialen Gefälles zwischen der Hauptstadt und der Provinz, entstanden in der Nachkriegszeit erste Maßnahmen für eine territoriale Neuordnung. Durch den Ausbau von Infrastruktur und der Förderung von Industrieansiedlungen sollten vernachlässigte Gebiete wirtschaftlich gestärkt und Abwanderungen verhindert werden. Als räumliche Bezugsgröße dieser Raumordnungspolitik diente die regionale Ebene: 1956 wurden 22 sogenannte Programmregionen geschaffen, die mehrere Départements zusammen fassten. Mit der Ernennung von Regionalpräfekten 1964 wurden die Regionen institutionell gefestigt. Sie (die Regionalpräfekten) sollten die Regierungsbeschlüsse im Bereich der Raumplanung für die Region durchführen. Dem Präfekten kam jedoch vor allem eine ausführende Rolle zu, weil die seit 1963 bestehende staatliche Raumordnungsbehörde (DATAR) für alle wichtigen Planungsvorhaben und die Verteilung der Finanzmittel verantwortlich war. Diese Reformen stellten weniger eine Dezentralisierung, sondern vielmehr eine Dekonzentration dar, d.h. dass zentralstaatliche Entscheidungen auf eine untere Ebene des zentralen Staatsapparates verlagert wurden, ohne dabei Kompetenzen abzugeben (vgl. Große/Lüger 1996).

Erst seit Anfang der 1980er Jahre kam es zu einer grundlegenden Neugestaltung der Beziehungen zwischen Paris und den Regionen. Nach dem Machtwechsel 1981 machte Staatspräsident François Mitterand die Dezentralisierung zur ‚grande affaire' seiner Regierung. Infolge der Bemühungen um eine Dezentralisierung erweiterten sich die Handlungsspielräume der Gebietskörperschaften, da sie neue Kompetenzen erhielten. Das Gesetz über die „Rechte und Freiheiten der Kommunen, Départements und Regionen" ließ die Territorialstrukturen unberührt, wies aber den lokalen Mandatsträgern neue Funktionen zu und veränderte die Beziehungen zwischen Zentrum und Peripherie spürbar (Mabileau 1996: 31). Der Präfekt als ‚Vertreter des Staates', der zuvor die Entscheidungen der Gebietskörperschaften kontrollierte, verlor die Exekutivgewalt zugunsten der Präsidenten der Regional- und Département-Räte.[75] Zu den wichtigsten institutionellen Änderungen gehörte die Umwandlung der Region in eine autonome Gebietskörperschaft mit einem direkt zu wählenden Repräsentativorgan und der Wegfall der von der Zentralgewalt ausgeübten Verwaltungskontrolle. Die Beschlüsse des Kommunalparlaments bedurften daher nicht mehr der Zustimmung des Staates. Außerdem wurde den verschiedenen Gebietskörperschaften eine funktionale Rolle zugeschrieben: Die Gemeinden waren für die Stadtplanung, die Départements[76] für Ergänzungen der staatlichen Sozialpolitik und auch für Maßnahmen im wirtschaftlichen Bereich und die Regionen[77] für die Erarbeitung des regionalen Wirtschaftsplans und für die Wirtschaftsförderung zuständig (vgl. Große/Lüger 1996). Die Kommune ist die älteste

---

75 Vor der Dezentralisierung übte die Zentralregierung direkte Kontrolle auf die Pläne aus. Der von der Zentralregierung eingesetzte Präfekt (préfet) des Départements (Direction Départementale de l'Equipment) musste den Bebauungsplänen zustimmen (Plans d'Occupation des Sols) und vergab Baugenehmigungen. Die Dezentralisierungsreform hat diese Zuständigkeit auf die lokale Ebene verlagert.

76 Die Départements sind übergemeindliche Gebietskörperschaften (ähnlich den Kreisen in Deutschland), die insbesondere in ländlichen Gebieten von Bedeutung sind. Ihre Aufgabe ist es vor allem, die ländliche Entwicklung zu unterstützen. Dies erfolgt durch Subventionen für die Infrastruktureinrichtungen der Kommunen oder durch technische Agenturen der Départements, die den Bürgermeistern zur Verfügung stehen (vgl. Mabileau 1996).

77 Durch die Dezentralisierung und den europäischen Einigungsprozess hat die Bedeutung der Region zugenommen. Über Vertragsbeziehungen zwischen dem Staat und der Region, werden die jeweiligen Rollen festgelegt: der ‚Contrat de plan Etat-Région' koordiniert die regionalen Investitionen. Mabileau (1996) zufolge sind diese Planverträge aufschlussreich, was die Einmischung des Staates in die Region angeht. Die Vertragsverhandlungen von 1988 und 1993 hätten gezeigt, dass die staatlichen Vertreter verstärkt darum bemüht waren, die regionalen Verantwortlichen zur Anpassung der örtlichen Projekte an die Prioritäten der Regierung zu bewegen. Auch Cole (1996: 106) weist darauf hin, dass institutionelle Verflechtungen und finanzielle Abhängigkeiten, dem Staat erlauben, durch die Hintertür Einfluss auf die unteren Ebenen auszuüben.

administrative Ebene und die Basiseinheit innerhalb des Systems der lokalen Institutionen. Historisch gesehen sind diese „neuen" kommunalen Entscheidungsbefugnisse im Bereich der städtebaulichen Entwicklung eher eine „Rückverlagerung", da sie Anfang des 20. Jahrhunderts noch auf der kommunalen Ebene angesiedelt waren und erst allmählich in eine zentralstaatliche Kompetenz umgewandelt wurden (Stumm 1999: 205). Stadtplanung wird entweder lokal beispielsweise über die Ausarbeitung von Flächennutzungsplänen und Bebauungsplänen ausgeübt oder überlokal im Rahmen interkommunaler Vereinbarungen. Eine weitere Neuorientierung ist, dass der Staat neue Anreize für eine stärkere Kooperation verschiedener politischer Ebenen durch Verträge und Partnerschaften schuf. In diesem Zusammenhang hat auch die Bedeutung von gemischtwirtschaftlichen Gesellschaften bzw. Sociétés d'Economie Mixte (SEM) zugenommen, die unter anderem bei der Durchsetzung von Großprojekten wie Euralille eine zentrale Funktion haben (vgl. Ricordel 1997). Die Entwicklung der SEM wird daher im Folgenden skizziert.

1.3 Öffentlich-private Gesellschaften in der Stadtentwicklung

Die Ausbreitung von öffentlich-privaten Gesellschaften in Frankreich hat neben der Knappheit kommunaler Mittel insbesondere mit den Reformen zur Dezentralisierung in der 1980er Jahren zu tun. Da die Kommunen seitdem für Stadtentwicklung zuständig sind, wurden die Bürgermeister zu Ansprechpartnern für private Wirtschaftsunternehmen. Ursprünglich unterlagen auch öffentlich-private Partnerschaften staatlicher Zuständigkeit. Daher hatte ein staatlicher Bevollmächtigter (Präfekt) einen Sitz im Verwaltungsrat der SEM. Städtebauliche Vorhaben wurden daher auch in Paris entschieden (vgl. Caillosse/Le Galès/Loncle-Moriceau 1997).

Neben einem Machtzuwachs der Kommunen begünstigte die Dezentralisierung auch die Einrichtung von öffentlich-privaten Kooperationen in Form gemischtwirtschaftlicher Gesellschaften. SEMs haben in diesem Zusammenhang einen neuen Aufschwung erlebt. Das Gesetz vom 7. Juli 1983 über kommunale gemischtwirtschaftliche Gesellschaften definierte ihre Satzung neu und stärkte dabei die Rolle der öffentlichen Hand, indem es ihr ermöglichte, bis zu 80% des Gesellschaftskapitals der SEM zu besitzen. Außerdem erleichterte es die Einrichtung von SEMs, da die Erfordernis der vorherigen Genehmigung durch den Staat wegfiel und ihnen die Freiheit über die vertragliche Regelung der Vergütung von SEMs und ihrer Beschäftigten gegeben wurde. Stattdessen wurde von den neuen Gebietsentwicklungs- oder Baugesellschaften höhere Kapitaleinlagen gefordert, eine Million oder 1,5 Millionen Francs (vgl. Caillosse/Le Galès/Loncle-Moriceau 1997).

Die gemischtwirtschaftlichen Gesellschaften, die auf das Gesetz im Rahmen der Dezentralisierung zurückgehen, werden als „dritte Generation" von SEMs bezeichnet (Ascher 1993: 318). Die ersten SEMs gründeten sich auf den Poincaré-Erlass von 1926, wonach Kommunen bei Unternehmen, die kommunale Dienstleistungen ausführten, Anteile erwerben konnten („erste Generation"). Gleichzeitig wurde vereinbart, dass die Städte dabei keine Verbindlichkeiten eingehen sollten, die mit ihren Zielen unvereinbar waren und dass sie sich für die Erreichung sozialer Ziele einsetzen sollten. Der Anteil der lokalen Körperschaft am Kapitalvermögen des Konzessionsnehmers wurde auf maximal 40 Prozent begrenzt. In der „zweiten Generation" wurden Gesetze verabschiedet, die vorsahen, dass die lokalen Körperschaften bei Gebietsentwicklungs-SEMs mehr als die Hälfte des Kapitals besitzen konnten.

Der allgemeine politische Kontext der 1980er Jahre begünstigte die Entwicklung der „dritten Generation" von SEMs und damit einer verstärkten Kooperation zwischen dem öffentlichen und dem privaten Sektor. Die Partei der Sozialisten (PS), die nach über zwanzig Jahren wieder an die Macht gelangt waren, ‚deradikalisierte' ihre politische Haltung und unterstützte neue Bündnisse mit der privaten Wirtschaft. Dies galt insbesondere für die kommunale Ebene, die vermehrt als Experimentierfeld für Kooperationsansätze genutzt wurde. Insgesamt führte die zwei Jahre währende ‚Kohabitation' eines sozialistischen Präsidenten und eines Premierministers der Rechten sowie die darauffolgende Regierung Michel Rocard, in der auch Minister des Zentrums vertreten waren (als Ausdruck der ‚Öffnung'), „zur endgültigen Anerkennung öffentlich-privater Partnerschaften. In einer wichtigen Rede setzte Francois Mitterand 1985 den Begriff der ‚gemischten Wirtschaft' auf die Tagesordnung" (Ascher 1993: 287).

Die Entstehung der gemischtwirtschaftlichen Gesellschaften wurde in Frankreich durch die aktive Rolle großer Unternehmensgruppen in der Stadtentwicklung und durch die zentrale Rolle der Staatsbank ‚Caisse des Dépots et Consignations' (CDC) begünstigt. Diese Wirtschaftsakteure gehen selbst auf ein „hochzentralisiertes, staatliches Engagement" im französischen Bausektor zurück (Ascher 1993: 293). Mit der CDC gab es daher immer einen verlässlichen Wirtschaftsakteur, der oft zum ‚privaten' Partner in gemischtwirtschaftlichen Gesellschaften wurde. In Deutschland haben die gemischtwirtschaftlichen Gesellschaften keine vergleichbare Bedeutung in der Stadtentwicklung; es lässt sich jedoch seit den späten 1980er Jahren eine deutliche Zunahme vor allem in der Versorgungswirtschaft, aber auch im Bereich des Städtebaus erkennen.[78]

2. Euralille

2.1 Projektinitiative

2.1.1 Das Ringen um den TGV-Halt in Lille

Die Diskussion um einen TGV-Halt in Lille hat eine lange Vorgeschichte. Bereits 1970 billigte der französische Ministerrat die Entscheidung, den TGV-Nord über Lille zu führen. Dies wurde ein Jahr später in den Flächennutzungsplan aufgenommen. 1974 gab die französische Bahngesellschaft SNCF eine Studie über die TGV-Trasse in Auftrag, die zwei Varianten verglich: Zum einen die Variante „Sud de Lille", bei der eine Haltestelle im Umland in der Nähe des Regionalflughafens Lesquin vorgesehen war, zum anderen die Option „Traversée de Lille", die hingegen den neuen Bahnhof im Zentrum in der Nähe des bereits vorhandenen Bahnhofs vorsah. Wegen der höheren Kosten lehnte die SNCF die Streckenführung über Lille ab (vgl. MEL 1996). Als schließlich Mitte der 80er Jahre der Bau des Tunnels unter dem Ärmelkanal beschlossen wurde, weckte dies neue Hoffnungen, Lille in eine europäische Drehscheibe zu verwandeln, weil sich hier nun Nord-Süd-Verbindungen und West-Ost-Verbindungen kreuzen würden.

Der Bürgermeister von Lille, Pierre Mauroy, nutzte die Gunst der Stunde, um Politiker und Repräsentanten der lokalen Wirtschaft zu mobilisieren und eine TGV-Verbindung über Lille durchzusetzen. Dafür wurde im März 1987 die Lobbygruppe ‚TGV Gare de Lille' gegründet, eine breite Koalition lokaler und regionaler Akteure, wie die Bürgermeister von Roubaix, Tourcoing, Villeneuve d'Ascq, die Abgeordneten des Generalrates, die Vertreter

---

[78] Im Jahr 2000 zählte die ‚Fédération Nationale des Sociétés d'Economie Mixte' insgesamt 1255 gemischtwirtschaftliche Gesellschaften in unterschiedlichen Bereichen. Die meisten SEMs (612) gibt es im Bereich der Verwaltung öffentlicher Dienstleistungen. SEMs im Immobilienbereich (318) und für Gebietsentwicklung und Bauvorhaben (316) halten sich die Waage. Über ein Viertel der SEMs für Gebietsentwicklung befinden sich in der Pariser Region Île-de-France. Die Gebietsentwicklungs-SEMs beschäftigen etwa 5000 Menschen und haben ein Kapital von über 2 Milliarden Francs (300 Mio. Euro), wovon 66% von der öffentlichen Hand gehalten werden. Die Teilnahme der Départements und der Regionen sind in diesen SEMs von größerer Bedeutung (vgl. dazu http://www.fnsem.asso.fr, abgerufen am 14.2.2001).

der Industrie- und Handelskammer (vgl. Simon 1993, Paris/Stevens 2000). Sie forderten von der Regierung die Gründung einer Kommission, die eine Studie über die TGV-Trasse durchführen sollte. Außerdem wurde eine weitere Kommission ins Leben gerufen, die die Kosten eines innerstädtischen TGV-Bahnhofs berechnen und anschließend mit den unterschiedlichen öffentlichen Partnern die Kompensation an die Bahngesellschaft SNCF verhandeln sollte. Sie konnte nur aufgrund einer finanziellen Entschädigung von einem TGV-Halt im Zentrum Lilles überzeugt werden. Insgesamt wurden 800 Mio. FF (122 Mio. Euro) zusätzlich benötigt, um die SNCF für das Vorhaben zu gewinnen, davon waren 400 Mio. FF (61 Mio. Euro) vom Staat – als Ergebnis des Verhandlungsgeschicks von Mauroy – vorgesehen, 264 Mio. FF (40,3 Mio. Euro) von der Region Nord-Pas-de-Calais und 136 Mio. FF (20,7 Mio. Euro) von der Stadt Lille (Bertolini/Spit 1998: 74). Im Dezember 1987 sagte Premierminister Jacques Chirac nach einem offiziellen Besuch in Lille seine Unterstützung für die TGV-Route nach Lille zu. Cole (1996: 106) weist darauf hin, dass insbesondere die Unterstützung des Präfekten der Region, M. Aurousseau, und seine guten Beziehungen zum ‚Senator-Bürgermeister' Mauroy zwischen 1986-1993 die positive Entscheidung der Regierung Chirac erklärt.

Mit der Unterstützung der Zentralregierung für den TGV-Anschluss in Lille waren jedoch nicht alle Probleme gelöst. Widerstand gegenüber der TGV-Route kam aus den Kommunen im Umland von Lille, durch die der Hochgeschwindigkeitszug führen sollte. Sie befürchteten, sie bekämen nur die negativen Effekte der Trasse zu spüren. Ein Konsens wurde erst nach und nach erreicht unter der Präsidentschaft Pierre Mauroys im Stadt-Umland-Verband (CUDL); dazu gehörten auch Kompensationen und weitere Projektinitiativen im Umland. Mehrere Großprojekte (siehe oben) innerhalb des Territoriums des Stadt-Umland-Verbandes waren Teil dieses Versuchs der Konsensfindung und des Ausbaus von Lille und seinem Umland zu einem bedeutenden Ballungsraum.[79]

Mauroy nutzte die besonderen Umstände, um eine Phase der Ideenfindung für das neue Bahnhofsareal einzuläuten. Seinen engen Vertrauten Jean Peyrelevade, Präsident der Bank Stern und ehemaliger Berater in Mauroys Zeit als Premierminister, bat er, erste Überlegungen für ein städtebauliches Projekt am zukünftigen TGV-Bahnhof anzustellen. Es sollte ein großes

---

79 Interview mit einer Mitarbeiterin der Agence de Développement et d'Urbanisme de Lille Métropole im Februar 2001.

Dienstleistungszentrum entstehen mit neuen Arbeitsplätzen für Lille und das krisengeplagte Umland.

Die Idee, in Lille ein Dienstleistungszentrum mitten in der Stadt zu errichten, war nicht neu. Schon seit Ende 60er Jahre gab es Pläne für ein großes Büroprojekt, einem sogenannten ‚Centre Directionnel' (vgl. Moulaert u.a. 1993). Dieses Vorhaben ging damals auf zentralstaatliche Ambitionen im Rahmen der ‚métropole d'équilibre' zurück, mit der Absicht, Dienstleistungsfunktionen in vom Strukturwandel betroffenen Regionen zu entwickeln. In Lille sollte ein Büroprojekt (500.000 m²) am Bahnhof entstehen. Dieses Projekt wurde jedoch nie realisiert bzw. nur 30.000 m² wurden gebaut, die heute von Dienststellen des Regionalrates und der Zentralregierung für die Region Nord Pas-de-Calais belegt sind. Für das Scheitern des Vorhabens war zum einen die Realitätsferne des Projekts verantwortlich, die Steuerung des Vorhabens durch die Zentralregierung und nicht durch lokale Behörden, die Konkurrenz durch das ‚Neue Stadt-Projekt' Villeneuve d'Ascq im Ballungsraum und schließlich durch das Fehlen finanzieller Mittel (vgl. Joignaux 1997). Auch das Fehlen eines regionalen Konsenses im Stadt-Umland-Verband trug zum Scheitern bei (vgl. Bruyelle 1991). Der Entschluss, über die Errichtung eines neuen Dienstleistungszentrums Ende der 80er Jahre zu beraten, stellte damit einen zweiten Anlauf dar, mit einem Großprojekt tertiäre Funktionen in Lille zu etablieren.

2.1.2 Die Gründung einer privaten Planungsgesellschaft

Im Laufe des Jahres 1987 nahm der mit der Definition der Projektidee beauftragte Jean Peyrelevade Kontakte mit Vertretern von Banken auf, um dort für das Projekt zu werben und potenzielle Investoren ausfindig zu machen. Er schlug Mauroy vor, rasch eine private Planungsgesellschaft (‚société d'études') zu gründen, die erste Vorstudien durchführen sollte. Im Februar 1988 wurde die Gesellschaft ‚Euralille-Métropole' ins Leben gerufen. Als Direktor ernannte Pierre Mauroy Jean-Paul Baïetto, den ehemaligen Chef der SCET[80], und Jean Deflassieux, Präsident der Banque des Echanges Internationaux und ehemaliger Präsident der Crédit Lyonnais, zum Präsidenten. Beide waren langjährige Weggefährten Mauroys. Jean Deflassieux und Pierre Mauroy kannten sich noch aus Jugendzeiten. Während Mauroy eine

---

80 Die SCET (Zentralunternehmen für Infrastruktureinrichtungen) ist ein Unternehmenszweig der Staatsbank Caisse des Dépots et Consignations. Sie ist bei zahlreichen gemischtwirtschaftlichen Unternehmen Partner von Kommunen (vgl. Ascher 1993).

Karriere in der Politik begonnen hatte, war Jean Deflassieux stets der Finanzwelt treu geblieben (vgl. Simon 1993). Mit ihm sowie mit Jean Peyrelevade konnte das Vertrauen unterschiedlicher Banken erworben werden. Mit der Ernennung von Jean-Paul Baïetto zum Direktor der ‚Euralille-Métropole' gelang es, einen angesehenen Stadtplaner mit langjähriger Erfahrung und vielen wertvollen Kontakten im Bereich des Städtebaus zu gewinnen. Ein kurzer Blick in die Karriere Baïettos macht seinen beruflichen Hintergrund deutlich: Er war von 1974 bis 1996 in der Staatskommission unter der Leitung von Paul Delouvrier tätig, die den Flächennutzungsplan der Île-de-France und das Projekt der ‚neuen Städte' entwickelte. Dann übernahm er in Grenoble die Verantwortung für den Städtebau, im Anschluss daran die Generaldirektion der SCET.

Die neu gegründete Planungsgesellschaft ‚Euralille-Métropole' war von 1988 bis 1990 zuständig für die Ideenfindung, die Entwicklung eines Rahmenplans, die Durchführung von Machbarkeitsstudien, die Einleitung eines öffentlichen Diskurses mit Experten, Vereinigungen, Wirtschaftsakteuren, Bürgern etc. und die Vorbereitung der Umsetzungsphase (vgl. MEL 1996). Jean Peyrevelade war es bereits im Vorfeld geglückt, fünf Banken für das Vorhaben zu interessieren, drei nationale Banken (Caisse des Dépots et Consignations, Indosuez, Crédit Lyonnais) und zwei regionale Banken (Scalbert-Dupont, Banque Populaire du Nord), die den ersten harten Kern der Aktionäre der privaten Gesellschaft bildeten. Zwei weitere Aktionäre schlossen sich an: die Regionaldirektion der SNCF und die Industrie- und Handelskammer der Region Nord-Pas-de-Calais. Die finanziellen Risiken teilte sich die Stadt Lille mit den privaten Partnern. In diesem Zusammenhang wurden zwei Szenarien in Betracht gezogen: Falls das Projekt realisiert würde, war vorgesehen, innerhalb einer Frist von zwei Jahren eine gemischtwirtschaftliche Gesellschaft zu gründen, die dann für die operationelle Phase und den Städtebau zuständig sein sollte. Falls das Vorhaben scheiterte, sollten die Ausgaben für Studien und Gutachten zwischen Stadt und beteiligten Banken aufgeteilt werden.

Für die Gründung einer privaten Gesellschaft zur Planung des zukünftigen städtebaulichen Vorhabens gab es zwei Motive (vgl. Baïetto 1995): Die Wahl dieser flexiblen Struktur hatte einerseits damit zu tun, dass der damalige Präsident Arthur Notebart des Stadt-Umland-Verbandes dem Projekt in Lille reserviert gegenüber stand. Rivalitäten zwischen ihm und dem Bürgermeister von Lille, Pierre Mauroy, verhinderten eine frühe Unterstützung durch den Stadt-Umland-Verband. Durch die Gründung der ‚Euralille-Métropole' konnte dieses Hindernis zunächst umgangen werden. Zudem gelang dadurch eine breite Mobilisierung für das Projekt, so dass ein gemeinsames Bewusstsein für die weitere Entwicklung des Vorhabens entstehen konnte (vgl. Vermandel 1995). Andererseits erschien eine Planungsgesellschaft mit privaten Aktionären geeignet, um Glaubwürdigkeit und Seriosität gegenüber den potenziellen Investoren zu erlangen.

Zusammengefasst ist für die Phase der Projektinitiative, die starke Führungsrolle des Bürgermeisters von Lille hervorzuheben. Er verstand es, die besonderen Umstände – den Bau des Kanaltunnels und die Ausdehnung des TGV-Netzes – zu nutzen, um zu erreichen, dass die TGV-Strecken Paris-London und Brüssel-London in ‚seiner' Stadt zusammengeführt wurden. Die Ideenfindung für das neue Bahnhofsareal prägten enge Vertraute Mauroys aus der Bankenwelt, die frühzeitig über eine private Planungsgesellschaft Brücken zur Wirtschaft schlagen konnten. Euralille war damit von Anfang an ein öffentlich-privates Partnerschaftsprojekt.

2.2 Projektierung

2.2.1 Der Rahmenplan

Die erste Arbeitsphase der Planungsgesellschaft ‚Euralille-Métropole' zwischen Februar und September 1988 hatte explorativen Charakter. Bevor die Wahl des Chefarchitekten stattfinden sollte, wurde ein Rahmenplan als Grundlage für die weitere Planung erarbeitet. Die Ziele eines internationalen Dienstleistungszentrums mussten konkretisiert werden. Das städtebauliche Projekt sollte von drei zentralen Aspekten profitieren: von der strategischen Position Lilles als Drehscheibe Nordeuropas, der Ausdehnung des Hochgeschwindigkeitsnetzes und der Verfügbarkeit eines brachliegenden Grundstücks inmitten der Stadt neben dem alten Hauptbahnhof (Nord Eclair, 26.11.1988).

Die 70-ha-Brache, auf dem das Vorhaben entstehen sollte, gehörte dem französischen Militär und stand jahrelang unter dem sogenannten Prinzip des ‚non aedificandi', das ein Nutzungs- oder Baurecht ausschloss. Als Premierminister hatte Pierre Mauroy Anfang der 80er Jahre (vorausschauend?) ein Gesetz verabschiedet, das die ‚non aedificandi'-Zonen abschaffte (Ratsprotokoll Lille, 20.11.1989). Als Bürgermeister von Lille konnte er schließlich seine Pariser Netzwerke einsetzen, um an das Grundstück zu gelangen. Der Vorteil des Terrains war, dass kein Grundstück gekauft und niemand enteignet werden musste.

Um ein Rahmenprogramm zu definieren, wurden diverse Studien durchgeführt: Wirtschaftlichkeitsanalysen, Untersuchungen des Standortes,

Evaluationen der Potenziale des Ballungsraums Lille. Verschiedene Gesellschaften, darunter die SCET, waren an diesen Studien beteiligt. ‚Euralille-Métropole' griff auf Managementmethoden aus der Wirtschaft zurück, die wegweisend für die weitere Projektdurchführung sein sollten:

„Diese Phase des Entwerfens war sehr kreativ. Wir haben die Ergebnisse in einem Dokument ‚Perspektiven für Euralille' zusammengefasst, die als Grundlage für die Architekten dienen sollte. Dieser strategische Ansatz, den wir beim Entwerfen des städtebaulichen Projekts angewendet haben, war eng an Methoden privatwirtschaftlicher Unternehmen angelehnt. Hier wurde auch der Grundstein für das spätere Management und die Realisierung des Projekts gelegt."[81]

Im September 1988 hat die ‚Euralille-Métropole' das Rahmenprogramm und einen räumlichen Plan entworfen, der vier große Nutzungskomponenten für das zu entwickelnde Großprojekt vorsah: Dienstleistungsfunktionen, Verkehrsverbindungen, Gewerbe und Handel sowie ein Stadtpark. An diesen Entwicklungspolen sollten auch Wohnungen entstehen. Aus technischen Gründen wurde entschieden, einen neuen TGV-Bahnhof 300m vom alten Kopfbahnhof entfernt zu bauen. Ein multifunktionales Projekt mit Kongresszentrum, Ausstellungsräumen, Büros und einem World Trade Center sollte entstehen. Das Bahnhofszentrum sollte mit Leben gefüllt werden, dafür waren Einkaufsmöglichkeiten, Hotels und kulturelle Infrastruktur vorgesehen.

2.2.2 Die Wahl des Architekten: ‚grand oral'

An diese Zeit der Ideenfindung schloss sich nun die Wahl eines Chefarchitekten an, der das Gesamtvorhaben entwerfen und anschließend koordinieren sollte. Das Auswahlverfahren unterschied sich von einem Architektenwettbewerb, gegen den sich der Direktor der ‚Euralille-Métropole' entschieden hatte. Um unterschiedliche Entwürfe miteinander konkurrieren zu lassen, wäre eine zeitraubende Vorbereitungsphase notwendig gewesen. Stattdessen sollte die Auswahl auf der Basis einer mündlichen Präsentation stattfinden, ohne – und das war das Besondere an dem Verfahren – sich auf architektonische Entwürfe oder Grafiken zu beziehen, allein das gesprochene Wort war entscheidend. Dadurch sollten die Vorstellungen und Ideen der Architekten stärker zum Vorschein kommen. Jean-Paul Baïetto erklärte die

---

81 Das Zitat stammt aus einem Interview mit Baïetto (Vermandel/Menu 1995: 40). Alle französischen Zitate aus der Literatur bzw. aus eigenen Interviews wurden von der Verfasserin der vorliegenden Studie zur besseren Verständlichkeit ins Deutsche übertragen.

Entscheidung für dieses Verfahren in einem Interview in der Zeitschrift ‚Architecture d'Aujourd'hui', in dem er deutlich machte, dass es ihnen nicht auf Skizzen ankam, sondern auf deren Gedanken über die Stadt:

„Was uns betrifft, glaube ich nicht, dass es möglich gewesen wäre, in zwei oder drei Monaten einen städtebaulichen Plan zu entwerfen, der seines Namens würdig gewesen wäre...Schließlich schien es mir damals viel ergiebiger, die großen Architekten dazu zu bringen, über die Stadt nachzudenken, als Skizzen und Zeichnungen zu produzieren, so verführerisch sie gewesen wären...." (zit. in Simon 1993: 103).

Bei der Entscheidung für das Auswahlverfahren ging es auch darum, Zeit zu gewinnen. Das Projekt stand unter Zeitdruck, da die Ankunft des ersten TGV bereits für Juli 1993 geplant war und daher zügig entschieden werden musste, wer als Chef-Architekt die Verantwortung für das städtebauliche Vorhaben tragen sollte. Der Direktor der Planungsgesellschaft, Baïetto, hatte eine Vorauswahl von acht renommierten Architekten getroffen, vier französische Architekten (Claude Vasconi, Jean-Paul Viguier, Yves Lion, Michel Macary) und vier ausländische (Norman Foster, Vittorio Gregotti, Oswald Matthias Ungers, Rem Koolhaas) standen zur Wahl. Die Präsentation – ‚grand oral' – fand am 7. und 8. November 1988 im Palais de Congrès in Lille statt. Rem Koolhaas wurde einstimmig von der Jury zum Sieger ernannt. Der holländische Architekt hatte die Jury aus unterschiedlichen Gründen überzeugt. Zum einen verfügte er über fundierte Kenntnisse der Geschichte und der Architektur Lilles, zum anderen über eine Vision der Entwicklung Lilles (vgl. Vermandel 1995). Nach Baïetto war er der einzige, „der eine Vision der Stadt entwickelte, während seine Konkurrenten eine Projektvision vorgestellt haben. Darüber hinaus hat er sämtliche Fragen angesprochen, die wir uns auch in unseren Vorüberlegungen gestellt haben" (zit. in Simon 1993: 109).

Nach Rem Koolhaas basierte das Großprojekt auf der Annahme, die ‚europäische Erfahrung' werde sich radikal verändern unter dem doppelten Einfluss des Tunnels unter dem Ärmelkanal und der Ausweitung des Hochgeschwindigkeitsverkehrsnetzes. Indem Lille zu einer Schnittstelle unterschiedlichster Aktivitäten werde, verändere sich die Bedeutung der Stadt. Ein „gigantisches futuristisches Projekt" unweit des alten historischen Zentrums sollte daher diesen städtischen Wandel unterstreichen. Genau dies war auch im Sinne Jean-Paul Baïettos und Pierre Maurorys (Simon 1993: 110f.).

Im Anschluss an die Wahl Rem Koolhaas zum Chefarchitekten führte er, um seinen städtebaulichen und architektonischen Entwurf vorzubereiten, von Dezember 1988 bis Februar 1989 zwei zehntägige Seminare in Rotterdam durch, an dem die Architekten seines Büros OMA (Office for Metropolitan Architecture) sowie Bauingenieure und andere Experten teilnahmen. Ziel war es, unterschiedliche Perspektiven und Meinungen zu sammeln (vgl. Vermandel 1995).

Koolhaas' Masterplan bestand aus verschiedenen Teilprojekten wie dem TGV-Bahnhof, dem Einkaufszentrum, der Kongresshalle, Hotels und Bürogebäude, für die wiederum mit Zustimmung des Chefarchitekten Architekten ernannt werden sollten. Vorgesehen war eine Reihe von Hochhäusern, die sich über der TGV-Trasse erheben und emporragen sollten. Die Megastrukturen des Einkaufszentrums und des Kongress- und Ausstellungspalastes füllten „große Hallen, die durch gewaltige Dächer gekennzeichnet und vielfältige Funktionen erfüllen" sollten (Doutriaux 1994: 2445). Damit knüpfte Koolhaas an seine Idee von ‚Bigness' als höchster Form des Bauens an (vgl. Koolhaas/Mau/Werlemann 1995). Diese Größenordnung sprengte den bisherigen Maßstab des Städtebaus in Lille. Die Altstadt von Lille („Vieux Lille") in unmittelbarer Nähe ist hingegen von einer Vielzahl öffentlicher Räume, enger Gassen und schmaler Vorder- und Hinterhäuser mit ornamentalen Fassaden gekennzeichnet.

„Rupture totale" und „Radikalität" waren die Begriffe, die das Projekt von Koolhaas beschrieben (Subileau 2000: 48). Insofern waren die Vorbehalte zunächst groß:

„Die ersten Reaktionen, vor allem aus dem Umkreis von Pierre Mauroy, waren recht heftig. Der einschneidende Charakter des Projekts erschreckte die Anhänger einer weicheren Methode, die vor allem darum bemüht waren, den traditionellen Charakter der Hauptstadt Flanderns zu bewahren. Zurückhaltung machte sich breit" (Vermandel 1995: 22).

Gleichzeitig existierte die Versuchung, mit einem großdimensionierten Projekt die Aufmerksamkeit auf Lille zu lenken. Ein Signal sollte gesetzt werden mit dem Ausruf:

„Nein, Lille ist nicht tot! Und diese Region wird nicht wegen des Verlustes der alten Industrie sterben, im Gegenteil, sie wird Zentrum der neuen Wirtschaftsbeziehungen werden" (Subileau 2000: 49).

Dieses Zeichen sollte nicht irgendwer setzen, sondern ein renommierter Architekt, der es sich erlauben konnte, zu schockieren.

Für die Projektierungsphase lässt sich zusammenfassen, dass sie im Zeichen der Auswahl eines Chefarchitekten stand. Um den Bekanntheitsgrad des Vorhabens zu erhöhen und ihm mehr Prestige zu verleihen, wurde großen Wert auf die Wahl eines renommierten Architekten gelegt. Rem Koolhaas entwarf einen Masterplan für ein multifunktionales Großprojekt, das einen erheblichen Maßstabssprung darstellte und radikal mit der Vergangenheit Lilles brach.

2.3 Phase der öffentlichen Beteiligung und der Projektstrukturierung

2.3.1 Expertenzirkel

Der Direktor von „Euralille-Métropole" führte ein Projektmanagement ein, das durch die Einbeziehung und Anhörung von Experten gekennzeichnet war. Beispielhaft dafür war die Gründung eines Qualitätszirkels im Juli 1989, der verschiedene Persönlichkeiten aus Architektur, Politik, Kultur und Wissenschaft versammelt und die Entwurfsphase kritisch begleitete. Baïetto schuf den Zirkel aus zwei Gründen (vgl. Simon 1993): Zum einen war er davon überzeugt, dass ein Projekt von der Größe Euralilles nicht von einem einzigen Architekten entworfen werden könne, zum anderen sollte die städtebauliche Qualität garantiert werden. Großprojekte verlören seiner Auffassung zufolge im Laufe der Projektentwicklung aufgrund unterschiedlicher Zwänge an Substanz. Pierre Mauroy bezeichnete den 'cercle de qualité' auch als „Wächter und Garant der Qualität" des neu zu entwickelnden Bahnhofsviertels (vgl. Ville de Lille/Euralille-Métropole 1989). Baïetto zufolge ging es darum, so viele Gesprächspartner wie möglich dafür zu interessieren und einzubeziehen. Ein Projekt lasse sich nicht allein entwickeln (vgl. Vermandel/Menu 1995).

Die Arbeit des Expertenzirkels wurde als Teil des Diskurses in der Öffentlichkeit betrachtet, ohne damit in die Öffentlichkeit zu gehen. Später sollten auch die Bürger am Projekt beteiligt und gehört werden. Der Zirkel hatte keine Entscheidungsmacht, es ging vielmehr darum, im Gespräch mit Rem Koolhaas das Projekt zu modifizieren. Nach Ansicht des Leiters des Zirkels Francois Barré, Präsident des Centre G. Pompidou, wären die Beratungen entkräftet worden, „wenn die Einschätzungen, die Bewertungen publik gemacht worden wären. Es wurde vereinbart, dass der Zirkel Wünsche äußern sollte, die auf vertraulichem Weg dem Bürgermeister von Lille vermittelt werden sollten" (zit. in Vermandel/Menu 1995: 47). Nach dem Vorbild dieses Qualitätszirkels bildeten sich weitere Zirkel (vgl. MEL 1996). Mit dem Ziel, unterschiedliche Standpunkte lokaler und regionaler Akteure zu integrieren, wurde der Kulturzirkel gegründet, der Abgeordnete lokaler Institutionen und Repräsentanten kultureller Vereinigungen mit dem Ziel zusammenführte, die kulturelle Entwicklung der Métropole Lille zu sichern und ein Kulturprogramm für Euralille zu definieren und zu gestalten (vgl.

MEL 1996). Der Zirkel für Entwicklung brachte die Hauptakteure der lokalen wirtschaftlichen Entwicklung zusammen. Mit dem gleichen Ziel des Austausches von Positionen und Erwartungen wurden der ‚Cercle communication', ‚cercle universitaire' sowie ‚cercle technopole' geschaffen. Ziel war es, eine neue Entwicklungsdynamik rund um Euralille einzuleiten (vgl. Simon 1993).

2.3.2 Einleitung der Planverfahren

Nachdem eine private Planungsgesellschaft eingerichtet und das ‚Centre International d'Affaires' oder ‚Projekt Koolhaas', wie es auch am Anfang genannt wurde, im Kreis von Experten entworfen worden war, wurde eine Phase der öffentlichen Beteiligung eingeleitet (Nord Eclair, 15.10.1989). Die Opposition im Stadtrat hatte bereits Kritik an der mangelnden Informationspolitik über das Projekt geübt. Pierre Mauroy verteidigte hingegen die vertrauliche Form der Projektentwicklung als „Garantie des Erfolgs". Mehrere Partner seien an dem Vorhaben beteiligt, der Stadt-Umland-Verband, private Investoren, die zukünftigen Mitglieder der gemischtwirtschaftlichen Gesellschaft, daher sei Diskretion üblich und Verlässlichkeit erforderlich. Auch die ablehnende Haltung des Präsidenten des Stadt-Umland-Verbandes hatte nach Ansicht Mauroys dazu beigetragen, jenseits der Öffentlichkeit zu arbeiten (Nord Eclair, 19.5.1989).

Planungsrechtlich war vorgesehen, eine konzertierte Planungszone (ZAC) auf dem für Euralille vorgesehenen Areal einzurichten. ZACs sind ein Mittel zur Realisierung der im Stadtentwicklungsplan definierten städtischen Planungsziele und kommen in öffentlicher und privater Form vor. Im Falle von Euralille sollte eine ‚öffentliche ZAC' von dem Stadt-Umland-Verband verabschiedet und eine Konzession an einen Entwicklungsträger erteilt werden.[82] Es war geplant, einer Nachfolgeorganisation der ‚Euralille-Métropole' – eine gemischtwirtschaftliche Gesellschaft (SEM) – die Befugnis zur Entwicklung des Gebiets zu übertragen. ZAC und SEM stellen somit die wesentlichen Bestandteile eines ganzen Partnerschaftssystems im französischen Städtebau dar. Zu den vorbereitenden Untersuchungen für eine ZAC gehören ein Einführungsbericht mit Zielen und Gründen für das Projekt, ein Gebietsplan, eine Darstellung des gewählten Verfahrens und der

---

82 Bei sogenannten „privaten ZACs" kommt es zu einer Vereinbarung zwischen einer öffentlichen Körperschaft und einem privaten Developer, der mit der Realisierung beauftragt wird (Ascher 1993: 315). Vereinbart werden u.a. wechselseitige Verpflichtungen der Partner hinsichtlich Finanzierung und Realisierung von Infrastruktureinrichtungen.

Konzession und der Status des Gebiets hinsichtlich der lokalen Infrastruktursteuer (vgl. Ascher 1993).

Im Herbst 1989 begann schließlich die Phase der öffentlichen Beteiligung am städtebaulichen Projekt. Zum einen ging es darum, die Bevölkerung zu informieren, zum anderen die Zustimmung der politischen Gremien für das Vorhaben zu erhalten. Um die tatsächliche Projektplanung einzuleiten, mussten sowohl der Stadtrat von Lille als auch der Rat des Stadt-Umland-Verbandes (CUDL) grünes Licht für das Projekt geben.

Am 17. November 1989, drei Tage vor der ersten öffentlichen Sitzung des Stadtrates von Lille zum geplanten Großprojekt, fand zunächst eine Sitzung des Rates des Stadt-Umland-Verbandes statt. Auf der Tagesordnung stand ein Antrag zur Konstitution einer gemischtwirtschaftlichen Gesellschaft (SEM), die mit der Planung und Realisierung des Vorhabens beauftragt werden sollte, sowie zur Kapitalbeteiligung, zur Annahme ihrer Satzung und zur Übergabe von Grundstücken an die SEM, die im Besitz des Stadt-Umland-Verbandes waren (Ratsprotokoll CUDL, 17.11.1989). Dieser Antrag wurde mehrheitlich angenommen. Eingangs hatte Mauroy, der neu gewählte Präsident der CUDL, die Abgeordneten über die Notwendigkeit der Einrichtung einer SEM informiert. Mauroy appellierte an die Abgeordneten:

„Sie stimmen für das Projekt und wir geben der SEM den Auftrag, es durchzuführen. Der gleiche Vorgang wiederholt sich selbstverständlich im Stadtrat von Lille. Obwohl die gemeinsamen Kompetenzen der Stadt und des Stadt-Umland-Verbandes gewahrt werden, wird die SEM die Verantwortung tragen, das Vorhaben durchzuführen und folglich dieses 11. Stadtviertel zu realisieren" (Ratsprotokoll CUDL, 17.11.1989).

Die SEM sollte unter Mitwirkung der Tochtergesellschaft der Bank Caisse des Dépots et Consignations, SCET, gegründet werden, da sie, laut Mauroy, eine große Spezialistin für SEMs in Frankreich sei. Das „Etikett der SCET" tragen, bedeute Gewissheit, dass es keine administrativen Schwierigkeiten geben werde (Ratsprotokoll CUDL, 17.11.1989). Bevor jedoch die SCET damit beauftragt wurde, eine SEM zu gründen, bedurfte es einer Satzung. Zunächst mussten die Kapitalanteile festgelegt werden, ihre Verteilung und die Repräsentation im Verwaltungsrat. Der Vorschlag, über den die Abgeordneten abgestimmt haben, sah vor, dass die CUDL 16,47% der 35 Millionen FF hielt und drei Repräsentanten ernannte.

In der Sitzung des Stadtrates am 20. November wurde ebenfalls mehrheitlich beschlossen, die Bürgerbeteiligung einzuleiten und das Projekt in den Verantwortungsbereich einer neu zu gründenden, gemischtwirtschaftlichen Gesellschaft (SEM) abzugeben, deren Satzung anzunehmen, und am Kapital der Gesellschaft teilzuhaben sowie vier Repräsentanten des Stadtrates zu designieren (Ratsprotokoll Lille, 20.11.1989). In dieser Sitzung waren die Stadtverordneten erstmals öffentlich über das Projekt informiert worden. Der Bürgermeister hatte ausführlich erklärt, warum er sich für das ‚Centre International d'Affaires' einsetzt. Die Zukunft der Stadt stehe nach dem Verlust von Arbeitsplätzen im sekundären Sektor auf dem Spiel, daher gehe es darum, neue Arbeitsplätze, vor allem im tertiären Sektor, zu schaffen. Eine „turbine tertiare" sei notwendig. Zur Finanzierung merkte Mauroy an, dass es nicht darum gehe, den Kassen der Stadt zur Last zu fallen, stattdessen sollten durch den Verkauf der Grundstücke Gewinne abgeschöpft werden. Die Stadtverordneten der Oppositionsparteien äußerten in der anschließenden Debatte grundsätzlich ihr Zustimmung zum Vorhaben, beanstandeten hingegen das Planungsverfahren. So stellte der Abgeordnete Florence für die Kommunisten (PC) fest, dass sie die TGV-Passage befürworteten, äußerte aber Kritik an der mangelnden Informationspolitik (Nord Eclair, 16.11.1989). Der Stadtverordnete Turk von der gaullistischen Partei RPR brachte auch seine Zustimmung für das Projekt zum Ausdruck, mahnte jedoch die Notwendigkeit einer öffentlichen Debatte an. Zweifel über die Finanzierung des Vorhabens sollten durch zusätzliche Gutachten über die finanziellen Anforderungen geklärt werden. Er brachte auch seine Bedenken hinsichtlich des städtischen Gleichgewichts zur Sprache, das durch das Großprojekt durcheinander gebracht werden konnte. Insgesamt kritisierte er das Fehlen von Alternativen zum ‚Koolhaas Projekt', daher hätte die Opposition gerne einen Architektenwettbewerb gestartet. Der Stadtverordnete Plancke von den Grünen interpretierte die TGV-Strecke als eine Chance für Lille, das Großprojekt solle jedoch besser mit der existierenden Stadt verknüpft werden (Voix du Nord, 25.12.1989).

2.3.3 Die Bürgerbeteiligung

Im Dezember 1989 wurde die zweite Etappe der Bürgerbeteiligung – die ‚concertation' – mit einer Ausstellung des Projekts im Rathaus eröffnet. Drei Monate lang waren die Bürger aufgefordert, Kritik und Anregungen am Vorhaben anzubringen. Diese Bedenken wurden gesammelt; in einer Pressekonferenz am 5. März 1990 wurden diese Vorschläge von Bürgermeister Pierre Mauroy präsentiert. Sie sollten in einen neuen Entwurf des städtebaulichen Vorhabens eingearbeitet werden, der von Mitte März bis Mitte April im Rathaus von Lille auslag (Nord Eclair, 6.3.1990). Die Synthese enthielt Aspekte wie die Verbesserung der Fußgängerzonen, die Einrichtung eines

Arbeitskreises für die zukünftigen Nutzer des Dienstleistungszentrums, die Erhaltung des Bauernhofs Dondaines, den Bau des Kongresscenters in der Nähe der Bahnhöfe. Das Forum der Bürgerbeteiligung, an dem mehr als 600 Personen teilnahmen, bestätigte am 31. März diese Vorschläge in der großen Halle des Rathauses. Die ‚concertation', die ursprünglich 90 Tage dauern sollte, nahm fünf Monate in Anspruch. Sie umfasste eine Ausstellung – in der großen Halle im Rathaus mit 10.000 Besuchern, davon äußerten 700 ihre Meinung – und die Präsentation eines 2. Entwurfs mit den Modifikationen im Rathaus. Außerdem wurde ein Treffen der Stadtteilräte organisiert und die Zeitung ‚Lille Actualités' an alle Bürger Lilles verteilt (Ratsprotokoll Lille, 23.4.1990).

Kritik am groß angelegten Dienstleistungs- und Einkaufszentrum kam insbesondere von den Einzelhändlern in Lille, die eine geschäftsschädigende Konkurrenz durch das neue Zentrum befürchteten. Der Einzelhandelsverband übte Kritik an der geplanten Größe des Vorhabens und zeigte sich skeptisch, ob genug Nachfrage bestehe (Voix du Nord, 17.12.1989). Am 20. März 1990 versammelten sich ca. 300 Einzelhändler und protestierten gegen das Einkaufszentrum, das die Handelsstruktur von Lille durcheinanderbringen würde (Nord Eclair, 22.3.1990). Die Befürchtungen der Einzelhändler wurden immer wieder in den Sitzungen des Stadtrates von einzelnen Abgeordneten aufgenommen und diskutiert. In dieser Frage war auch die Industrie- und Handelskammer geteilter Meinung – hin- und hergerissen zwischen dem Wunsch, Lille als Dienstleistungszentrum zu stärken und der Sorge um die Einzelhändler in der Altstadt Lilles (vgl. Cole 1996).

2.3.4 Grünes Licht der politischen Gremien

Im April 1990 waren die Stadtverordneten von Lille schließlich aufgefordert, endgültig über das Projekt abzustimmen. Zum einen galt es, die Bilanz der ‚concertation' zur Kenntnis zu nehmen und zum anderen, den Stadt-Umland-Verband zur Festlegung einer ersten ZAC aufzufordern. Nach einer langen Debatte im Stadtrat wurden diese Anträge mehrheitlich angenommen, die Gegenstimmen stammten von den Grünen (‚Groupe Ecologiste'), die PC enthielt sich (Ratsprotokoll Lille, 23.4.1990). Bürgermeister Mauroy sprach von einem historischen Datum. Er hatte an die Stadtverordneten appelliert, den Anträgen zuzustimmen, da es ihnen bereits gelungen sei, Bankiers, Experten, die öffentliche Meinung, Bauträger und Nutzer für das Projekt zu mobilisieren. Bei der Ankunft des ersten TGV im Juni 1993 müsse die Stadt bereit sein. In diesem Zusammenhang rechtfertigte Mauroy die Wahl des Architekten Rem Koolhaas. Um die Finanzwelt für das Vorhaben zu interessieren, sei ein renommierter Architekt notwendig gewesen. Außerdem müssten Städte heute mit spektakulären Projekten überraschen: „une ville comme la notre doit étonner." Daher beschwor Mauroy im Vorfeld der Abstimmung die Notwendigkeit, Geschlossenheit zu signalisieren. Um die Zustimmung der Bürger deutlich zu machen, zog Mauroy zwei Meinungsumfragen zum Großprojekt heran, die im Februar und im April 1990 durchgeführt worden waren. Sein Appell an die Stadtverordneten war deutlich:

„Ein Zug wird am 15. Juni 1993 um 15h ankommen, aber heute Abend fährt hier ein Zug im Stadtrat vor. Einige werden in diesem Zug sein, andere werden aber auf dem Gleis bleiben. Sie werden nicht dabei sein, wenn es darum geht, den Zug um 15h am 15. Juni 1993 zu erreichen. Es geht darum, dass jeder hier seine Verantwortung trägt. Für große Projekte muss man sich entscheiden und auch die Zeit einkalkulieren."

In der Diskussion im Stadtrat wurden bereits bekannte Kritikpunkte am Großprojekt aufgegriffen. So kritisierte Donnay (RPR), Vorsitzender der Vereinigung der Einzelhändler, dass die Interessen des Einzelhandels in Lille auf dem Spiel stünden. Der Abgeordnete Plancke von den Grünen übte Kritik am Verfahren. So habe er den Eindruck, dass mit der Wahl des Architekten Koolhaas bereits das Projekt abgesegnet wurde, die Anregungen aus der Bevölkerung wurden jedoch nicht zufriedenstellend integriert, das ursprüngliche Programm wurde beibehalten. Hascoet ebenfalls von den Grünen wollte eine Frist von zwei Monaten, um das Projekt zu überdenken. Der Abgeordnete Turk (RPR) machte einige Anmerkungen über die ‚concertation'. Er habe den Eindruck, alles sei bereits im November 1989 abgeschlossen gewesen, „einige meinen sogar, dass alles Ende 1988 bereits klar war" (Ratsprotokoll Lille, 23.4.1990).

Nachdem die Stadtverordneten nun mehrheitlich befürworteten, den Stadt-Umland-Verband aufzufordern, eine ZAC für das Projekt Euralille einzuführen, waren die Abgeordneten des Stadt-Umland-Rates am 27. April 1990 aufgefordert, ‚grünes Licht' für die ZAC zu geben. Dies gelang u.a. mit den Stimmen der Sozialisten, die RPR hingegen stimmte gegen den Antrag, die Kommunisten (PC) enthielten sich. Mauroy hatte den Abgeordneten ins Gewissen geredet, die Entscheidung des Stadtrates für das Projekt zu respektieren (Ratsprotokoll CUDL, 27.4.1990). Der Abgeordnete Turk (RPR) bemängelte in dieser Sitzung die fehlende Informationspolitik, die eine Zustimmung schwierig mache, insbesondere wegen fehlender Angaben zur Finanzierung des Vorhabens. Die Opposition übte auch Kritik an der Wahl des niederländischen Architekten Rem Koolhaas, dessen Masterplan nicht mit der Realität von Lille übereinstimme. Zu kostspielig seien die

Pläne, über dem neuen TGV-Bahnhof drei Hochhäuser bauen zu wollen. Daher hätten auch Alternativen in Betracht gezogen werden sollen. Die PC begründete ihre Enthaltung mit der fehlenden Informationen über das Vorhaben. Die ZAC Euralille unterscheide sich von den anderen ZACs, indem sie das gesamte Umland betreffe. Insgesamt lässt sich für die Phase der öffentlichen Beteiligung und der Projektstrukturierung festhalten, dass sie erst dann einsetzte, als der Chefarchitekt ausgewählt, der Masterplan feststand und Zeitdruck herrschte, da der erste TGV bereits drei Jahre später in Lille halten sollte. Es gab zwar Kritik am Vorhaben, aber die Opposition war nicht stark genug, um das Projekt zu verzögern oder gar zu verhindern. Das tatsächliche Wahlverhalten in den politischen Gremien war meist wohlwollender als die in den Ratssitzung geäußerten Vorbehalte gegenüber dem Projekt. Die Oppositionsparteien äußerten Kritik an der finanziellen Machbarkeit des Entwicklungsplans, an der mangelnden Verfügbarkeit an Informationen vor allem auch finanzieller Art, an der Wahl des architektonischen Stils, der kaum etwas mit der lokalen Tradition zu tun hatte. Die Bürgerbeteiligung erhielt trotz des Zeitdrucks relativ breiten Raum. Den Einzelhändlern in Lille, die sich am stärksten von den Plänen eines neuen Dienstleistungs- und Einkaufszentrums bedroht sahen, versuchte man Entgegenkommen zu signalisieren, indem zum einen die Nettoeinkaufsfläche reduziert wurde (von 65.000 m^2 auf 31.000 m^2) und zum anderen sollten 37% der Einkaufsfläche für Einzelhändler aus Lille reserviert werden (Bertolini/Spit 1998: 77). Nachdem die Bürgerbeteiligung abgeschlossen war und die politischen Gremien dem weiteren Planungsverfahren zugestimmt hatten, begann die Umsetzung des Vorhabens.

2.4 Umsetzungsphase

2.4.1 SEM Euralille als ‚hybride' Institution

Den Startschuss für die Realisierung von Euralille gaben Stadtrat und Rat des Stadt-Umland-Verbandes mit dem Beschluss, eine Société d'Economie Mixte (SEM) zu gründen, die mit der Durchführung des Vorhabens beauftragt wurde. Der Stadt-Umland-Verband von Lille erteilte eine Konzession an die SEM Euralille, die ZAC zu verwalten. Der Vertrag wurde am 24. Oktober 1990 zwischen der CUDL und der SEM Euralille unterschrieben. Nach Einrichtung der ZAC musste ein Programm für die Durchführung erstellt werden, das unter anderem die beabsichtigte Finanzierung sowie eine Zeitplanung für die einzelnen Projektstufen enthielt. Außerdem wurde das 70-ha-Grundstück mit Zustimmung der Stadtverordneten von Lille und der Abgeordneten des Stadt-Umland-Verbandes an die SEM zu einem symbolischen Preis von einem Franc überlassen. Als Gegenleistung übernahm die SEM die Kosten von 136 Mio. FF, die Lille als Kompensation an die SNCF für die TGV-Strecke mit Halt innerhalb der Stadt zahlen musste (Ratsprotokoll Lille, 14.12.1990). Insgesamt umfasste der Auftrag der SEM Euralille drei große Bereiche: den städtebaulichen Entwicklungsplan zu konkretisieren und zu verwalten, Öffentlichkeitsarbeit sowie die Übernahme der Steuerung und die Koordination der Baustelle. Sie war dafür zuständig, die öffentliche Infrastruktur zu errichten und Grundstücke an Investoren zu verkaufen (vgl. Vermandel 1995).

Die SEM Euralille musste nicht völlig neu gegründet werden, denn mit ‚Euralille-Métropole' verfügte das Großprojekt bereits über eine private Planungsgesellschaft, die in ein gemischtwirtschaftliches Unternehmen transformiert werden konnte. Der Präsident der SEM Euralille wurde der Bürgermeister von Lille, der damit ein weiteres Amt übernahm, das ihn eng an das Projekt band. Baïetto, der bereits Direktor von ‚Euralille-Métropole' gewesen war, übernahm auch diese Rolle in der SEM. Der Verwaltungsrat setzte sich aus achtzehn Repräsentanten der öffentlichen und privaten Aktionäre zusammen. Am Anfang trat der Rat alle zwei Monate in nichtöffentlichen Sitzungen zusammen.

Der Charakter einer Société d'Economie Mixte ist sowohl öffentlicher als auch privater Natur, da sie einerseits Ziele von allgemeinem Interesse verfolgt, andererseits hinsichtlich ihrer Arbeitsweise sowie der Rendite auf ihr investiertes Kapital wie ein Privater agiert (vgl. Ascher 1993). Außerdem vereint sie relevante Institutionen und Akteure aus dem öffentlichen und dem privaten Sektor. Die öffentlichen Aktionäre der SEM Euralille hatten Mehrheitsanteile am Kapital. 1991 machte der öffentliche Anteil 50,9% aus, 1993 hingegen 53,95%. Das Anfangskapital betrug zunächst 35 Mio. FF (5,3 Mio. Euro) und wurde 1993 auf 50 Mio. FF (7,6 Mio. Euro) erhöht, um öffentliche Infrastrukturmaßnahmen finanzieren zu können (vgl. Harrus 1993).

Tabelle 2: Die Aktionäre der SEM Euralille im Jahr 1993

Öffentliche Aktionäre	Kapital in %	Private Aktionäre	Kapital in %
Lille	16,38	CDC	7,33
La Madeleine	2,5	Crédit Lyonnais	7,33
Roubaix	2,5	Banque Indosuez	4,43
Tourcoing	2,5	Banque Scalbert Dupont	7,33
Villeneuve d'Ascq	2,5	Banque Populaire du Nord	7,33
CUDL	16,47	BNP	1,00
Département du Nord	5,55	Crédit du Nord	1,00
Région Nord-Pas-de-Calais	5,55	Banque Régionale du Nord (Belgien)	0,70
		Bank of Tokyo	0,70
		Banque San Paolo	1,00
		Générale de Banque (Belgien)	0,70
		Caisse Régionale de Crédit Agricole Mutuel de Nord	1,00
		CCI	3,00
		SNCF	3,00
		Lloyd Contintental	0,20
Gesamt	53,95	Gesamt	46,05

Quelle: SEM Euralille 1993

Einige Besonderheiten der SEM Euralille gegenüber anderen SEMs im Städtebau war die breite Vertretung des öffentlichen Sektors. Dass alle politischen Ebenen von der Kommune bis zur Region präsent waren, hatte mit der Größe und der Bedeutung von Euralille zu tun. Auch die Teilnahme der französischen Bahngesellschaft SNCF war unüblich. Der SEM war es außerdem gelungen, einige ausländische Banken zu mobilisieren.

Die ‚Privaten' waren bereits frühzeitig in die ‚Euralille-Métropole' integriert worden. Nach Baïetto war die rasche Einbindung potenzieller Investoren der Schlüssel zum Erfolg. Es sei wichtig, die potenziellen Partner „so früh wie möglich einzubeziehen" (Simon 1993: 75). Dadurch, dass wichtige Verbindungen zur Bankenwelt geknüpft wurden, konnte das Vorhaben rascher an Glaubwürdigkeit gewinnen. Die Rolle der privaten Partner ging über die der Kapital-Anteilnehmer hinaus, da sie auch als Berater und Sachverständiger gefragt waren und zum Teil auch als Investoren Teilprojekte realisierten. Insofern waren die privaten Partner insbesondere in der Realisierungsphase des Vorhabens von Bedeutung. In einem Expertengespräch hob ein Mitarbeiter der Bank Caisse des Dépots et Consignations (CDC), das Besondere an der Zusammensetzung der SEM Euralille hervor: *„Die Aktionärsgesellschaft ist was Besonderes bei Euralille. Die Aktionäre sind Banken, die auch einzelne Vorhaben finanziert haben. Das ist darauf zu-*

rückzuführen, dass die Banken als Aktionäre eingestiegen sind, um mehr Information und Kenntnisse über das Projekt gewinnen zu können. Das ist der Grund für ihre Teilhabe am Kapital."

Crédit Lyonnais (CL) und Caisse des Dépots et Consignations (CDC) gehörten zu den Banken, die eine herausragende Rolle innerhalb der SEM spielten (vgl. MEL 1996). Simon (1993) bezeichnet beide Banken als Lokomotiven, die auch andere Banken mobilisieren sollten. Ihre Teilnahme an der SEM war politisch gewollt, und da es öffentliche Banken sind, konnten sie für die SEM gewonnen werden. Außerdem waren sie bereits langjährige Partner der öffentlichen Körperschaften. Crédit Lyonnais trat nicht nur als Darlehensgeber und Finanzberater auf, sondern auch als Investor. Das Engagement der CL war entscheidend zu Beginn der operativen Phase, da es dem Projekt Glaubwürdigkeit verliehen und andere Investoren angeregt hat, sich zu engagieren (vgl. MEL 1996).

Die CDC ist „so etwas wie ein Angelpunkt für das französische ‚gemischtwirtschaftliche' System" (Ascher 1993: 305). Sie ist eine Organisation, die in vielen Bereichen städtischer Entwicklung aktiv ist und die mit öffentlichen Mitteln, auch in Verbindung mit privatem Kapital komplizierte Finanzgeschäfte durchführt.[83] Die CDC verfügt über ein breites Spektrum an Tochtergesellschaften. Die ‚Untergruppe' Caisse des Dépots-Développement (C3D) ist ein Spitzenunternehmen im Bereich lokaler Dienstleistungen. Ihr Immobilienzweig, die SCIC, war bei der Entwicklung von Euralille als Bauträger des Einkaufszentrums aktiv. Die Tochtergesellschaft G3I war als Immobilienmakler beteiligt (vgl. MEL 1996).

Die CDC verfügt über langjährige Erfahrung in Partnerschaften mit Gebietskörperschaften. Mit der Annäherung der CDC an die Arbeitsweise rein privater Unternehmen haben sich diese Partnerschaften verändert. Die CDC behielt zwar ihren halböffentlichen Charakter, dennoch gewährleistete sie Rentabilität ihrer Aktivitäten wie bei anderen Unternehmen:

---

[83] Seit den 50er Jahren ist die CDC Bankier und Finanzier des Staates und spielt mit Hilfe von Tochtergesellschaften eine entscheidende Rolle bei der Stadt- und Wohnungsbauentwicklung in Frankreich, daher verfügt sie über Erfahrungen in Partnerschaften mit Gebietskörperschaften. Die CDC genießt gegenüber anderen Banken Vorrechte, beispielsweise bei der Beschaffung von Mitteln sowie der Rückzahlung öffentlicher Mittel und privater Guthaben. Im Gegenzug wurde vereinbart, dass sie einen Anteil der Finanzierung des sozialen Wohnungsbaus übernimmt. Die CDC ist ein Finanzinstitut, das alle Arten von öffentlichen und halböffentlichen Geldern (Post, Staatskasse) sowie Spareinlagen verwaltet. Die CDC finanziert darüber hinaus öffentliche und private Projekte, vor allem einen großen Teil des öffentlichen Wohnungsbaus (z.B. Darlehen an soziale Wohnungsbaugesellschaften) (vgl. Ascher 1993).

„Ihre Aktivitäten sind daher oft in Form einer Kette untereinander verknüpft: ausgehend von der mit Planung und Entwicklung betrauten SEM, die sich der Leistungen des Netzwerks von SEMs in der Gesamtgruppe (über 400) bedient, über Immobiliengeschäfte, die durch die SCIC abgewickelt werden, Entwicklungs- und Forschungsaktivitäten, Bereitstellung von Personal an lokale Körperschaften sowie Versicherungs- und Serviceleistungen bis zur Aufnahme von Anleihen durch die Tochtergesellschaft Crédit Local" (Ascher 1993: 308).

Da die CDC im öffentlichen Interesse arbeitet, gleichzeitig aber ein Finanzinstitut mit privatwirtschaftlichen Aktivitäten ist, lässt sie sich nicht eindeutig zu den privaten Aktionären der SEM Euralille hinzurechnen. Die CDC ist, nach Ansicht eines Experten, vielmehr eine *„hybride Institution"*. Dies gilt auch für Institutionen wie die Industrie- und Handelskammer (CCI) und für Banken wie die Crédit Lyonnais, Banque Populaire; andere Banken wie die BNP sind Anfang der 1990er Jahre privatisiert worden (vgl. Salin/Moulaert 1998). Dennoch sind diese hybriden Institutionen Teil des privaten Sektors der SEM Euralille, da das Gesetz über die gemischtwirtschaftlichen Gesellschaften von 1983 vorsieht, als öffentliche Akteure in diesen Partnerschaften lediglich die unterschiedlichen Gebietskörperschaften zu zählen. Insgesamt darf daher der private Charakter von Euralille nicht überschätzt werden.

Die SEM Euralille übernahm von Anfang an das volle Risiko des Vorhabens. Das war eine Besonderheit gegenüber anderen gemischtwirtschaftlichen Gesellschaften, bei denen meist die öffentliche Hand das Risiko trug. Damit konnte die Andersartigkeit von Euralille betont und auch *„Aufmerksamkeit erregt werden"*, wie der stellvertretende Geschäftsführer der SEM Euralille in einem Interview betonte. Die gemischtwirtschaftliche Gesellschaft im Fall Euralille „ist zweifellos die erste ‚SEM auf Risiko'" (Ascher 1993: 324). Planungs- und Entwicklungskonzessionen werden auf Risiko der Gesellschaft erteilt. Das Unternehmen arbeitet also nicht auf der traditionellen Grundlage von Darlehensgarantien und Ausfallbürgschaften durch die öffentliche Hand, sondern realisiert Projekte, bei denen die Risiken verteilt sind. Dass das Risiko zwischen privaten und öffentlichen Aktionären aufgeteilt wurde, hat damit zu tun, dass anfangs noch, wie es ein Experte formulierte, *„Optimismus hinsichtlich der Rentabilität des Vorhabens"* herrschte. Die „solidarisation des risques" (MEL 1996: 63) trug auch zu einer Annäherung zwischen privatem und öffentlichem Sektor bei, so dass die öffentlichen Aktionäre nicht nur politischen Erwägungen folgten, sondern sich stärker dem Markt anpassten. Erst ab 1998 infolge finanzieller Schwierigkeiten und der damit verbundenen Umstrukturierung der gemischtwirtschaftlichen Gesellschaft übernahm die öffentliche Hand das gesamte finanzielle Risiko.[84]

2.4.2 Realisierung von Euralille bis zur Krise

Nachdem die Planverfahren abgeschlossen und die SEM Euralille die Verantwortung für die Durchführung des Vorhabens übernommen hatte, wurde die Umsetzung des Großprojekts eingeleitet. In dieser Phase machte Euralille hauptsächlich durch Grundsteinlegungen, Einweihungen und Eröffnungen einzelner Teilprojekte von sich reden – bis zur Krise 1995 (Le Monde, 6.10.1999).

Im Mai 1993 hielt der erste TGV aus Paris kommend in Lille, ein Jahr später wurde der neue Bahnhof ‚Lille-Europe' und die neue Metrostation eröffnet, und im November 1994 konnte der erste TGV Eurostar den Tunnel unter dem Ärmelkanal passieren, so dass die internationale Strecke Paris – Lille – London – Brüssel in Betrieb genommen werden konnte. Die SNCF investierte 550 Mio. FF in den neuen Bahnhof.

1995 wurden die beiden Bürotürme, die über den TGV-Gleisen thronten, eröffnet. Der Turm von Crédit Lyonnais des Architekten Portzemparc (270 Mio. FF) lag direkt über dem TGV-Bahnhof und bildete als Winkelbau mit 20 Geschossen ein ‚Brückenhaus'; aufgrund der eigenwilligen L-Form des Turmes nannten ihn die Bürger in Lille ‚Skistiefel'. Das World Trade Centre Lille-Europe des Architekten Vasconi wurde von einer Investorengruppe für 530 Mio. FF gebaut. Das Gebäude mit 25 Büroetagen bildete den Abschluss des Bahnhofsdaches im Süden; Vermietungsschwierigkeiten überschatteten die Anfangsphase. Die Eigentümer, ein nationales Bankenkonsortium, versuchten vergeblich, einen großen Nutzer zu finden (vgl. Bertolini/Spit 1998). Noch 1998 war nur 40% der Fläche vermietet, bis schließlich die Shareholder das Gebäude belegten und die Belegungsquote von 70% (1999) zu „künstlichen 100%" im Jahr 2000 anstieg (Moulaert/Salin/Werquin 2001: 153).

Das Einkaufszentrum Euralille, für das eine Investorengruppe 1400 Mio. FF (213,4 Mio. Euro) investierte, wurde 1994 fertig gestellt. Der Innenraum des Shopping Malls erstreckte sich vom World Trade Centre Lille-Europe zum Eingang des Gesamtkomplexes. Die Autos der Kunden können kostenlos abgestellt werden, um nicht nur die Bewohner von Lille, sondern

---

84 Interview mit einem leitenden Angestellten der Caisse des Dépots et Consignations im Februar 2001. Zu finanziellen Schwierigkeiten vgl. Meldung „Tempête financière sur Euralille", in: La Voix du Nord vom 16.12.1995

vor allem die Bevölkerung des dicht besiedelten Umlandes und der nahen belgischen Provinz anzulocken. Das Einkaufszentrum wurde mit einem gewaltigen, geneigten Dach überspannt, das zur Stadt hin mit einer Reihe von drei Hochhäusern verzahnt ist, die wiederum ein Studentenheim, einen Administrationskomplex für das Personal der SNCF, eine Wirtschaftsfachschule, ein Hotel, Büros sowie Miet- und Eigentumswohnungen beherbergen. Für die zwei übrigen Türme fehlten Investoren. Da dafür neben den bereits gebauten Türmen Lücken gelassen wurden, sah das Gebäude halbfertig aus. Arabische Geldgeber, die zu Beginn dabei waren, waren seit der Golfkrise Anfang der 1990er Jahre ausgestiegen und engagierten sich stattdessen in Beirut (vgl. Bauwelt 1994).

Die Kongresshalle Lille Grand Palais ist das einzige von Koolhaas entworfene Gebäude. Es wurde aus öffentlichen Mitteln (275 Mio. FF/42 Mio. Euro) finanziert und damit aus den Kassen der Stadt Lille, des Department du Nord, des Ministeriums für Kultur sowie europäischen Mitteln. Es besteht aus einer Ausstellungshalle, einem großen Konzertsaal, Auditorien und einem Kongresszentrum.

Diese aufeinander folgenden Abschlüsse einzelner Teilprojekte konnten jedoch nicht darüber hinweg täuschen, dass es gleichzeitig auch zum Teil zu erheblichen Verzögerungen und zum Scheitern anderer geplanter Teilprojekte kam. Die SEM Euralille berichtete 1995, einige wichtige Projekte seien noch nicht realisiert worden. So verzögerten sich unter anderem die Hotelprojekte und die Büro- und Wohnungsbauvorhaben (vgl. Euralille 1995; Voix du Nord, 6.5.1994). 1994 erreichte die Immobilienkrise ihren Höhepunkt und erschwerte die Entwicklung Euralilles. Für den Immobilienmarkt von Euralille machte sich dies an einem Rückgang der Nachfrage und einem Rückzug der Bauträger bemerkbar (vgl. Malezieux 1993, Werquin 1999). Bezeichnend waren die Schwierigkeiten bei der Realisierung des Hotelturmes über dem neuen Bahnhof Lille-Europe, für den Investoren ausblieben. Das Hotel-Projekt wurde mehrmals wegen Unstimmigkeiten zwischen architektonischen Anforderungen und technischer Möglichkeiten geändert, dreimal völlig neu präsentiert, scheiterte aber mangels Interesse von Investoren (vgl. Vermandel 1995).

Insgesamt blieb der Ausbau und die Belegung der Büroflächen weit hinter den Erwartungen zurück (vgl. Moulaert/Salin/Werquin 2001). Von insgesamt 63.395 m^2 waren 30.983 m^2 bzw. 49% ausgelastet (Bertolini/Spit 1998: 82). Insofern stellten die Schwierigkeiten bei der Vermarktung der Büroflächen das Ziel in Frage, ein Dienstleistungszentrum mit internationaler Ausrichtung zu entwickeln.

Als Jean-Louis Subileau 1998 die Nachfolge Jean-Paul Baïettos als Direktor der SEM Euralille antrat, „belasteten die schlimmsten Prognosen das Abenteuer." Er habe „zunächst die Vorstellung widerlegen müssen, dass Euralille beendet sei" (METL 2000: 8). Auf dem 70 ha großen Entwicklungsgebiet sollten ursprünglich 630.000 m² gebaut werden. Diese Zahl war bereits nach dem öffentlichen Beteiligungsverfahren auf 540.000 m² reduziert worden. Im Jahr 1998 waren 250.000 m² verkauft (METL 2000: 9). Die Frage nach Abbruch oder Fortsetzung stellte sich zwar, aber nach Ansicht Subileaus wäre ein Ende der Maßnahme kostspieliger als eine Fortführung gewesen:

„Sämtliche Gründe wirtschaftlicher Natur machten eine Fortführung des Projekts unmöglich; einige Unstimmigkeiten, insbesondere was die Verknüpfung mit der Stadt anging, wurden beobachtet und zunehmend von den Einwohnern als negativ wahrgenommen. Das Vorhaben sollte entweder abgebrochen (aus wirtschaftlichen Gründen war dies auch notwendig, ich habe aber versucht zu zeigen, dass ein Abbruch teurer gewesen wäre als eine Fortführung der Maßnahme) oder das Werk von Koolhaas komplettiert werden, indem besser auf die Bedürfnisse der Wirtschaftsakteure eingegangen wurde" (Subileau 2000: 51).

Im Ganzen wurden bis 1995 in Euralille 5,3 Mrd. FF (810 Mio. Euro) investiert, davon 3,7 Mrd. FF (560 Mio. Euro) von privaten Investoren und 1,6 Mrd. FF (240 Mio. Euro) von öffentlicher bzw. halb-öffentlicher Hand. Bis zum Abschluss der Maßnahme sollten bis zu 5,5 Mrd. FF (840 Mio. Euro) von Privaten und 3,5 Mrd. FF (530 Mio. Euro) von öffentlichen Akteuren für Erschließung, öffentliche Infrastruktur und Einrichtungen investiert werden.[85]

Die Bemühungen um eine Weiterentwicklung und Vervollständigung von Euralille gingen trotz der Vermarktungsschwierigkeiten weiter, um das „tertiäre Herz der Metropole zu stärken" (METL 2000: 9). Um diesem Ziel näher zu kommen, wurde sogar ein weiteres Projekt Euralille 2 entworfen – eine Verlängerung des ursprünglichen Projekts auf weitere 20 ha der ehemaligen Militärfläche. Dafür soll eine neue ZAC erlassen werden. Wohnungen, Büros, Vier-Sterne-Hotel und der Ausbau des Kongressgebäudes sind vorgesehen.

Insgesamt wollte Lille mit einem spektakulären Projekt die Aufmerksamkeit auf sich lenken, den Prozess der Tertiärisierung sichtbar vorantreiben. Das neue Stadtzentrum sollte nicht nur der Schaffung von Arbeitsplät-

---

85 Unterlagen der SEM Euralille zu einer Pressekonferenz „Conférence de presse de Monsieur Pierre Mauroy, le 7 juillet 2000".

zen für die krisengeplagte Region dienen, sondern auch die industrielle Vergangenheit hinter sich lassen und mit dem Bisherigen brechen – auch in architektonischer Sicht. Euralille sollte eine Jobmaschine werden. Was die Schaffung von Arbeitsplätzen angeht, wird Euralille nicht nur von der SEM Euralille, sondern auch von Wissenschaftlern als „Erfolg" gewertet (Paris/Stevens 2000: 160, vgl. ADU 1998). Ein Blick auf die verschiedenen Arbeitsbereiche, ergibt jedoch ein differenzierteres Bild. Der SEM Euralille zufolge sollten bis Ende 1995 insgesamt 5.000 Arbeitsplätze geschaffen werden: 1.000 im Einkaufszentrum und 4.000 in den neuen Büros (Moulaert/Salin/Werquin 2001: 152). Die tatsächlichen Zahlen für das Einkaufszentrum stimmten mit dem prognostizierten Wert überein. Ende 1994 waren 1.196 Menschen im Einkaufszentrum beschäftigt (410 im Supermarkt, 700 in den 129 Geschäften und angrenzenden Dienstleistungen, 86 in Subunternehmern für Reinigung und Sicherheit). 1998 hatten 1.070 Menschen einen Job in den 125 Geschäften. 40% der Jobs waren Vollzeitarbeitsplätze, 84% waren neu geschaffen worden. Im Gegensatz dazu entsprach die Bilanz für neue Dienstleistungstätigkeiten nicht den Erwartungen. Hier haben vergleichsweise wenig Menschen einen neuen Arbeitsplatz gefunden, was auf die schwierige Vermarktungssituation für Büroimmobilien zurück zu führen ist:

„Employment on the Euralille site is not only the result of job creation, but also job transfer. Some shops, and most of the service firms, have in fact relocated their activity from an existing location to Euralille. These dislocations increase the internal disequilibrium of the Metropolis and the whole urban region" (Moulaert/Salin/Werquin 2001: 154).

Zusammengefasst war die Phase der Umsetzung von Euralille von einer Zäsur gekennzeichnet, die kurz mit der Formel ‚vor und nach der Krise' umschrieben werden kann. Begünstigt wurde die Projektentwicklung dadurch, dass es der SEM Euralille gelang, Investoren zu überzeugen, den Bau des Büro- und Geschäftszentrums zu finanzieren. Die Erschließung des Geländes und die Anknüpfung an den öffentlichen Nahverkehr erfolgte durch die öffentliche Hand. Ein entscheidender Vorteil war, dass das Grundstück nicht gekauft werden musste, sondern als ehemalige Militärfläche quasi in öffentlichem Besitz war. Mauroy konnte seine Einflussmöglichkeiten in Paris nutzen, um an das Areal zu gelangen. Mit Beginn der Immobilienkrise 1994/95 wurde es immer schwieriger, Investoren zu finden. Die Projektentwicklungsdynamik erlahmte zusehends.

2.5 Zusammenfassung

Das Großprojekt Euralille ist das Ergebnis des Zusammenwirkens öffentlicher und privater Akteure. Nach dem Willen des Bürgermeisters Pierre Mauroy sollte sich Euralille zu einer ‚turbine tertiaire' entwickeln und Lille zu einem internationalen Dienstleistungszentrum machen. Dass es zum Teil nicht möglich war, diese hochgesteckten Ziele zu erreichen, lag daran, dass das Projekt für die Verhältnisse in Lille überdimensioniert war und daher von der Immobilienkrise eingeholt werden konnte. Euralille gelang es zwar, einige Investoren und Investorengruppen für einzelne Teilprojekte anzulocken, es reichte aber nicht aus, um das Gesamtkonzept umzusetzen. Der Chefarchitekt Koolhaas war bei seiner Masterplanung von der Idee des ‚Bigness' ausgegangen, das Projekt sollte mit der vorhandenen Stadtstruktur brechen und etwas Neues schaffen – der Kontext wurde dabei aber außer Acht gelassen. Folglich konnten einige Teilprojekte wie das geplante Hotel über den TGV-Schienen und die Türme am Einkaufs- und Dienstleistungszentrum bisher nicht realisiert werden. Dort klaffen nun Lücken, die ein Bild der Unvollständigkeit vermitteln.

Das Projekt Euralille wurde durch eine starke öffentliche Führung sowie mit klassischen Instrumenten des französischen Städtebaus implementiert und stellt daher ein „typisch französisches Projekt" dar (Moulaert/Salin/Werquin 1999: 262). Die Entstehungs- und Entwicklungsdynamik von Euralille ist durch die starke Führungsrolle des Bürgermeisters von Lille geprägt, der über die Praxis der Ämterhäufung Einfluss nehmen konnte und dadurch entscheidend zur Durchsetzung des Vorhabens beitrug. Seit über zwanzig Jahren war Pierre Mauroy sowohl Bürgermeister als auch ab 1989 Präsident des Stadt-Umland-Verbands. Als ehemaliger Premierminister und als Senator verfügte er daher über Kontakte auf unterschiedlichen politischen Ebenen, mit denen er den Planungsprozess kontrollieren konnte. Ein entscheidender ‚Schachzug' war die Präsidentschaft des Stadt-Umland-Verbandes vor allem deshalb, weil er auf eine Entwicklungsstrategie für den Ballungsraum sowie auf die Zustimmung der Nachbarstädte zu Euralille hinwirken konnte.

Euralille repräsentiert beispielhaft das ‚gemischtwirtschaftliche Modell' öffentlich-privater Kooperation. Für die Anfangsphase von Euralille kennzeichnend war die frühzeitige Einbindung des privaten Sektors. Noch 1988 wurde die private Planungsgesellschaft „Euralille-Métropole" gegründet, die erste Vorstudien durchführen sollte. Mit ihrer Gründung konnten verschiedene ressourcenstarke Akteure für das Projekt mobilisiert und von Anfang an eine Brücke zwischen Wirtschaft und Politik geschlagen werden. Außerdem erschien eine Planungsgesellschaft mit privaten Aktionären geeignet, um eine größere Glaubwürdigkeit und Seriosität gegenüber den potenziellen Investoren zu erlangen. Dafür, dass die Projektakteure großen Wert auf die Imagewirkung und Außenwerbung des Vorhabens legten, sprach die Wahl des renommierten Architekten Rem Koolhaas und die Einbeziehung von ausgewählten Experten aus Kultur und Wissenschaft.

Die Rolle der politischen Gremien auf kommunaler und Stadt-Umland-Ebene lässt sich als ein kurzes Zwischenspiel charakterisieren, in dem einige Grundsatzbeschlüsse gefasst wurden. Die konzeptionelle Vorarbeit wurde innerhalb der ‚Projektstrukturen' geleistet, d.h. durch die private Planungsgesellschaft, die Architektenbüros und den städtebaulichen Qualitätszirkel, so dass der Stadtrat von Lille erst zu Beginn der öffentlichen Beteiligung über Inhalt und Form des Projekts informiert wurde. Die erste öffentliche Sitzung politischer Gremien fand nach einer Phase der Geheimhaltung auf Stadt-Umland-Ebene statt, die für Fragen der Stadtplanung zuständig ist und das letzte Wort hatte bei der Einrichtung der konzertierten Planungszone (ZAC) und der gemischtwirtschaftlichen Gesellschaft SEM Euralille. Kritik wurde daher vor allem am Projektverfahren laut.

Mit der Zustimmung zur Gründung der SEM für das Projektmanagement wurden weitreichende Entscheidungsbefugnisse von den öffentlichen Körperschaften auf die SEM übertragen, die unabhängig von Verwaltungsstrukturen und -vorschriften das Projekt zielorientiert realisieren konnten. Der Charakter einer SEM ist doppelter Natur, zum einen werden im öffentlichen Auftrag Ziele von ‚allgemeinem Interesse' verfolgt, zum anderen Arbeitsweisen aus dem privatrechtlichen Sektor übernommen. Dadurch können flexiblere Arbeits- und Beschäftigungsstrukturen eingeführt werden. Da die öffentlichen Gebietskörperschaften per Gesetz Mehrheitsanteile am Kapital der Gesellschaft halten müssen, verzichten sie nicht ganz auf ihre Kontrolle. Gerade in einer gemischtwirtschaftlichen Gesellschaft werden private und öffentliche Interessen eng aneinander gekoppelt und vermischt. Im Fall Euralille wurde die Verflechtung zwischen SEM und Politik noch durch die starke Führungsrolle des Bürgermeisters bei der Projektentwicklung verstärkt.

Ähnlich wie in Adlershof war die öffentliche Hand eine prekäre Doppelrolle eingegangen: Sie war einerseits unternehmerisch tätig, betätigte sich unmittelbar im wirtschaftlichen Bereich und ging folglich auch wirtschaftliche Risiken ein. Gleichzeitig war sie Kontrolleur ihrer eigenen unternehmerischen Tätigkeiten. Im Fall des Scheitern würde der Vorwurf der Verschleuderung öffentlicher Gelder nicht auf sich warten lassen. Auch wenn bei Euralille finanzielle Schwierigkeiten auftraten und die Erwartungen hinter der tatsächlichen Realisierung zurückblieben, war das Vorhaben in der Umsetzungsphase stärker gefeit gegen Kritik. Dies lässt sich unter anderem durch einen Imagegewinn aus der Frühphase der Entwicklung erklären, in der es gelang, noch vor der einsetzenden Krise eine beeindruckende Projektentwicklung mit Hilfe privater Investitionen in Gang zu setzen.

Die Rolle der privaten Finanziers innerhalb der SEM Euralille ging zum Teil über die eines Aktionärs hinaus, da sie auch als Berater und Sachverständiger gefragt waren und teilweise auch als Investoren gewonnen werden konnten. Sie waren daher vor allem in der Realisierungsphase von Bedeutung. Insgesamt darf aber der private Charakter der Vorhaben nicht überschätzt werden, da die Banken in der SEM überwiegend einen halböffentlichen Charakter hatten und die öffentliche Hand vor allem in finanzieller Hinsicht, aber auch in Hinblick auf die städtebaulichen Instrumente großen Anteil an der Umsetzung des Vorhabens hatte. Dies wurde nicht zuletzt durch die starke Führungspersönlichkeit des Bürgermeisters von Lille unterstrichen.

Kapitel III
Schlussfolgerungen zur Steuerungsproblematik von Großprojekten

Stadtentwicklung über Großprojekte gewann als Planungsstrategie im Laufe der 1980er Jahre an Bedeutung. Mit Großprojekten ist die Erwartung verknüpft, Probleme der Stadtentwicklung in post-industriellen Städten lösen zu können. Sie sollen als Katalysatoren der Stadtentwicklung wirken. Dafür werden neue Planungsverfahren außerhalb der herkömmlichen Planungsstrukturen und privatrechtlich organisierte Entwicklungsgesellschaften geschaffen. Die frühzeitige Beteiligung privater Investoren und das aktive Engagement der öffentlichen Hand bei der Durchführung der Projekte reflektiert ein Planungsverständnis, das auf Kooperation von öffentlichen mit privaten Akteuren setzt. Dieses Verständnis von Planung bricht mit der standardisierten Verwaltungsroutine und den traditionellen Vorstellungen von Stadtentwicklungspolitik. Planung wird dezentraler und vielstimmiger. Der Begriff ‚governance' spiegelt diese Differenzierung von Interessen und die Bedeutungszunahme verschiedener Akteure für die politische Steuerung wider.

Ziel der vorliegenden Studie war es, diese neuen Steuerungsformen im Feld der Stadtentwicklungspolitik zu untersuchen. Zu diesem Zweck wurde der politische Steuerungsprozess von Großprojekten analysiert und besprochen, wie Großprojekte angestoßen, implementiert und realisiert werden. Auf der Basis dreier Grundformen öffentlich-privater Kooperation wurden die Entwicklungsvorhaben in Berlin, Oberhausen und Lille ausgewählt. Anhand der Fallstudien wurde genauer bestimmt, wie die Projektakteure in unterschiedlichen Kooperationstypen Großprojekte durchführen und welche Potenziale und Defizite damit verbunden sind. Es ging zudem darum, Erkenntnisse über die Funktionsbedingungen von Großprojekten zu gewinnen. Welche spezifischen Merkmale weist die Strategie ‚Großprojekt' auf, und welche Probleme sind damit für die politische Steuerung der Vorhaben verbunden? Dabei richtete sich das Erkenntnisinteresse zum einen auf die Frage, warum Großprojekte eine Eigendynamik entwickeln, die sich der herkömmlichen Form politischer Steuerung entzieht. Zum anderen sollten Einsichten über die politische Legitimation der Vorhaben gewonnen werden, da sie sich mit ihren externalisierten Managementstrukturen den traditionellen Verfahren demokratischer Aufsicht verschließen.

Im Folgenden werden zentrale Unterschiede und Gemeinsamkeiten der drei Fallstudien diskutiert, um damit Antworten auf diese Fragen zu geben. Abschließend sollen die Folgen der Projektplanung für die Stadtentwicklungspolitik erörtert und Möglichkeiten beleuchtet werden, wie auf die Herausforderungen durch Großprojekte politisch und wissenschaftlich angemessen reagiert werden könnte.

1. Die Fallstudien im Vergleich: fallspezifische Besonderheiten

Großprojekte sind die neuen Hoffnungsträger der Stadtentwicklungspolitik. Berlin Adlershof, die Neue Mitte Oberhausen und Euralille wurden im Kontext von Umbruch- und Krisensituationen initiiert. In Berlin hatte die Wiedervereinigung einen umfassenden Transformationsprozess eingeleitet, in Oberhausen hatte sich die Krise nach dem Rückzug der Montanindustrie zugespitzt und für Lille bedeutete die TGV-Entscheidung einen Wendepunkt nach krisenhaften Strukturveränderungen in der Region. Die groß angelegten Entwicklungsvorhaben versuchten, diese Umbruchsituationen zu meistern. Mit einem deutlichen Maßstabssprung, betreffend die Größe der Projekte, ging es darum, den Image-, aber auch den funktionellen Wandel der Städte sichtbar zu machen. Die Bezeichnung ‚turbine tertiaire' – Dienstleistungsmaschine – ist insofern treffend, als die Großprojekte mehrere tausend Arbeitsplätze schaffen und gleichzeitig als Fortschrittsmotor einer Stadt oder Region erscheinen. Während in Oberhausen mit dem Einkaufs- und Freizeitzentrum insbesondere konsumorientierte Dienstleistungen im Vordergrund standen, galt es in Adlershof hochqualifizierte Arbeitsplätze im Wissenschafts- und High Tech-Bereich zu fördern. Euralille ging es sowohl um die Schaffung konsum- als auch produktionsorientierter Dienstleistungen. An allen Orten wurden die Großprojekte als Symbole des Wandels angepriesen. Die ‚Stadt für Wissenschaft und Wirtschaft' knüpfte an die bisherige Nutzungsstruktur und an die ‚endogenen Potenziale' am Standort an. Insofern war der Bruch mit der Vergangenheit nicht so tiefgreifend wie in Oberhausen und Lille.

In der vorliegenden Studie wurden drei Grundformen öffentlich-privater Kooperation untersucht, die im Wesentlichen das Spektrum institutionalisierter Kooperationsmöglichkeiten auch in Großprojekten widerspiegeln. Das institutionelle Arrangement wird in Berlin Adlershof als öffentliches Modell bezeichnet. Die Senatsverwaltung war maßgeblich am Zustandekommen des Vorhabens beteiligt. Mit der Einleitung einer städtebaulichen Entwicklungsmaßnahme lag das Projekt im Verantwortungsbereich der öffentlichen Hand, auch wenn städtebauliche Aufgaben an einen privatrechtlich organisierten Entwicklungsträger übertragen wurden. Die Neue Mitte Oberhausen, mit dem CentrO als Entwicklungsschwerpunkt, wurde hingegen von einem Großinvestor realisiert, der schon in Großbritannien ein ähnliches Shopping Mall auf einer Industriebrache entwickelt hatte. Die Neue Mitte verkörpert damit das Investorenmodell, während die Entwicklung in Euralille das gemischtwirtschaftliche Modell repräsentiert. Hier begaben sich die Gebietskörperschaften in eine private Entwicklungsgesellschaft, um das Projekt gemeinsam mit privaten Teilhabern zu entwickeln.

Die Fallstudien haben deutlich gemacht, dass die drei Kooperationstypen die Projektentwicklung und -dynamik unterschiedlich prägen. Das institutionelle Arrangement entscheidet über die Aufgabenverteilung und das Rollenverständnis der Beteiligten sowie über deren Risikoübernahme und Kräfteverhältnis. Die Art und Weise, wie ein Projekt organisiert ist, wirft zudem jeweils typische Kontrollprobleme für den öffentlichen Sektor auf. Wie das Projekt in der Öffentlichkeit behandelt wird, ist auch von Promotoren beeinflusst, die entscheidend auf die Projektentwicklung einwirken. Auch die Frage, wie die Projekte, die quer zu den traditionellen Verwaltungsstrukturen stehen, in die Verwaltungsarbeit eingebettet wurden, hat sich für die Projektsteuerung als bedeutsam erwiesen. Auch hier treten fallspezifische Besonderheiten auf. Welche Projektstruktur entsteht, ist nicht zuletzt auch eine Folge unterschiedlicher politischer Kulturen und Spezifika des politischen Systems, insbesondere im vorliegenden internationalen Vergleich.

Im Folgenden werden die Fälle miteinander verglichen und ihre Unterschiede in Hinblick auf das institutionelle Arrangement, auf die Rolle von Promotoren und ihre Einbettung in die Verwaltungsstruktur spezifiziert.

Die Kooperationstypen

Die untersuchten Großprojekte zeigen, warum bestimmte institutionelle Arrangements zwischen öffentlichem und privatem Sektor gewählt werden. Die Kooperationsformen und Instrumente gehen auf aufgabenspezifische

Gründe, auf lokale und nationale Traditionen oder aber auf Opportunitäten zurück, die sich im Einzelfall ergeben haben.

Im Berliner Fall waren es vor allem aufgabenspezifische und kontextuelle Gründe, die zum Einsatz der städtebaulichen Entwicklungsmaßnahme führten. Die Verwaltungsakteure versprachen sich von diesem Instrument – angesichts einer breiten Eigentümervielfalt – leichteren Zugriff auf die Grundstücke. Sie wollten in landespolitischer Verantwortung den ehemaligen Forschungs- und Medienstandort der DDR umstrukturieren und dort eine neue Entwicklung ankurbeln. Angesichts knapper Kassen und der vielen Stadtentwicklungsprojekte in der gesamten Stadt erwies sich auch der Selbstfinanzierungsmechanismus der städtebaulichen Entwicklungsmaßnahme über Grundstücksankauf, Erschließung und Veräußerung als ‚verführerisches Moment' bei der Wahl des Instruments.

In Oberhausen stellten sich die Akteure nicht in erster Linie die Frage, welches Instrument sie für die Entwicklung der stillgelegten Flächen der Stahlwerksbetriebe von Thyssen einsetzen sollten, sondern wie sie einen Investor gewinnen konnten, der dort die neu entstandene ‚städtebauliche Leere' mit neuem Inhalt und Arbeitsplätzen füllen würde. Dass sich alle Hoffnungen auf die Suche nach einem Großinvestor richteten, hatte zum einen damit zu tun, dass traditionell im Ruhrgebiet auf Großansiedlungen gesetzt wurde, um neue Arbeitsplätze zu schaffen. Dieses ‚Tonnendenken' setzte sich bis in die nachindustrielle Zeit fort. Zum anderen stand die Fläche nicht im öffentlichen, sondern im Eigentum der Thyssen Stahl AG. Daher erschien der Ankauf der Fläche durch einen Investor am besten geeignet, um schnell eine neue Entwicklung einzuleiten.

Ein Investorenmodell kommt zweifelsohne nur dann in Betracht, wenn ein mitwirkungsbereiter Investor vorhanden ist. Bei schwierigen Umstrukturierungsmaßnahmen und großflächigen Entwicklungen am Stadtrand – wie im Berliner Fall – ist das meist nicht gegeben. Das heißt aber nicht, dass das Vorhaben nicht auf Investoren angewiesen wäre – städtebauliche Entwicklungsmaßnahmen brauchen spätestens bei der Umsetzung der Konzepte privates Kapital.

Im Fall Euralille wurde die für Frankreich typische Form öffentlich-privater Kooperation (Société d'Economie Mixte) angewendet; dafür wurde durch die Gründung der privaten Planungsgesellschaft (Euralille-Métropole), die später in eine gemischtwirtschaftliche Gesellschaft umgewandelt wurde, frühzeitig die Grundlage geschaffen. Die SEM Euralille hatte die Aufgabe, unterschiedliche Investoren für einzelne Teilprojekte des Masterplans zu gewinnen. SEMs spielen in Frankreich im Vergleich zu Deutschland eine herausragende Rolle in der Stadtentwicklung; sie gewannen nicht nur im Zuge der Dezentralisierungsreformen an Bedeutung, sondern auch aufgrund der aktiven Rolle großer Unternehmensgruppen und der Staatsbank Caisse des Dépôts et Consignations in der Stadtentwicklung, die sich auch im Fall Euralille engagierten.

Die Projektentwicklung in Adlershof hat gezeigt, dass der Einsatz der Entwicklungsmaßnahme mit beachtlichen Risiken für die öffentliche Hand verbunden ist. Dabei wurde ein grundsätzliches Dilemma deutlich, das auftreten kann, wenn der öffentliche Sektor als Entwicklungsunternehmer tätig wird. Auf der einen Seite war risikoreiches Handeln erforderlich, um das Projekt einzuleiten und durchzuführen. Auf der anderen Seite durften nicht allzu große Risiken eingegangen werden, weil das Vorhaben haushaltspolitisch verantwortbar bleiben musste. Dieses Spannungsverhältnis zwischen unternehmerischem Handeln in öffentlicher Hand und Achtung des Gemeinwohls ist ein besonderes Merkmal des öffentlichen Modells. Insbesondere als das Projekt in eine schwierige Phase geriet und die Wachstumserwartungen enttäuscht wurden, entstand eine Situation, in der die Entscheidungsrationalitäten von Politik und Projektträger in Gegensatz gerieten. Der privatrechtlich organisierte Entwicklungsträger, der als Treuhänder tätig war und nicht das wirtschaftliche Risiko trug, wollte den Entwicklungsplan in vollem Umfang realisieren, was laufende Kreditaufnahmen verlangte – die politischen Entscheidungsgremien aber mussten aufgrund ihrer Verantwortung für den öffentlichen Haushalt zögern, Investitionen zu finanzieren, die mit einem zu hohen Risiko behaftet waren. Wegen der spezifischen Konstruktion des Entwicklungsträgers konnte er sich verselbständigen und Eigeninteressen am Vorhaben entwickeln, die nicht immer im Einklang mit den öffentlichen Zielvorgaben waren. Dem Entwicklungsträger war beispielsweise gestattet, Aufträge an Tochtergesellschaften zu vergeben. Dies hatte in einigen Fällen überhöhte Ausgaben und die Missachtung des Wettbewerbsrechts zur Folge. Der immer größer werdende Schuldenstand im Treuhandvermögen war der Grund, warum das Abgeordnetenhaus eine zunehmend kritische Haltung einnahm und unter anderem mit der befristeten Sperrung der Kreditaufnahme eine Notbremse zog. Auch Investoren blieben infolge eines Angebotsüberhangs in Berlin aus, so dass die Projektdynamik nachließ. Der Entwicklungsträger bezeichnete die öffentliche Kritik hingegen als geschäftsschädigend und forderte die Stadt auf, sich endlich wie ein seriöser Immobilienentwickler zu verhalten.

Im Fall der Neuen Mitte Oberhausen war die Ausgangssituation eine ganz andere, da ein Großinvestor vorhanden war, der von Anfang an das Projektgeschehen prägte. In Adlershof sollten Investoren erst dann erscheinen, nachdem die einzelnen Grundstücke erschlossen worden waren. Die

Zusammenarbeit zwischen öffentlicher Hand und Investor im Oberhausener Fall basierte auf einem gemeinsam ausgehandelten Vertrag, der in erster Linie den Kauf des ehemaligen Thyssen-Geländes regelte und nur ganz grob die Verpflichtungen des Investors festlegte. Was Heinz (1998b: 559) in seiner PPP-Klassifikation als „vertraglich geregelter Kooperationsansatz" bezeichnet, der in Verträgen „die Rollen und Zuständigkeiten der Beteiligten, ihre jeweiligen Aufgaben- und Handlungsschwerpunkte, ihr personeller, finanzieller und sächlicher Einsatz sowie die Verteilung möglicher Risiken" regelt, geht viel weiter als die Festlegungen in dem Kaufvertrag für die Neue Mitte. Wie Verträge gestaltet werden und welche Vereinbarungen über die Aufgaben der beteiligten Vertragspartner getroffen werden, hängt maßgeblich von der Verhandlungsposition der Akteure ab. Dieser Einflussfaktor erwies sich auch in Oberhausen als ausschlaggebend für das Verhandlungsergebnis. Die Verhandlungen verliefen hier parallel auf zwei Ebenen. Einerseits verhandelte das Land NRW mit der Thyssen Stahl AG über den Verkauf des Grundstücks sowie die Zuständigkeit für die Aufbereitung der Fläche und die damit verbundenen Abbruch- und Sanierungskosten. Andererseits fanden gleichzeitig die Verhandlungen zwischen der Grundstücksentwicklungsgesellschaft GEG und dem Investor (Firma Stadium) statt. Die knappe Zeitvorstellung des Investors war nicht immer mit der politischen Anforderung vereinbar, parlamentarische Gremien in das Entscheidungsverfahren einzubeziehen. Die Stadium-Gruppe drängte auf frühe und verbindliche Vereinbarungen zum Grundstückskauf. Dies stand zum Teil im Widerspruch zu den langwierigen Abstimmungs- und Entscheidungsprozessen mit dem Parlament. Der Investor nutzte auch klassische Druckmittel – die Drohung, andernorts zu investieren – um die Verhandlungen zu forcieren. Auch die Thyssen Stahl AG drohte damit, die Fläche für eigene Zwecke nutzen zu wollen. Thyssen wusste, dass das Land auf die Fläche angewiesen war. Diese schwache Verhandlungsposition des Landes begründete auch die Kompromisslosigkeit, mit der die Verhandlungen geführt wurden. Der von den privaten Verhandlungspartnern ausgeübte Zeitdruck nannte der Finanzminister als Grund, warum er keine Einwilligung des Landtages für den Abschluss der Grundstückskaufs mit Thyssen eingeholt hatte. Um das Verfahren zu verkürzen und noch Ende 1991 zu einem gesamten Vertragswerk zu kommen, wurde die Missachtung haushaltsrechtlicher Vorgaben in Kauf genommen. Die öffentliche Hand passte sich an die Handlungslogik der privaten Akteure an, die sich nicht demokratisch legitimieren mussten. Dass öffentliche Interessen zu kurz kamen, weil ein Großinvestor das Vorhaben dominierte, erwies sich als ein spezifisches Problem des Investorenmodells. Bezeichnend für das Investorenmodell war auch die späte Bekanntmachung des geplanten Vorhabens in der Öffentlichkeit. Verwaltung und politische Gremien wurden nicht von Anfang an informiert, sondern erst als dies opportun schien. Um das Investorenprojekt nicht zu gefährden, sollte eine grundsätzliche Debatte über das Vorhaben vermieden werden. Insgesamt stellt die enge Abstimmung zwischen Spitzenpolitikern, Verwaltungsspitze und einem Großinvestor eine Konstellation dar, die im Ruhrgebiet Tradition hat. Sie spiegelt eine Politik wider, bei der eine kleine Gruppe von 'strategischen Machern', „ohne große Diskussion im Parlament und nicht selten mit autoritären Mitteln", neue Projekte in den Gremien der Parteien, den Ausschüssen und Kommunalparlamenten durchsetzen (Bömer 2000: 160).

Das gemischtwirtschaftliche Modell vereint typische Probleme, aber auch Vorteile des Investoren- und des öffentlichen Modells. Die Gebietskörperschaften begeben sich in eine private Projektentwicklungsgesellschaft und teilen mit den privaten Gesellschaftern das wirtschaftliche Risiko des Vorhabens. Da öffentliche und private Akteure in einem gemeinsamen Unternehmen das Projekt steuern, sind ihre Interessen eng aneinander gekoppelt. Im Fall Euralille wurde die Verflechtung zwischen SEM und Politik durch die starke Führungsrolle des Bürgermeisters Mauroy bei der Projektentwicklung noch verstärkt. Von Vorteil war, dass die privaten Partner ihr 'know how' und ihr eigenes Kapital in das gemeinsame Unternehmen einbrachten, um die Entwicklung zu beschleunigen. Da die öffentlichen Akteure in ein privatrechtlich organisiertes und 'denkendes' Unternehmen eingestiegen sind, kam es aber zwangsläufig zu einer Unterordnung öffentlicher Ziele unter private Gewinninteressen. Die öffentliche Hand ging zudem – ähnlich wie in Adlershof – eine prekäre Doppelrolle ein: Sie war einerseits unternehmerisch tätig, betätigte sich unmittelbar im wirtschaftlichen Bereich und ging deshalb auch wirtschaftliche Risiken ein. Gleichzeitig war sie Kontrolleur der unternehmerischen Tätigkeiten (vgl. Verpraet 1991). Da die öffentlichen Gebietskörperschaften per Gesetz Mehrheitsanteile am Kapital der Gesellschaft hielten, konnten sie über Gesellschafterrechte Einfluss auf die Projektentwicklung nehmen. Direkte parlamentarische Kontrollmöglichkeiten werden aber in privatrechtlich organisierten Gesellschaften eingeschränkt, weil die Verfahrenstransparenz dadurch getrübt ist, dass wichtige vertragsrechtliche und finanzrelevante Absprachen der Geheimhaltungspflicht unterworfen sind. Insofern ist für das gemischtwirtschaftliche Modell typisch, dass parlamentarische Gremien zwar politische Grundsatzbeschlüsse zum Projekt fassen, aber wenig Einfluss auf den weiteren Projektverlauf nehmen. Da das Projekt innerhalb privater Projektstrukturen entwickelt wurde, konnte die Öffentlichkeit in der Anfangsphase wie in Oberhausen umgangen werden. Auch wenn bei Euralille finanzielle Schwierigkeiten auftraten und die Erwartungen hinter der tatsächlichen Realisierung zurück blieben, kam es jedoch nicht zu vergleichbaren Interventionsversuchen parlamentarischer Gremien wie im Berliner Fall.

Die Rolle von Promotoren

Großprojekte sind keine Routineaufgaben. Sie werden in der Absicht begonnen, etwas qualitativ Neues zu schaffen. Großprojekte sollen auch die Sichtbarkeit der politischen Initiative der Stadt erhöhen. In diesem Zusammenhang ist die hervorgehobene Rolle von Promotoren – meist Politikern – von Bedeutung, die 'tatkräftig und willensstark', zum Teil an formalen Kompetenzabgrenzungen vorbei, die Projektentwicklung in die Hand nehmen und mit ihrer eigenen Person verknüpfen. Politiker werden zu Unternehmern und können sich dabei eines gewissen Standortvorteils von Nutzen machen, da sie an der Schnittstelle zwischen Verwaltungshandeln und unternehmerischen Handeln agieren können. In ihnen schlagen zwei 'Herzen': das des Vertreters öffentlicher Interessen und das des Unternehmers in eigener Sache. Darüber hinaus verfügen sie idealerweise über das nötige Verständnis von Verwaltungsabläufen und kennen Mittel und Wege, sie gegebenenfalls zu manipulieren. Das sind unverzichtbare, aber eben auch widerstreitende Voraussetzungen, um ein Großprojekt erfolgreich zu managen. Auch hier wird das Spannungsverhältnis zwischen einer unternehmerisch orientierten Projektpolitik und den Anforderungen einer demokratisch legitimierten Politik sichtbar.

Das Investorenmodell begünstigt die Entstehung von Projektpromotoren, da sie sich als 'öffentliches Pendant' zum mitwirkungsbereiten Investor in der Öffentlichkeit als 'politische Unternehmer' profilieren können. Die Realisierung der Neuen Mitte macht die Bedeutung geschickt agierender Politikerpersönlichkeiten auf besondere Weise sichtbar. Auf Landesebene setzte sich Finanzminister Schleußer für die Projektentwicklung ein. Dem Minister wurde die Sonderzuständigkeit für die Vermarktung des Thyssen-Grundstücks in seinem Oberhausener Wahlkreis übertragen. Seine intensiven Bemühungen wurden ergänzt durch das Engagement eines zweiten zentralen Akteurs, dem Oberstadtdirektor Drescher. Er betrieb die – wie er es nannte – 'Seelenpflege' des Investors, setzte sich dafür ein, dass dieser nicht aus dem Vorhaben ausscheide. Außerdem sorgte er für 'frischen Wind' im Oberhausener Rathaus, führte ein auf Kooperation setzendes Projektmanagement ein und reformierte die Verwaltungsstrukturen. Dies bedeutete jedoch nicht, dass das Denken und Handeln in Verwaltungshierarchien vollständig verdrängt wurde. Die Rangordnungen wurden durch einen auf die eigene Person fixierten Führungsstil des Oberstadtdirektors sogar verschärft. So deklarierte Drescher das Projekt Neue Mitte zur Chefsache und band zunächst nur einen engen Kreis an Vertrauten ein. Bürokratische Verfahren konnten dadurch teilweise umgangen werden. So konnten die Vorarbeiten der Projektentwicklung vorwiegend auf informellen Wege zustande kommen. Hier werden Relikte eines für das Ruhrgebiet typischen 'Herr-im-Hause'-Standpunktes – in diesem Fall von politischen Unternehmern – sichtbar. Die Bedeutung der Promotoren wurde auch deutlich, als es darum ging, die Stadträte der Nachbarstädte bzw. den Bezirksplanungsrat von der Notwendigkeit des Vorhabens zu überzeugen. Diese Überzeugungsarbeit wurde insbesondere durch parteipolitische Einflussnahme der beiden Sozialdemokraten Schleußer und Drescher geleistet. Die Stadträte und der Bezirksplanungsrat waren meist SPD-dominiert, so dass der berüchtigte 'rote Filz' im Ruhrgebiet wirksam werden konnte.

Auch die Entstehungs- und Entwicklungsdynamik von Euralille ist unmittelbar mit den Machtnetzwerken von Politikern verquickt, insbesondere mit denen des Bürgermeisters von Lille. Seine Machtnetzwerke spiegeln die für Frankreich bezeichnende „Allmacht des Bürgermeisters" (Hoffmann-Martinot 1999: 370) wider. Als „Supernotabler" (Mabileau 1996: 88) verfügte Mauroy über Einflussmöglichkeiten und Kontakte auf unterschiedlichen politischen Ebenen, mit denen er die Entscheidungsprozesse kontrollieren konnte. Machtnetzwerke bestehen aus Einflussbeziehungen zwischen verschiedenen politischen Zentren, wie zum Beispiel dem Rathaus und den Stadt-Umland-Verbänden, der Präfektur und der Handelskammer. Die Bedeutung von Schlüsselfiguren wird durch einen für Frankreich typischen politisch-institutionellen Kontext – der Möglichkeit der Ämterhäufung – verstärkt. Außerdem reichte Mauroys Einflussbereich als ehemaliger Premierminister über den lokalen und regionalen Wirkungskreis hinaus. Seine Kontakte zur nationalen Ebene waren entscheidend in der Phase der Verhandlungen um einen TGV-Halt in Lille. Auch der Grundstückstransfer vom staatlichen (militärischen) in städtischen Besitz ging auf die Überzeugungsarbeit von Mauroy zurück. Ricordel (1997: 428) weist in diesem Zusammenhang auf einen neuen Politikertyp in Frankreich hin, den „maire entrepreneur" – Bürgermeister, die im Zuge der Dezentralisierung an Macht gewonnen haben, Projekte initiieren und Risiken eingehen. Aber nicht nur die Rolle Pierre Mauroys verdeutlicht, wie personenabhängig das Projektverfahren war, sondern auch Jean-Paul Baïetto, der Direktor der SEM Euralille. Er verfügte über besondere Qualifikationen wie Kompetenz, Charisma und Engagement, die ihn zur 'treibenden Kraft' des Projekts machten.

Während im Fall der Neuen Mitte und Euralille herausragende Persönlichkeiten aus der Politik maßgeblich an den Projekten beteiligt waren, wirkte Adlershof vergleichsweise 'gesichtslos'. Hier gab es keine entsprechenden Figuren, die sich über einen längeren Zeitraum hervorgetan hätten. Während die Großprojekte in Oberhausen und Lille zum Fokus der Stadtentwicklungspolitik wurden, war Adlershof ein Großprojekt unter vielen, das nicht unmittelbar im Scheinwerferlicht stand. Über die Gründe für die Zurückhaltung politischer Schlüsselfiguren lässt sich nur mutmaßen. Ein Grund war sicherlich, dass die Umsetzung des Projekts von Anfang an mit erheblichen Schwierigkeiten behaftet war und insofern kaum Möglichkeiten vorhanden waren, sich mit dem Projekt als Politiker zu profilieren. Kurz: Es riss sich keiner um das Projekt. Gleichzeitig ist unbestreitbar, dass die Berliner Landespolitik nicht gerade ein Hort charismatischer Führungspersonen war, die die Gunst der Stunde zu nutzen wussten, um sich mit Vision und Tatkraft für das neue Projekt einzusetzen.

Einbettung der Großprojekte in die Verwaltungsstruktur

Großprojekte werden meist in eigens für die Planung und Umsetzung der Vorhaben geschaffenen Entwicklungsgesellschaften bearbeitet und dadurch öffentliche Aufgaben aus der Verwaltungsstruktur herausverlagert. Dies heißt aber nicht, dass die öffentliche Verwaltung in Großprojekten an Bedeutung verliert; sie bleibt in den meisten Fällen ein zentraler Akteur während des gesamten Projektverlaufs – auf kommunaler und oft auch auf übergeordneter Ebene. Dies ist zumindest der Fall bei der Durchführung von Entwicklungsmaßnahmen und bei der Planungsarbeit zur Neuen Mitte. Im Fall Euralille wurde die Entlastung der Verwaltung durch die Schaffung einer privaten Planungsgesellschaft (Euralille Métropole) und einer gemischtwirtschaftlichen Projektentwicklungsgesellschaft (SEM Euralille) am konsequentesten realisiert. Die Frage, wie Adlershof und die Neue Mitte in die Verwaltungsstruktur eingebettet sind, stellt sich gerade deshalb, weil projektspezifische Organisationsformen quer zu den traditionellen Verwaltungsstrukturen liegen. Eine effektive Bearbeitung ist davon abhängig, ob es gelingt, projekttaugliche Verwaltungsstrukturen zu etablieren.

Im Fall Adlershof gilt es zu berücksichtigen, dass Berlin ein Stadtstaat ist und daher eine duale Verwaltungsstruktur besitzt. Das Projekt wurde in der Zuständigkeit des Landes Berlin durchgeführt. Wegen der Größe des Standortes, der Komplexität der Aufgaben und der überörtlichen Bedeutung überließ die Senatsverwaltung für Stadtentwicklung das Gebiet von Beginn an nicht der Bereichsentwicklungsplanung des Bezirks Treptow, sondern beanspruchte selbst die Zuständigkeit. Die Realisierung des Großprojekts stellte eine ressortübergreifende Aufgabe mit einer hohen Problemdichte dar: In Adlershof sollten Wissenschafts- und Hochschulpolitik, technologieorientierte Wirtschaftsförderung, Stadtentwicklungs- und Verkehrspolitik sowie Arbeitsmarktpolitik sinnvoll miteinander kombiniert werden. Die Projektentwicklung war von Anfang an von Ressortstreitigkeiten zwischen den Senatsverwaltungen geprägt. Unter dem Leitbild 'Stadt für Wissenschaft und Wirtschaft' ließen sich zwar die komplexen Ziele bündeln, aber nicht reibungslos realisieren. Es gab zahlreiche Beispiele dafür, dass eine effektive und kooperative Bearbeitung des Projekts nicht gelang. Hier zeigte sich, dass das im Verwaltungssystem verankerte Ressortprinzip immer dann kontraproduktiv wird, wenn es darum geht, ressortübergreifende Zusammenarbeit zu organisieren – wie dies in Adlershof erforderlich gewesen wäre.

Im Fall der Neuen Mitte waren verschiedene politisch-administrative Ebenen an der Planung und Durchführung des Projekts beteiligt, von Düsseldorf bis Oberhausen. Auf Landesebene wurden zahlreiche Akteure mobilisiert, die an einer Finanzierungslösung für den Grundstückskauf arbeiteten. Das schließlich zu Stande gekommene Fördermodell zeigte deutlich, dass die Beteiligten auf interministerieller Ebene und damit auf kooperativen Weg zu einer geschickten Lösung der Finanzierungsschwierigkeiten gelangen konnten. Die Einbindung der Oberhausener Verwaltung erfolgte durch einen mehrstufigen Prozess, an dessen Ende die Einrichtung einer verwaltungsinternen Projektstruktur stand. Anfang 1991 richtete der Oberstadtdirektor das Koordinierungsbüro O.2000 ein, das quer zu den bisherigen Ämterstrukturen mit einem direkten Eingriffsrecht ausgestattet wurde. Im Zusammenhang mit der Planung zur Neuen Mitte wurden alle Fragen im Koordinierungsbüro gebündelt. Diese Stabstelle des Oberstadtdirektors bildete den Auftakt für das neue Steuerungsmodell in Oberhausen, das sogenannte 'Rathaus ohne Ämter'. Insofern wurde das Großprojekt zum auslösenden Moment für eine verwaltungsinterne Umstrukturierung. Dies kam einer Art „Eigendoping" des politisch-administrativen Systems gleich (Häußermann/Siebel 1993a). Ein weiteres Element verwaltungsinterner Projektstrukturen bot der Arbeitskreis 'Neue Mitte Oberhausen'. Verwaltungsbeamte, die über die jeweils benötigte fachliche Qualifikation und Kompetenz verfügten, wurden in den Arbeitskreis berufen, so dass jenseits der Verwaltungshierarchie nicht nur Dezernenten und Amtsleiter am Tisch saßen, sondern auch die spezialisierten Abteilungsleiter und Sachbearbeiter. Kurze Entscheidungswege und schnelle Verfahrensabläufe waren für eine zügige und engagierte Projektentwicklung entscheidend.

Zusammengefasst bleibt festzuhalten, dass sowohl die Kooperationsformen zwischen öffentlichem und privatem Sektor und die jeweils vorherrschende politische Kultur, als auch die Steuerungskompetenzen der Projektpromotoren und die Anpassungsfähigkeit der Verwaltung die Projektentwicklung beeinflussten. Der Vergleich der drei Großprojekte diente dazu, die einzelnen Fälle in ihren Eigenarten zu erkennen. Dadurch werden unterschiedliche innere Logiken und Besonderheiten der drei Kooperationstypen und ihre Umweltbedingungen sichtbar. Es macht einen Unterschied, ob das Projekt von einem Großinvestor realisiert wird, die öffentliche Hand Herrin des Verfahrens bleibt, wie bei der städtebaulichen Entwicklungsmaßnahme, oder eine gemischtwirtschaftliche Gesellschaft gegründet wird. Jedes Arrangement hat seine spezifischen Charakteristika. Im öffentlichen Modell wird das Dilemma deutlich, wenn die öffentliche Hand als Entwicklungsunternehmerin tätig wird. Im Investorenmodell kommt es zwangsläufig zu einer Unterordnung öffentlicher Interessen unter die Logik der Privaten. Im gemischtwirtschaftlichen Modell werden beide Probleme kombiniert, weil sich die öffentliche Hand als Gesellschafterin in eine private Entwicklungsgesellschaft begibt, und dadurch öffentliche Interessen mit privaten Gewinninteressen vermischt werden können. Gleichzeitig muss sie im Sinne des Gemeinwohls das gemeinsame Unternehmen kontrollieren. Wenn die Kontrollaufgabe wie im Berliner Fall ernst genommen wird, dann prallen Projektlogik und Politik aneinander. Dann wird die Unvereinbarkeit der unternehmerischen Rolle der öffentlichen Hand mit stadtentwicklungspolitischen Interessen deutlich.

Wenn Großprojekte einen Imagegewinn versprechen, dann begünstigen sie das Engagement von Projektpromotoren. Auch Besonderheiten des politischen Systems, wie im französischen Fall, fördern das Engagement von politischen Schlüsselfiguren. Zu einer projektorientierten Planung gehört die Einrichtung von neuen Arbeitsstrukturen innerhalb der Verwaltung, wenn nicht die Projektentwicklung vollständig an eine eigens für das Vorhaben geschaffene Sonderorganisation ausgelagert wird, wie bei der Entwicklung von Euralille. Dass projekttaugliche Verwaltungsstrukturen für eine erfolgreiche Projektentwicklung erforderlich sind, hat vor allem die Oberhausener Fallstudie deutlich gemacht. Dort gelang es dem Oberstadtdirektor, die Verwaltung für neue Aufgaben zu mobilisieren und dafür die herkömmlichen Verwaltungsstrukturen zu modifizieren. In Berlin hingegen gelang es nicht, mit dem Großprojekt die eingefahrenen Ressortegoismen zu überwinden. Folglich blockierten sie zeitweise die Projektentwicklung.

Trotz dieser Unterschiede, die die einzelnen Projekte nachhaltig prägen, hat der Fallvergleich aber auch deutlich gemacht, dass die fallspezifischen

Besonderheiten zum Teil durch die Strategie 'Großprojekt' überformt werden. Die Fälle weisen ähnliche Steuerungs- und Legitimationsprobleme auf, weil sie Großprojekte sind. Diese fallübergreifenden Ähnlichkeiten und Gemeinsamkeiten von Großprojekten werden im Folgenden dargestellt.

2. Steuerungsprobleme von Großprojekten – Der 'point of no return'

Nachdem Großprojekte 'auf die Schiene' gesetzt werden, entwickeln sie ein Eigenleben, das nur noch schwer zu steuern ist. Änderungen und Korrekturen sind von einem bestimmten Zeitpunkt an kaum noch möglich bzw. lassen sich kaum noch durchsetzen. Projekte haben klare Ziel- und Zeitvorgaben und mobilisieren eine Vielzahl an Akteuren, um diese Ziele zu realisieren. Personelle, finanzielle und inhaltliche Interdependenzen werden daher in Projekten verstärkt wirksam. Selbstverpflichtende Leitbilder, Akteursgeflechte, Finanzierungsabhängigkeiten und interdependente Nutzungsstrukturen lassen eine Komplexität entstehen, die die Eigendynamik von Großprojekten begründen. Der 'point of no return' ist daher bei Großprojekten vergleichsweise rasch erreicht. Was hat dies zu bedeuten?

Zum einen kann dieser 'Punkt' – wie die Fallstudien gezeigt haben – von den Projektakteuren geschickt ausgenutzt werden. In Oberhausen und Lille wurde die Öffentlichkeit bewusst erst dann über die Stadtentwicklungsvorhaben informiert, als erhebliche Vorarbeiten geleistet, Ressourcen investiert und Fakten geschaffen worden waren. Ab diesem Zeitpunkt war das Projekt nicht mehr aufzuhalten, und alle weiteren Schritte konnten als unabwendbar entschuldigt werden. Dadurch sollte es gegen Kritik und Alternativen immunisiert werden. Dies bekam auch Adlershof zu spüren, als entschieden wurde, die Humboldt-Universität in das Wista Business Center einziehen zu lassen. Es gab kein Zurück mehr – je schneller der Umzug, desto besser. Dafür wurden auch suboptimale Lösungen bei der Unterbringung einzelner Institute in Kauf genommen.

Zum anderen erwies sich der 'point of no return' insbesondere dann als problematisch, als sich die Rahmenbedingungen änderten und ein Umsteuern notwendig wurde. So stimmte die Nachfragesituation in Berlin nicht mehr mit den prognostizierten Entwicklungen auf dem Wohnungs- und Büroflächenmarkt überein, was unter anderen einen Rückgang der Bodenwerte zur Folge hatte und die Weiterentwicklung von Adlershof erheblich erschwerte. In Lille wirkte sich die Immobilienmarktkrise auf Euralille aus und bereitete einigen Teilprojekten Realisierungsprobleme. Auch in Oberhausen konnten Bestandteile der Neuen Mitte aufgrund ausbleibender Nachfrage von Investoren nicht realisiert werden. Die Nutzungskonzepte konnten an den tatsächlichen Bedarf aber nur schwer angepasst werden, an eine Revision der Maßnahmen war kaum zu denken, weil politische Versprechen abgegeben worden waren. Wenn Großprojekte in eine kritische Realisierungsphase geraten, schränken mangelnde Ausstiegsoptionen den Handlungsspielraum für die politische Steuerung ein. Im Folgenden wird dies näher beleuchtet.

Selbstverpflichtende Leitbilder

Großprojekte sollen eine Antriebsfunktion in der Stadtentwicklung übernehmen. Bereits in der Planungsphase kommunizieren sie die mit ihnen verknüpften Leitkonzepte, markieren strategische Schritte und präsentieren Zukunftsentwürfe für die Entwicklung der Stadt (vgl. Becker 1998). Mit dieser stark symbolisch aufgeladenen Bedeutungsebene lassen sich Großprojekte nach innen und nach außen vermarkten. Adlershof steht für das Leitbild eines modernen Stadtteils für Wissenschaft und Wirtschaft und stellt demnach das zukunftsfähige und innovative Berlin dar. Euralille wurde als eine 'turbine tertiaire' bezeichnet und steht wie die Neue Mitte in Oberhausen für die Entwicklung des Dienstleistungssektors in einer altindustriellen Ballungsregion. Die Projekte sollen Handlungsfähigkeit demonstrieren und werden daher unter massivem Erfolgsdruck vermarktet. Da Großvorhaben als Zukunftsprojekte betrachtet werden und damit auch den politischen Willen symbolisieren, Aufbruchstimmung zu erzeugen und neue stadtentwicklungspolitische Impulse zu setzen, wird eine Diskussion über eine Korrektur des Vorhabens aufgrund schleppender Nachfrage oder gar einen Ausstieg gleichgesetzt mit einem fehlenden politischen Willen, die Stadt auf das neue Jahrtausend vorzubereiten. Abbruch oder Revision hieße demnach, dass der Anschluss an die Zukunft bewusst verpasst bzw. verspielt würde. Die politischen Kosten wären hoch. Das Gesamtprojekt wird von den Akteuren auch auf den symbolischen Effekt hin kalkuliert und nicht ausschließlich nach Effizienzkriterien bewertet – Nutzen oder Schaden liegen in einer kaum abwägbaren Sphäre von Imagewirkungen.

Finanzierungsabhängigkeiten

Großprojekte stellen immer eine Mischrechnung mit Finanzierungsanteilen sowohl des öffentlichen als auch des privaten Sektors dar. Private Investitionen sind von zentraler Bedeutung, damit die Projektidee realisiert und auch abgeschlossen werden kann. Die Ressourcendefizite der öffentlichen Akteure lassen aber ein Abhängigkeitsverhältnis zu den privaten Investoren entstehen (vgl. Cattacin 1994). Politisches Handeln muss sich daher zumindest teilweise den Interessen privater Investoren unterordnen und Planungssicherheit garantieren. Da Großprojekte lange Realisierungszeiträume benötigen, die über eine Legislaturperiode weit hinausgehen, fordern Investoren von Politikern, sich dem 'Gebot der Zuverlässigkeit' zu beugen. Das Problem für Bauherren und Entwickler von Projekten sei „nicht die öffentliche Verwaltung, es sind nicht die Stadtplaner, nicht die Ämter für Wirtschaftsförderung, sondern es sind die dahinterstehenden Politiker, die – überspitzt ausgedrückt – das Prädikat 'Zuverlässigkeit im Entscheidungsprozeß' nicht verdienen" (Nagel 1998: 98).[86]

Die Rücknahme von Planungszielen oder auch nur lautes Nachdenken über den Ausstieg könnte das Vertrauen der Investoren in das Großprojekt erschüttern. Die Diskussionen in den Stadträten in Oberhausen und Lille über die Projekte haben deutlich gemacht, dass Kritikern meist vorgeworfen wurde, mit ihrer Einwänden das gesamte Projekt zu gefährden. Die Projektpromotoren hatten in diesem Sinne schlagkräftige Argumente parat, mit denen um Zustimmung geworben werden konnte. Auch in Berlin Adlershof gelang es, trotz erheblicher Bedenken einen Konsens herzustellen. Der von den Projektakteuren eingeforderte politische Grundkonsens gegenüber städtebaulichen Entwicklungsvorhaben, nach Kontinuität politischer Entscheidungen bedeutete aber faktisch eine Einschränkung, ja sogar das Ende politischer Kontrolle. Politiker, die sich kritisch mit dem einmal eingeschlagenen Pfad auseinander setzten, mussten sich den Vorwurf gefallen lassen, 'Bedenkenträger' zu sein, die von der 'Sache' eigentlich nicht genug verstünden.

---

86 Dieses Zitat stammt von Wolfgang Nagel, der von März 1989 bis Januar 1996 Senator für Bau- und Wohnungswesen in Berlin war und nun in seiner Funktion als Geschäftsführer einer Immobiliengesellschaft von der Politik einen „politischen Grundkonsens" für laufende Projekte verlangt.

Komplexe Akteursgeflechte

Akteure aus Wirtschaft, Politik und Verwaltung sind an der Planung, Durchführung und Realisierung von Großprojekten beteiligt und übernehmen vielfältige Funktionen in der Projektsteuerung. Dadurch lassen sich zwar fragmentierte Handlungsressourcen koordinieren und bündeln, die Aufgabenvielfalt, der erhöhte Ressourcenbedarf und die Zusammenführung verschiedener Akteure mit spezifischen Interessen steigert jedoch auch die Komplexität des Vorhabens. Eine Vielzahl sich überlappender informeller oder formeller Arbeitsbeziehungen prägt das Projekt. Durch die Einsetzung eines Projektträgers werden öffentliche Aufgaben in privatrechtlich organisierte Gesellschaften ausgelagert. Diese gehen wiederum vertragliche Bindungen mit Investoren ein, die sich für einzelne Standorte interessieren. Mit der Zeit werden die verschiedenen Akteure über Zuständigkeiten, Aufträge und Verträge an das Großprojekt gebunden. Allein wegen der vielen miteinander verflochtenen Akteure und der damit verbundenen Verpflichtungen und Rechte ist eine Revision oder gar ein Abbruch des Vorhabens kaum möglich. Beispielsweise könnten Schadenersatz- oder Entschädigungsansprüche von Investoren geltend gemacht werden, die bereits im Vertrauen auf die Projektentwicklung investiert haben. Ein Großprojekt bildet daher eine 'Schicksalsgemeinschaft' heterogener Interessenvertreter.

Interdependente Nutzungsstrukturen

Großvorhaben bestehen aus vielen Teilprojekten, die zusammen eine Projektvision ergeben. Die einzelnen Strukturen sind daher funktional eng miteinander verflochten. Die drei Großprojekte sind alle erklärtermaßen Mischnutzungsvorhaben, sie wollen keine Monostrukturen etablieren. Euralille soll ein neuer Stadtteil werden und das Projekt in Oberhausen sogar die Neue Mitte der Stadt. In Adlershof sind neben dem Forschungs- und Technologiestandort, der MediaCity und dem Universitätscampus, Wohngebiete, Grünflächen und Infrastruktureinrichtungen geplant. Anders als bei zahlreichen Gewerbeparkprojekten im Umland von Berlin war es erklärtes Ziel, das Forschungs- und Technologiepark-Konzept mit urbanen städtebaulichen Elementen zu verbinden. Ein Kontrastprogramm mit unverwechselbarem Profil wurde in der Planungsphase zur wirtschaftlichen Überlebensfrage deklariert. Würde man 'Wohnen' aus dem Gesamtvorhaben lösen, könnte auch die Infrastrukturentwicklung nicht in Gang kommen, da eine bestimmte Masse an Wohnbevölkerung für den Aufbau einer sozialen wie auch kulturellen Infrastruktur notwendig ist. Die daraus resultierenden Abhängigkeiten zwischen den geplanten Teilvorhaben machen das Anpassen an veränderte Rahmenbedingungen schwierig. Schon der Ausstieg aus einem Teilprojekt würde die Entwicklung der anderen Teile erschweren oder sogar unmöglich machen. Auch in der Neuen Mitte Oberhausen war die Wohnfunktion in das Gesamtkonzept eingeplant, um das Projekt zu legitimieren, aber auch hier gelang ihre Realisierung nicht. Um nicht die Gesamtidee zu gefährden, ist das 'Abspecken' funktional abhängiger Teilprojekte nur begrenzt möglich. Die Teile müssen wie 'Jongleurkugeln' zusammenbleiben. Mit Hilfe dieser Metaphorik wies der Geschäftsführer des Berliner Entwicklungsträgers in einem Interview auf die Schwierigkeit der Koordination und auch des Umsteuerns hin: *„Bei Großprojekten arbeiten Sie mit einer Fülle von Unbekannten, ich komme mir häufig vor wie ein Jongleur, der versuchen muss, die Kugeln in der Luft zu halten. Sie können sich mit den einzelnen Kugeln nicht befassen und wissen ganz genau, wenn Sie aufhören, bricht alles zusammen. Es ist ein ausgesprochen bewegliches System, das Sie nur begrenzt beeinflussen können, aber trotzdem unheimlich aufpassen müssen, dass es nicht in sich zusammen bricht. Die Kugeln gehören zusammen, aber die sind nicht fest, wenn Sie die loslassen, fallen sie alle runter....Es wird zwar einfacher mit vier anstatt mit fünf Kugeln, aber die fünfte sauber rauskriegen, ist schwierig, wenn man sie einfach fallen lässt, muss man den ganzen Rhythmus ändern. Das ist ein gutes Beispiel dafür, wie schwierig es ist, etwas rauszunehmen. Ich bin natürlich dagegen, etwas rauszulösen."*

Großprojekte verselbstständigen sich, sie entfalten eine spezifische Eigendynamik und müssen daher trotz veränderter Rahmenbedingungen weitergeführt bzw. können nur schwer angepasst werden. Insgesamt sind dadurch die Handlungsspielräume für eine politische Steuerung eingeschränkt. Selbstverpflichtende Leitbilder, Finanzierungsabhängigkeiten, komplexe Akteursgeflechte und interdependente Nutzungsstrukturen halten das Gesamtvorhaben aufrecht, auch wenn Nachfrageeinbrüche und Finanzierungsschwierigkeiten dafür sprechen, den einmal erteilten Entwicklungsauftrag zu begrenzen oder zu beenden. Die komplexen Ziele und die eigene Rhetorik werden zur Fessel der Initiatoren – einmal begonnen, wird jedes Zögern als Belastung wahrgenommen.

3. Politische Legitimation von Großprojekten

Geht man von einem breiten Begriff von Legitimation aus, so müssen sowohl Politikform als auch Politikinhalt von den Bürgern als gerechtfertigt anerkannt werden (vgl. Benz 1994b). Demokratische Legitimation ist nur dann gesichert, wenn sowohl die Form der Politik als demokratisch anerkannt als auch deren Leistungsfähigkeit durch positive Ergebnisse belegbar ist:

„Funktionale Politikergebnisse ohne einflußgewährende Institutionen sichern auf Dauer Legitimation ebenso wenig wie demokratische Institutionen, die systematisch defizitäre Politikergebnisse erzeugen" (Benz 1994b: 72).

Politik in Verhandlungssystemen zeigt zum Beispiel klare Widersprüche zwischen den Anforderungen an die formale und an die inhaltliche Legitimationsbasis:

„Jeder Versuch einer institutionellen Demokratisierung von Verhandlungsstrukturen verschlechtert deren Leistungsfähigkeit. Wird andererseits diese optimiert, so leidet die demokratische Form" (Benz 1994b: 73).

Diese Legitimationsproblematik stellt sich insbesondere für Politik, die im Rahmen von Großprojekten stattfindet, weil die Handlungsfähigkeit der Projektakteure von Bedingungen abhängt, die zum Teil die Prinzipien demokratischer Legitimation verletzen. Die Fallstudien haben eine Reihe von politischen Praktiken beleuchtet, die das Problem der Selektivität, Transparenz und Öffentlichkeit in Großprojekten deutlich machen und damit Legitimationsdefizite aufwerfen.

‚Privatisierung' der Projektentwicklung

Durch die Gründung von privatrechtlichen Gesellschaften zur Durchführung der Projekte, können Ressourcen und Kräfte mobilisiert werden, die für eine zügige Realisierung notwendig sind. Um mehr Flexibilität und ein effektiveres Management zu ermöglichen und um privates 'know how' und Zugang zu Marktakteuren zu erhalten, werden öffentliche Aufgaben aus der Verwaltung ausgelagert und weitreichende Entscheidungsbefugnisse an eigens für die Projektentwicklung geschaffene Organisationen übertragen. In allen drei Fallstudien wurden Projektentwicklungsgesellschaften eingerichtet. Im französischen Fall war die gemischtwirtschaftliche Gesellschaft SEM Euralille zentrales Projektorgan, und auch im Berliner Fall übernahm der treuhänderische Entwicklungsträger wichtige Projektaufgaben. Die privatrechtlich organisierte Grundstücksentwicklungsgesellschaft war im Oberhausener Fall vor allem für die Investorensuche und die Vertragsverhandlungen zuständig. Das Projektmanagement ist einerseits durch dezentrale Flexibilität gekennzeichnet, und andererseits durch Regelungen zur Rückkoppelung der Aktivitäten an die Kernverwaltung und an parlamentarische Gremien, z.B. durch die Mitgestaltung vertraglicher Bindungen, inhaltlicher Festlegungen und personeller Verbindungen beispielsweise in Form von öffentlichen Vertretern in den Aufsichtsräten der Entwicklungsgesellschaften. Gerstlberger (1999: 69) bezeichnet diese Rückbindungsmechanismen als „Kompensationsmittel gegenüber zentrifugalen Tendenzen durch Ausgliederungen." Ein Kontrollverlust kann dadurch teilweise verhindert werden. Aufgrund der Eigendynamik der externalisierten Managementstrukturen sind die Einfluss- und Kontrollmöglichkeiten der öffentlichen Hand jedoch in Gefahr. Zudem wird die Verfahrenstransparenz dadurch beeinträchtigt, dass privatrechtlich organisierte Gesellschaften nicht-öffentlich arbeiten.

'Old boys networks'

Schlüsselfiguren sind notwendig, um das Projekt in Gang zu bringen und voranzutreiben. Besonders effektiv sind sie, wenn sie über Machtnetzwerke verfügen und dadurch gezielt ihre Interessen durchsetzen können. Das soziale Kapital der Beteiligten hat für die erfolgreiche Realisierung eines Großprojekts ähnliches Gewicht wie ökonomisches Kapital. Insbesondere die Durchdringung verschiedener politischer Ebenen, von der lokalen über die regionale bis zur nationalen Ebene, mit netzwerkartigen Verbindungen der Schlüsselfiguren ist für den Informationszugang, für (Vorab-)Vereinbarungen und für die Meinungsbildung von zentraler Bedeutung in Projekten mit komplexen Akteursgeflechten. Indem sie die Rolle 'politischer Unternehmer' einnehmen, sich für das Projekt einsetzen und hinter den Kulissen Überzeugungsarbeit leisten, können informelle Entscheidungsverfahren und die Umgehung bzw. Verkürzung formaler Verfahren erreicht werden. In Oberhausen und Lille waren es einflussreiche Politiker, die durch politische Einflussnahme auf eine Unterstützung des Projekts hinwirken konnten. Ihre Kontaktstrukturen lassen sich zugespitzt als 'old boys networks' bezeichnen. Informelle Kooperationen leben von der Öffentlichkeitsdistanz, von Vertraulichkeit und Vertrautheit, im Sinne einer Undurchschaubarkeit für Dritte. Sie sind mit einer „Aura des Inoffiziellen" verbunden (Schulze-Fielitz 1984: 12). Informalität, Vertraulichkeit und Exklusivität stellen wichtige Effektivitätsbedingungen in Politiknetzwerken dar. So wichtig und unverzichtbar informelle Netzwerkstrukturen für die effiziente

Durchführung von Projekten in relativ starren Verwaltungsroutinen sind, so schränken sie doch Kontrollmöglichkeiten ein und verhindern Kritik, die Schlüsselfiguren oft nicht vertreten können.

Formale Bürgerbeteiligung

Bürgerbeteiligung fand in allen drei Projekten auf formalen Weg statt, so wie es das Baurecht vorsieht. Zudem wurden die Bürger in Ausstellungen oder Veröffentlichungen über das Projekt informiert. Die Bürgerinformation zielte dabei auf Akzeptanzsicherung, statt auf eine erweiterte Beteiligung oder eine 'echte' Kooperation zwischen Projektakteuren und Bürgermeinung zu setzen. In Lille erhielt die Bürgerbeteiligung trotz des Zeitdrucks einen relativ breiten Raum. Weil aber eine ausführlichere und intensivere Beteiligung die Zeitkapazitäten der Projektakteure sprengen würde und möglicherweise unversöhnliche Interessengegensätze hervortreten könnten, bleibt die Bürgerbeteiligung in Großprojekten meist von symbolischer Art.

Cattacin (1994: 135) identifiziert unter anderem räumliche und zeitliche Gründe, die der Logik der Planung über Großprojekte eigen sind und die Möglichkeiten einer Mitbestimmung von Bürgern erschweren. Zum einen stellt sich die Frage, welche politische Einheit bei der Planung überhaupt mitreden soll, denn Großprojekte wirken sowohl auf einen lokalen als auch auf einen überlokalen Raum. Zum anderen haben Großprojekte lange und kostspielige Anlaufzeiten, wobei Partizipation meist erst in einem späteren Planungsstadium aktuell wird, wenn es z.B. zu Abstimmungen über das Projekt kommt. In diesem Stadium bleibt nur die Möglichkeit, sich hinter oder gegen das Projekt zu stellen. Insgesamt ist in dieser Planungslogik eine der „Komplexität von Stadtentwicklung angemessene Partizipation nicht möglich; Partizipation interveniert als Notbremse, ist Instrumentalisierungen ausgesetzt und wird in ihrer politischen Bedeutung der Mitgestaltung ausgehöhlt" (Cattacin 1994: 179).

Tendenzen der Expertokratie

Die Beteiligung der Öffentlichkeit ist von einer klaren Trennung zwischen Experten- und Laienwissen gekennzeichnet. Komplexe Großprojekte benötigen den besonderen Sachverstand ausgewählter Experten. Zum Teil werden auch institutionalisierte Formen der Expertenbeteiligung geschaffen, wofür der 'Qualitätszirkel' in Lille ein gutes Beispiel darstellt. Da effektive Expertenkooperation in einem begrenzten Kreis von Akteuren stattfindet, sind sie notwendig selektiv und erzeugen dadurch Ausschlussmechanismen.

Eingeschränkte Öffentlichkeit

„Wie öffentlich ist die 'öffentliche Hand'?" fragt Hans-Paul Bahrdt (1998: 44) in seinen Überlegungen zur „modernen Großstadt" und stellt fest, dass ihr nicht immer an einer „größtmöglichen Öffentlichkeit ihrer Aktionen" gelegen ist. Sie muss zumindest „die vorbereitenden Phasen vieler großer Entscheidungsprozesse dem öffentlichen Bewusstsein vorenthalten und kleine Detailentscheidungen oft ohne viel Aufhebens in Amtsstuben fällen." Dies gelte insbesondere bei „Aufgaben von hoher politischer Relevanz, die aus technischen Gründen der öffentlichen Sphäre entzogen werden, weil sie sonst kaum lösbar sind" (Bahrdt 1998: 45). Und: insbesondere „die Tatsache, daß es die 'öffentliche Hand' mit mächtigen Privatinteressen zu tun hat, ..., ferner die Tatsache, daß das auf dem Privateigentum beruhende Rechtssystem den Privatinteressen die Möglichkeit gibt, dem Licht der Öffentlichkeit auszuweichen, zwingt die 'öffentliche Hand' dazu, faktisch im Alltag der kommunalen Politik und Verwaltung, ebenfalls eine 'nichtöffentliche Taktik' zu benutzen" (Bahrdt 1998: 45). Diese Thesen scheinen sich insbesondere für die Anfangsphase der Projekte in Oberhausen und Lille zu bestätigen. Hier wurde Wert darauf gelegt, das Projekt unter Ausschluss der Öffentlichkeit vorzubereiten, um es nicht zu 'zerreden' und damit zu gefährden. Auch im Fall von Adlershof kritisierten Abgeordnete der Oppositionsfraktionen fehlende Informationsgrundlagen, z.B. über die Wirtschaftspläne der Entwicklungsmaßnahmen, um eine effektivere Kontrolle herzustellen.

Insgesamt wird deutlich, dass die Durchführung von Großprojekten von bestimmten Voraussetzungen abhängt, die wichtige Kriterien demokratischer Legitimation wie Transparenz, Öffentlichkeit und Partizipation systematisch verletzen. Selektive Beteiligung und reduzierte Öffentlichkeit sind 'Nebenwirkungen' von Sonderorganisationen, Macht- und Expertennetzen und nichtöffentlichen Taktiken, die für eine zügige Projektrealisierung notwendig sind. Dies ist mehr oder weniger – trotz gradueller Unterschiede – ein Problem, das in allen drei Fallstudien festzustellen war. Insofern stehen Großprojekte vor dem Dilemma, dass „die formalen Bedingungen einer Demokratisierung nur auf Kosten der funktionalen Leistungsfähigkeit" der Projektentwicklung verwirklicht werden können (Benz 1994b: 76). Großprojekte lassen sich daher nur auf eine „halbierte Legitimationsgrundlage" stellen: Sie können entweder als besonders effektiv gerechtfertigt werden, weil sie zu akzeptierten Ergebnissen führen (was aber auch nicht immer der Fall ist) oder man implementiert sie innerhalb institutionalisierter demokratischer Formen, die zwar legitimiert, aber nicht so leistungsfähig sind, weil sie durch Entscheidungsblockaden bedroht werden können. Im 'Ausblick' werden Möglichkeiten vorgestellt, auf diese Herausforderungen zu reagieren.

4. Governance und Großprojekte – Folgen für die Stadtentwicklungspolitik

'Mehr Markt, weniger Staat' ist eine Formel, die oft angewandt wird, um neue Formen der Stadtentwicklungspolitik und insbesondere die Steuerung von Großprojekten auf den Punkt zu bringen. Demnach ziehe sich der Staat zurück und überlasse das Feld Akteuren aus der Privatwirtschaft zur effizienteren und effektiveren Erledigung der Aufgaben (vgl. Ambrose 1994). Cattacin (1993) interpretiert Stadtentwicklung über Großprojekte als Strategie, durch den „Abbau lokalstaatlicher Präsenz in der Stadtentwicklungsplanung auf die zunehmende gesellschaftliche Komplexität" zu reagieren (Cattacin 1993: 369). Großprojekte stellen eine „Minimalstaatsstrategie" auf kommunaler Ebene dar, da durch „Formen der Privatisierung und Deregulierung Handlungsblockierungen des lokalen Staates überwunden werden sollen" (Cattacin 1993: 376). Entspricht diese These von der Minimalisierung des Staates der tatsächlichen Rolle des Staates bzw. der Kommune in Großprojekten?

In der Debatte zur Modernisierung des Staates wird deutlich, dass die bisherigen Formen der Steuerung angesichts der Komplexität und der Interdependenz der zu lösenden Aufgaben kaum noch Wirksamkeit erzeugen können. An die Stelle hierarchischer Ordnungsmuster treten Steuerungsformen, die auf Kooperation und Koordination ausgerichtet sind. Es wird betont, dass es sich hierbei nicht um einen Rückzug des Staates handelt, sondern um einen Formwandel staatlicher Steuerung (vgl. Kilper 1999). Auch die traditionellen Modi hoheitlich-hierarchischer Steuerung verlieren nicht an Bedeutung, sie ergänzen vielmehr die kooperativen Handlungsformen.

Die vorliegende Analyse der Steuerungspraxis dreier Großprojekte hat diese Verschränkung unterschiedlicher Steuerungsformen deutlich gemacht. Im Projektmanagement werden hierarchische Steuerungsinstrumente – Recht, Geld und Macht – in die projektbezogene Kooperation integriert und verlieren daher nicht an Gewicht. Rechtlich geregelte Planungsverfahren waren meist eine wichtige Voraussetzung für die Entstehung der Zusammenarbeit zwischen öffentlichen und privaten Akteuren. Finanzielle Ressourcen der öffentlichen Hand und persönliche Machtpotenziale von Politikern waren entscheidend bei der Umsetzung der Vorhaben. Die realen Entscheidungsprozesse können folglich nicht durch eine einheitlich nichthierarchische governance-Struktur charakterisiert werden (vgl. Le Galès 2000).

Insgesamt lässt sich das Steuerungsmodell von Großprojekten zwar als Versuch interpretieren, durch die Einführung von Projektmanagement Hierarchien zu überwinden, es führt aber keineswegs zu einer Verabschiedung des politisch-administrativen Systems. Vielmehr überlagern sich unterschiedliche Organisations- und Steuerungsformen. Die öffentliche Hand bleibt ein zentraler Akteur bei der Umsetzung der Vorhaben. Gleichzeitig erhalten neue Planungsverfahren, die auf eine kooperative Projektsteuerung setzen, Einzug in die Planungspraxis. Kooperation bzw. kommunikative Verfahren stoßen aber in Großprojekten auf Grenzen. Die Vorhaben zeichnen sich durch klare Zielvorgaben aus, die in einer bestimmten Zeit realisiert werden sollen. Da das Ziel nur begrenzt verhandelbar ist, ist die Projektplanung kaum offen für eine Steuerungspraxis, die auf diskursive und damit auf 'weiche Strategien' setzt – beispielsweise durch echte Partizipationsangebote an die Zivilgesellschaft. Aufgrund von Größe und Komplexität ist die Ergebnisoffenheit, die eine Voraussetzung von Verhandlungssystemen ist, bei Großprojekten nicht gegeben. In Großprojekten lassen sich daher keine qualitativen Veränderungen politischer Entscheidungsprozesse beobachten.

Das eigentliche Problem der Steuerung von Großprojekten ist nicht die Minimalisierung des Staates bzw. die Beschränkung des Staatseinflusses, sondern die Transformation des Selbstverständnisses lokaler Politik in Richtung der Projektlogik. Mit der Annäherung öffentlichen Handelns an privatwirtschaftliche Wettbewerbs- und Wirtschaftlichkeitskriterien, hält eine rein ökonomische Bewertungslogik Einzug in Politik und Verwaltung, was eine politische Prioritätensetzung erschwert. In Zukunft wird vermehrt die Frage gestellt werden, wie öffentliche Ziele aufrecht erhalten und wie die Bedeutungslosigkeit lokaler Politik verhindert werden kann. Diese Frage ist vor allem deshalb relevant, weil Großprojekte keine vereinzelten Maßnahmen darstellen, sondern in weitergehende Versuche eingebettet sind, privatwirtschaftliche Steuerungsmedien auf die öffentliche Verwaltung zu übertragen. In diesem Zusammenhang ist schon vom 'Ende der Politik' die Rede und – weniger dramatisch – von der Notwendigkeit eines 'Politikers neuen Typs' für die Gesamtsteuerung des 'Unternehmens Stadt' (vgl. ILS 1999).

Städte unterscheiden sich grundsätzlich von privatwirtschaftlichen Unternehmen. Die Erfolgsparameter sind für Kommunalverwaltungen vielfältiger als die eines Wirtschaftsunternehmens, da der Erfolg einer Stadt nicht durchweg monetär bewertet werden kann:

„Die Stadt hat vielmehr die originäre Aufgabe als Gestalterin und Bewahrerin einer sozialen Ordnung in freier Selbstverwaltung das Wohl ihrer Bürger durch ihre von der Bürgerschaft gewählten Organe zu fördern. Sie muß den gerechten Zugang zu bestimmten Grundleistungen, den Schutz der Schwachen und gesunde Lebensbedingungen gewährleisten, während das Privatunternehmen ein Hauptziel hat: die Gewinnmaximierung. Andere Ziele stehen dahinter zurück" (Frey 1994: 12).

Während ein Privatunternehmen selbst bestimmt, welche Produkte es anbietet, hat eine Stadt diese Freiheit nur zum Teil, da sie bestimmte Aufgaben – gesetzliche Pflichtaufgaben (z.B. Sozialhilfe, Abfallbeseitigung etc.) – erfüllen muss. Durch Land und Bund wird ein Großteil der öffentlichen Aufgaben an die Kommunen übertragen. Sie muss Aufgaben ohne Gegenleistung und auch defizitäre Aufgaben wahrnehmen, während sich ein Privatunternehmen auf gewinnträchtige Produkte beschränken kann. Dementsprechend definiert Hall (1980: 188) öffentliche Güter als „goods and services which the public are willing to pay for but which the private sector is not motivated to provide." Ein zentraler Unterschied zwischen Konzern und Kommune besteht ferner in der Regelung der Verantwortlichkeit im Willensbildungs- und Entscheidungsprozess. Die Kompetenzen eines Privatunternehmens sind auf Geschäftsführung und Vorstand konzentriert, die Aufsichtsräte treffen nur Grundsatzentscheidungen, eine Stadtspitze hingegen muss sich gegenüber den aus Wahlen hervorgegangenen demokratischen Repräsentativorganen verantworten. Ein parlamentarischer Meinungsbildungsprozess folgt „zwangsläufig anderen Gesetzen als die Führung eines privatwirtschaftlichen Unternehmens" (Frey 1994: 12). Privatwirtschaftliche Steuerungsmodi lassen sich daher nicht ohne Weiteres auf die öffentliche Institution Stadt übertragen – das 'Unternehmen Stadt' bleibt ein paradoxes Unterfangen.

Begrenzte unternehmerische Handlungsspielräume der öffentlichen Hand werden auch bei der Steuerung von Großprojekten deutlich. Hier wird der Politik eine Entscheidung abverlangt, für die in der Arbeitsteilung zwischen Politik und Ökonomie eigentlich die zuständigen Akteure – private Unternehmen – bestimmt sind. Politiker dagegen stehen in einer widersprüchlichen Situation: Gehen sie große Risiken ein, müssen sie sich leichtfertigen Umgang mit öffentlichen Geldern vorwerfen lassen; scheuen sie das Risiko, gelten sie als kleinkarierte Kameralisten. In Großprojekten wird ein Spannungsverhältnis zwischen Politik und unternehmerischen Handeln in öffentlichem Auftrag aufgebaut, das vom bestehenden demokratischen System kaum produktiv verarbeitet werden kann.

5. Ausblick auf Politik und Forschung

In einer unternehmerisch konzipierten Stadtentwicklungspolitik initiiert die Stadtverwaltung mittels ihrer privatrechtlich organisierten Trägergesellschaften Projekte und intendiert mit ihren Vorleistungen, dass Entwicklungen überhaupt in Gang kommen. Die große Chance dieser Strategie liegt darin, dass die Stadtentwicklung aktiv gestaltet wird, Ressourcen gebündelt werden und folglich Synergieeffekte zwischen privatem und öffentlichem Sektor entstehen können. Die Projekte werden von der öffentlichen Hand mit dem Ziel angestoßen, positive Signale für die Entwicklung der Stadt zu setzen. Projekte sind aber kein Allheilmittel. Sie stellen lediglich punktuelle Interventionen dar, die keine strukturellen Probleme lösen können (vgl. Häußermann/Siebel 1994). Daher sind eine Fülle von Aufgaben mit Projekten nicht zu meistern, wie beispielsweise Umverteilungsfunktionen zur Herstellung bzw. zur Garantie sozialer Gerechtigkeit oder der Schutz von Nutzungen vor Verdrängung:

„Die Schutz-, die Fürsorge- und die Umverteilungsfunktion des Staates setzen den starken, zentralistischen Interventionsstaat voraus. Im Bereich der Ökologie und der Sozialpolitik aber auch bei harten Konflikten um die Flächennutzung stößt Planung als Moderation am Projekt schnell an ihre Grenzen" (Siebel/Ibert/Mayer 1999: 172).

Dennoch: Großprojekte wird es auch in Zukunft geben. Damit sie keine isolierten Einzelmaßnahmen bleiben, sollten sie in Strukturkonzepte einer langfristig orientierten Stadt- und Regionalentwicklungspolitik integriert werden. Statt einer bloßen Aneinanderreihung von Großprojekten ist ihre Einbettung in eine strategische Planung notwendig, die die Gesamtstadt in den Blick nimmt und die Planungsaktivitäten koordiniert und aufeinander abstimmt.

Ferner muss das im Projektmanagement verankerte Spannungsverhältnis zwischen Effizienz und politischer Legitimation ausbalanciert werden. Dies ist schwierig, weil die Handlungsfähigkeit der Projektakteure von Bedingungen abhängt, die zum Teil die Prinzipien demokratischer Legitimation verletzen. Insofern läuft eine politische Kontrolle den Interaktionsprozessen von Großprojekten zuwider und ist daher nur begrenzt wirksam. Dennoch verlieren „parallele Strukturen legitimer Gegenmacht" wie förmliche

Beteiligungsverfahren, Parlamente, Gerichte und Bürgerversammlungen nicht an Relevanz (Benz 1994a: 322). Sie können ergänzende Schauplätze der Konfliktaustragung und Willensbildung etablieren und dadurch wechselseitige 'checks and balances' schaffen.

Eine projektbegleitende Kontrolle ist zudem unverzichtbarer Bestandteil der Planung und Durchführung von Projekten, bei denen die öffentliche Hand hohe Investitionen tätigt und wirtschaftliche Risiken trägt. Neben der parlamentarischen Kontrolle braucht das Projektmanagement effektive Kontrollmechanismen, um Fehlentwicklungen zu vermeiden. Zum einen kann dadurch frühzeitig erkannt werden, ob ein Umsteuern oder gar ein Ausstieg aus dem Vorhaben organisiert werden muss; zum anderen sind Kontrollen notwendig, um zu prüfen, ob das Vorhaben im Einklang mit öffentlichen Interessen steht oder ob diese notfalls auch gegen den Willen des Investors durchgesetzt werden müssen. Da traditionelle Formen der Aufsicht durch hierarchisch übergeordnete Instanzen nur reaktiv und nachträglich wirken, muss die Kontrolle optimiert und an die neuen Strukturen des Projektmanagements angepasst werden. Die Kontrolle einer prozesshaften und kooperativen Planung sollte daher eng mit dem Planungsprozess verbunden sein und unterschiedliche Aspekte der Projektplanung erfassen: die Organisation, das Verfahren, die Ziele, deren Vollzug und die Wirkungen (vgl. Benz 1998). Grundlegende Voraussetzung für eine prozessbegleitende Kontrolle ist vor allem die Verbesserung der Kommunikation zwischen Planungsträgern und Kontrollinstanzen und die Erhöhung von Transparenz im Planungsprozess. Insgesamt trägt eine Kontrolle zur Legitimation der Vorhaben und ihrer Ergebnisse bei, indem sie die Korrektur von Fehlern und eine inhaltliche Verbesserung ermöglicht.

In der Praxis wird eine Planungskontrolle oft vernachlässigt. Nach Benz (1998: 255) liegt dies „vermutlich auch am mangelnden Wissen über die Ziele, Verfahren und Methoden der Kontrolle." Es bedarf daher mehr an Kenntnissen über ihre Ausgestaltung und ihre Anpassung an die komplexen Strukturen großer Stadtentwicklungsvorhaben. Anregungen könnten Controlling-Konzepte aus der Privatwirtschaft liefern. Benz (1998) spricht in diesem Zusammenhang von einem Plancontrolling, das Planung und Kontrolle stärker verzahnt. Für eine effektive Planungskontrolle ist ein umfassendes Verständnis der Funktionsweise von Großprojekten notwendig. Dazu sind weitergehende Untersuchungen erforderlich, die neben den Steuerungsprozessen auch die Auswirkungen der Vorhaben auf andere Teilgebiete der Stadt sowie der Region in den Blick nehmen. Da Großprojekte eine Schnittstelle verschiedener Disziplinen bilden, sollten solche Untersuchungen von einem interdisziplinären Forschungsteam durchgeführt werden; Stadtplanung und Sozialwissenschaft gehören genauso dazu wie Betriebs- und Wirtschaftswissenschaften. Indem verschiedene Fachdisziplinen zusammenarbeiten, könnten Zusammenhänge zwischen der Planungsorganisation, den Verfahren, dem Kontext und den Ergebnissen besser analysiert und Kausalitäten treffender zugeschrieben werden.

'Bigness' erwies sich als ein besonderes Steuerungsproblem. Der durch die Größe der Vorhaben verursachte Maßstabssprung bewirkte zwar einen Bruch mit den vorhandenen, oft wenig ansprechenden Bildern der Stadt und gab dadurch neuen, spektakuläreren Fantasien Platz. Andererseits verursachte die Größe der Projekte Probleme bei der Realisierung der Vorhaben mit der Wirkung, dass sie meist unvollendet in der Krise stecken blieben. Nach Hall (1980: 4) beruhen die meisten „Planungsdesaster" auf unrichtigen Prognosen über die Bedarfs- und Nachfrageentwicklung. Auch hier sind sowohl Wissenschaft und Politik gefordert, Prüfkriterien für eine Bedarfsanalyse als auch für potenzielle Auswirkungen der Vorhaben zu entwickeln und diese schließlich auch in der Praxis einzusetzen. Da solche Prüfungen meist nicht vorgenommen werden, sind Großprojekte oft überdimensioniert. Größe hat eine geringere Flexibilität der politischen Steuerung zur Folge: Selbstverpflichtende Leitbilder erzeugen einen Erfolgsdruck, der teilweise den Blick für die Projektrealität verstellt und eine Projektrevision unter veränderten Rahmenbedingungen erschwert; komplexe Akteursgeflechte entwickeln ihr Eigenleben und verselbständigen sich; zusammenhängende Teilprojekte reduzieren die Anpassungsfähigkeit des Vorhabens. Großprojekte sollten daher so gestaltet werden, dass sie noch beherrschbar bleiben. Dafür müssten sie so unterteilt werden, dass Projektteile herausgenommen und bei Bedarf wieder eingefügt werden können. Ausstiegsoptionen müssen eingebaut und offengehalten werden – 'exit' sollte immer möglich bleiben.

Literaturverzeichnis

Ache, Peter/Bremm, Heinz-Jürgen/Kunzmann, Klaus R./Wegener, Michael 1992: Die Emscherzone: Strukturwandel, Disparitäten – und eine Bauausstellung. Dortmunder Beiträge zur Raumplanung 58. Dortmund: IRPUD

Albers, Gerd 1993: Über den Wandel im Planungsverständnis. In: RaumPlanung, Nr. 61, S. 97-103

Albers, Gerd 1998: Stadtentwicklung/Bauleitplanung. In: Hellmut Wollmann, Roland Roth (Hg.) Kommunalpolitik – Politisches Handeln in den Gemeinden. Opladen: Bundeszentrale für politische Bildung, S. 572-585

Alemann, Ulrich von (Hg.) 1981: Neokorporatismus. Frankfurt/M, New York: Campus

Alemann, Ulrich von/Brandenburg, Patrick 2000: Nordrhein-Westfalen. Ein Land entdeckt sich neu. Köln: Kohlhammer

Alemann, Ulrich von/Heinze, Rolf G. 1979: Verbände und Staat: Vom Pluralismus zum Korporatismus. Analysen, Positionen, Dokumente. Opladen: Westdeutscher Verlag

Alisch, Monika (Hg.) 1998: Stadtteilmanagement. Voraussetzungen und Chancen für die soziale Stadt. Opladen: Leske + Budrich

Alisch, Monika/Dangschat, Jens 1998: Armut und soziale Integration. Opladen: Leske+ Budrich

Ambrose, Peter 1994: Urban Process and Power. London, New York: Routledge

Andersch, Bernd/Belzer, Volker (1998): Projektmanagement. In: Bernhard Blanke u.a. (Hg.) Handbuch der Verwaltungsreform. Opladen: Leske + Budrich, S. 269-277

Andersen, Uwe 1998: Kommunalpolitik im Umbruch. In: Uwe Andersen (Hg.) Kommunalpolitik in Nordrhein-Westfalen im Umbruch. Köln, Stuttgart, Berlin: Kohlhammer, S. 9-43

Andersen, Uwe 2000: Gemeinden/kommunale Selbstverwaltung. In: Uwe Andersen/Wichard Woyke (Hg.) Handwörterbuch des politischen Systems der Bundesrepublik Deutschland. Opladen: Leske + Budrich, S. 185-193

Anheier, Helmut Klaus (Hg.) 1997: Der Dritte Sektor in Deutschland. Organisationen zwischen Staat und Markt im gesellschaftlichen Wandel. Berlin: Edition Sigma

Ascher, Francois 1993: Öffentlich-private Partnerschaften bei der Stadterneuerung und Stadtentwicklung in Frankreich. In: Werner Heinz (Hg.) Public private

Partnership – ein neuer Weg zur Stadtentwicklung. Stuttgart, Berlin, Köln: Kohlhammer, S. 277-339

Ashworth, G.J./Voogd, H. 1990: Selling the City: marketing approach in public sector planning. London, New York: Belhaven Press

Babst, Hans-Ulrich 1988: Erst stirbt die Zeche, dann die Stadt: Die Bergbaukrise im Ruhrgebiet. In: Wolf Bierbach (Hg.) Das Revier: „Nicht nur ein Land von Ruß und Maloche". Essen: Hobbing, S. 49-72

Bahrdt, Hans-Paul 1998: Die moderne Großstadt. Soziologische Überlegungen zum Städtebau (hg. von Ulfert Herlyn). Opladen: Leske + Budrich

Baïetto, Jean-Paul 1995: Le partenariat dans la phase amont d'Euralille. In: Ministère de l'Equipment, du Logement, des Transports et du Tourisme (Hg.) Public-privé. Quel Aménagement pour demain? Paris: Editon Villes et Territoires, S. 100-101

Basten, Ludger 1998: Die Neue Mitte Oberhausen. Ein Großprojekt der Stadtentwicklung im Spannungsfeld von Politik und Planung. Basel, Boston, Berlin: Birkhäuser

Battiau, Michel 1995: L'évolution géo-économique du Nord-Pas-de-Calais au cours des dernières décennies. In: Hommes et Terres du Nord, Nr. 3, S. 98-104

Bauwelt (o.V.) 1994: Le Triangle des Gares. Die Verkaufsmaschine von Euralille. In: Bauwelt, H. 44, S. 2450-2453

Becker, Heidede 1998: Leitbilder. In: Hartmut Häußermann (Hg.) Großstadt – Soziologische Stichworte. Opladen: Leske + Budrich, S. 123-135

Becker, Ulrich 1994: Der Technologie- und Gewerbepark: Entwicklungstrends und Konkurrenzen. In: Senatsverwaltung für Stadtentwicklung und Umweltschutz (Hg.) Johannisthal – Adlershof, Technologie- und Wissenschaftsstadt. Berlin: Kulturbuchverlag, S. 37f.

Benz, Arthur 1994a: Kooperative Verwaltung. Funktionen, Voraussetzungen und Folgen. Baden-Baden: Nomos Verlagsgesellschaft

Benz, Arthur 1994b: Zur demokratischen Legitimation von Verhandlungen. In: Heiderose Kilper (Hg.) Steuerungseffekte und Legitimation regionaler Netzwerke. Institut Arbeit und Technik in Gelsenkirchen, S. 69-80

Benz, Arthur 1997: Kooperativer Staat? Gesellschaftliche Einflussnahme auf staatliche Steuerung. In: Ansgar Klein/Rainer Schmalz-Bruns (Hg.) Politische Beteiligung und Bürgerengagement in Deutschland. Bonn: Bundeszentrale für politische Bildung, S. 88-113

Benz, Arthur 1998: Zur Theorie der Planungskontrolle. In: Akademie für Raumforschung und Landesplanung (Hg.) Methoden für Raumforschung und Landesplanung. Hannover: ARL, S. 254-273

Benz, Arthur/Seibel, Wolfgang 1992: Zwischen Kooperation und Korruption – Abweichendes Verhalten in der Verwaltung. Baden-Baden: Nomos Verlagsgesellschaft

Bertolini, Luca/Spit, Tejo 1998: Cities on Rails – The Redevelopment of Railway Station Areas. London u.a.: Spon

Bianchini, Franco/Dawson, John/Evans, Richard 1992: Flagship Projects in Urban Regeneration. In: Patsy Healey u.a. (Hg.) Rebuilding the City – Property-led Urban Regeneration. London u.a.: Spon, S. 245-255

Blase, Dieter 1988: Ein Weg aus der Krise? Stadtentwicklung Oberhausen. In: Stadtbauwelt, H. 24, S. 1036-1040

Blotevogel, Hans H./Deilmann, Benedikt 1989: 'World Tourist Center' Oberhausen, Aufstieg und Fall der Planung eines Megazentrums. In: Geographische Rundschau, 41. Jg., H. 11, S. 640-645

Bodenschatz, Harald/Engstfeld, Hans-Joachim 1994: Thesen zum Umgang mit den baulich-räumlichen Zeugnissen der Geschichte. In: Senatsverwaltung für Stadtentwicklung und Umweltschutz (Hg.) Johannisthal – Adlershof, Technologie- und Wissenschaftsstadt. Berlin: Kulturbuchverlag, S. 15-21

Bömer, Hermann 2000: Ruhrgebietspolitik in der Krise. Kontroverse Konzepte aus Wirtschaft, Politik, Wissenschaft und Verbänden. Dortmunder Beiträge zur Raumplanung 101. Dortmund: IRPUD

Brink, E. 1993: Arbeitsbeschaffungsmaßnahmen (ABM) in Forschung und Entwicklung – eine neue Art der Forschungsförderung? Stand der Probleme – Ende 1992/Anfang 1993. In: Vorstand des Wissenschaftssoziologie und –statistik e.V. (Hg.) Wirtschaft und Wissenschaftspark Berlin Adlershof/Johannisthal Vergangenheit – Gegenwart – Zukunft. Schriftenreihe des Wissenschaftssoziologie und -statistik e.V., Heft 4. Berlin, S. 142-159

Bruyelle, Pierre 1991: La Communauté Urbaine de Lille – Métropole du Nord – Pas-de-Calais. Paris: les études de la documentation Française

Budäus, Dietrich 1994: Public Management. Konzepte und Verfahren zur Modernisierung öffentlicher Verwaltungen. Berlin: Edition Sigma

Bunzel, Arno 1999: Städtebauliche Entwicklungsmaßnahmen. In: Arno Bunzel/ Robert Sander (Hrsg.), Städtebauliche Großvorhaben in der Umsetzung. Dokumentation des Symposiums am 22. und 23. Juli 1998 in Berlin, Difu-Materialien 6/99, S. 46-60

Bunzel, Arno/Lunebach, Jochem 1994: Städtebauliche Entwicklungsmaßnahmen – ein Handbuch. Berlin: Difu

Busch, U./Thimm, W. 1993: Tradition, Umbruch und Aufbruch. Entstehung einer integrierten Landschaft aus Wirtschaft und Wissenschaft in Berlin-Adlershof/Johannisthal. In: Vorstand des Wissenschaftssoziologie und –statistik e.V. (Hg.) Wirtschaft und Wissenschaftspark Berlin Adlershof/Johannisthal Vergangenheit – Gegenwart – Zukunft. Schriftenreihe des Wissenschaftssoziologie und -statistik e.V., Heft 4. Berlin, S. 6-21

Caillosse, Jacques/Le Galès, Patrick/Loncle-Moriceau, Patricia 1997: Les sociétés d'économie mixte locales: outils de quelle action publicque? In: François Godard (Hg.) Le gouvernement de villes, territoires et pouvoirs. Paris: Descartes & Cie, S. 23-98

Cattacin, Sandro 1993: Stadtentwicklungspolitik über Großprojekte. Florenz, Wien und Zürich im Vergleich. In: Journal für Sozialforschung, 33. Jg., H.4, S. 369-389

Cattacin, Sandro 1994: Stadtentwicklungspolitik zwischen Demokratie und Komplexität – Zur politischen Organisation der Stadtentwicklung: Florenz, Wien und Zürich im Vergleich. Frankfurt/M u.a.: Campus

Cawson, Alan 1986: Corporatism and Political Theory. Oxford, New York: Basil, Blackwell

Cole, Alistair 1996: Réseaux locaux et politique publique: une comparaison franco-francaise. In: Changement Régional et dynamique des territoires: éclairages théoriques et empiriques à propos de l'exemple du Nord-Pas-de-Calais. Journée d'étude sous l'égide du FREVILLE

Corsten, Hans/Corsten, Hilde 2000: Projektmanagement. Einführung. München, Wien: R. Oldenbourg

Daum, Werner/Riederer, Günter/von Seggern, Harm 1998: Fallobst und Steinschlag. Einleitende Überlegungen zum historischen Vergleich. In: Helga Schnabel-Schüle (Hg.) Vergleichende Perspektiven – Perspektiven des Vergleichs. Studien zur europäischen Geschichte von der Spätantike bis in 20. Jahrhundert. Mainz: von Zabern, S. 1-21

Dellwig, Magnus 2002: Abenteuer Industriestadt. Oberhausen 1874-1999. Beiträge zur Stadtgeschichte. Unveröffentlichtes Manuskript

DiGaetano, Alan/Klemanski, John S. 1993: Urban Regimes in Comparative Perspective. The Politics of Urban Developement in Britain. In: Urban Affairs Quarterly, Bd. 29, Nr. 1, S. 54-83

DiGaetano, Alan/Klemanski, John S. 1999: Power and city governance: comparative perspectives on urban development. Minneapolis: University of Minnesota Press

Dörhage, Walter 1999: Wissenschaftsstandort und Industrielle Forschung. Defizite und Chancen Berliner Forschungs- und Innovationspolitik am Beispiel des Technologieparks Adlershof. In: Walter Momper u.a. (Hg.) Berlins Zweite Zukunft, Aufbruch in das 21. Jahrhundert. Berlin: Edition Sigma, S. 391-414

Dormand, S./Paris, D./Thumerelle, P.J. 1998: Disparités géographique internes et rééquilibrage du développement: un enjeu d'aménagement pour la métropole lilloise. In: Hommes et Terres du Nord, Nr. 4, 195-198

Doutriaux, Emmanuel 1994: Euralille – ein neues Stück Stadt. In: Bauwelt, H. 44, S. 2442-2447

Drescher, Burkhard Ulrich/Dellwig, Magnus 1996: Rathaus ohne Ämter – Verwaltungsreform, Public-Private Partnership und das Projekt Neue Mitte in Oberhausen. Frankfurt/M., New York: Campus

Drescher, Burkhard Ulrich/Dellwig, Magnus 1998: Die Verwaltungsreform in der Praxis – Verwaltungsmodernisierung, Public-Private Partnership und Strukturpolitik in Oberhausen. In: Uwe Andersen (Hg.) Kommunalpolitik in Nordrhein-Westfalen im Umbruch. Köln, Stuttgart, Berlin: Kohlhammer, S. 103-120

Drescher, Burkhard Ulrich/Dellwig, Magnus 1999: IBA und Stadt gestalten. Perspektiven für den Strukturwandel in Oberhausen. In: Informationen zur Raumentwicklung, H. 3,4, S. 225-232

Duszynski, Juliette 2000: Observatoire des grands projets d'aménagement et d'urbanisme de Lille Métropole. Stage Agence de Développement et d'Urbanisme de Lille Métropole

Fainstein, Susan S. 1994: The City Builders. Oxford: Blackwell Publishers

Fassbinder, Helga 1997: Die Produktion der Zukunft – Stadtplanung in der Zivilgesellschaft. In: Klaus M. Schmals/Hubert Heinelt (Hg.) Zivile Gesellschaft. Entwicklung, Defizite und Potentiale. Opladen: Leske + Budrich, S. 197-216

Feagin, Joe, R/Orum, Anthony M./Sjoberg, Gideon 1991: A Case for the Case Study. Chapel Hill, London: The University of North Carolina Press

FES 1997: Berlin auf dem Weg zur Metropole? Die Frage nach tragfähigen und konsistenten Zielen für die Wirtschaftspolitik. Reihe Wirtschaftspolitische Diskurse 94, Bonn

FES 2000: Strukturwandel, Tertiärisierung, Entwicklungspotential und Strukturpolitik. Regionen im Vergleich: Ruhrgebiet – Pittsburgh – Luxemburg – Lille. Reihe Wirtschaftspolitische Diskurse 130, Bonn

Flick, Uwe 1995: Qualitative Forschung. Theorie, Methoden, Anwendung in Psychologie und Sozialwissenschaften. Reinbek bei Hamburg: Rowolth

Frey, Hans-Erich 1994: Die Kommunikation steht auf dem Prüfstand. In: der städtetag, Nr. 1, S. 11-15

Friedrichs, Jürgen 1977: Stadtanalyse. Soziale und räumliche Organisation der Gesellschaft. Reinbek bei Hamburg: Rowolth

Fürst, Dietrich 1998a: Projekt- und Regionalmanagement. In: Akademie für Raumforschung und Landesplanung (Hg.) Methoden für Raumforschung und Landesplanung. Hannover: ARL, S. 237-253

Fürst, Dietrich 1998b: Wandel des Staates – Wandel der Planung. In: Neues Archiv für Niedersachsen, Nr. 2, S. 53-73

Ganser, Karl 1991: Instrumente von gestern für die Städte von morgen? In: Karl Ganser/Joachim Jens Hesse/Christoph Zöpel (Hg.) Die Zukunft der Städte. Baden-Baden: Nomos Verlagsgesellschaft, S. 54-64

Ganser, Karl/Siebel, Walter/Sieverts, Thomas 1993: Die Planungsstrategie der IBA Emscher Park. Eine Annäherung. In: RaumPlanung, Nr. 61, S. 112-118

George, Alexander L. 1979: Case Studies and Theory Development: The Method of Structured, Focused Comparison. In: Paul Gordon Lauren (Hg.) Diplomacy – New Approaches in History, Theory and Policy. London, New York: The Free Press, S. 43-68

Gerstlberger, Wolfgang 1999: Public-Private Partnerships und Stadtentwicklung: öffentlich-private Projektgesellschaften zwischen Erweiterung und Aushöhlung kommunaler Handlungsfähigkeit. München, Mering: Hampp

Göb, Rüdiger 1989: Abschied von der Stadtentwicklungsplanung? In: Raumforschung und Raumordnung, 47. Jg., H. 5,6, S. 289-296

Goch, Stefan 1999: Endogene Potentiale einer Region – Bewältigung des Strukturwandels und Strukturpolitik im Ruhrgebiet. Habilitationsschrift, Fakultät für Sozialwissenschaften der Ruhr-Universität Bochum

Görlitz, Axel/Burth, Hans-Peter 1998: Politische Steuerung. Ein Studienbuch. 2. Auflage. Opladen: Leske + Budrich

Gotthold, Jürgen 1978: Stadtentwicklung zwischen Krise und Planung. Köln: Kiepenhauer & Witsch

Grabow, Bussow/Henckel, Dietrich/Hollbach-Grömig, Beate 1995: Weiche Standortfaktoren. Schriften des Deutschen Instituts für Urbanistik, Band 89. Stuttgart, Berlin, Köln: Kohlhammer

Große, Ernst Ulrich/Lüger Heinz-Helmut 1989: Frankreich verstehen. Eine Einführung mit Vergleichen zu Deutschland. 2. aktual. und erw. Auflage. Darmstadt: Wissenschaftliche Buchgesellschaft

Grunert, Brigitte 1992: Politisches System. In: Presse und Informationsamt des Landes Berlin (Hg.) Berlin Handbuch – Das Lexikon der Bundeshauptstadt. Berlin: FAB Verl., S. 961-971

Hall, Peter 1980: Great Planning Disasters. Berkeley u.a.: Univ. of California Press

Hall, Tim/Hubbard, Phil (Hg.) 1998: The Entrepreneurial City. Geographies of Politics, Regime and Representation. New York: Wiley

Harding, Alan 1994a: Conclusion: towards the entrepreneurial European city? In: Alan Harding u.a. (Hg.) European cities towards 2000: profiles, policies and prospects. Manchester: Manchester Univ. Press, S. 195-206

Harding, Alan 1994b: Urban Regimes and Growth Machines. Toward a Cross-National Research Agenda. In: Urban Affairs Quarterly, Bd. 29, Nr. 3, S. 356-382

Harding, Alan 1999: Review Article: North American Urban Political Economy, Urban Theory and British Research. In: British Journal of Political Sciences, Nr. 29, S. 673-698

Harrus, Michel 1993: Euralille and the Public-Private Relationship. In: RaumPlanung, Nr. 60, S. 28-30

Harvey, David 1989: From Managerialism to Entrepreneurialism – The Transformation in Urban Governance in Late Capitalism. In: Geografiska Annaler, Bd. 71 B, Nr. 1, S. 3-17

Häußermann, Hartmut 1995: Stadtentwicklung im Labor, Berlin-Mitte. In: Martin Wentz (Hg.) Stadtentwicklung. Frankfurt/M, New York: Campus, S. 76-89

Häußermann, Hartmut 2001: Städte, Gemeinden und Urbanisierung. In: Hans Joas (Hg.) Lehrbuch der Soziologie. Frankfurt/M.: Campus Studienausgabe, S. 505-532

Häußermann, Hartmut/Kapphan, Andreas 2000: Berlin: von der geteilten zur gespaltenen Stadt? Sozialräumlicher Wandel seit 1990. Opladen: Leske + Budrich

Häußermann, Hartmut/Siebel, Walter 1993a: Wandel der Planungsaufgaben und Wandel der Planungsstrategie – Das Beispiel der IBA Emscher Park. In: Arbeitskreis Stadterneuerung an deutschsprachigen Hochschulen und Institut für Stadt- und Regionalplanung der Technischen Universität Berlin (Hg.) Jahrbuch Stadterneuerung 1993. Berlin: TU Berlin, S. 141-151

Häußermann, Hartmut/Siebel, Walter 1993b: Die Politik der Festivalisierung und die Festivalisierung der Politik – große Ereignisse in der Stadtpolitik. In: Hartmut Häußermann/Walter Siebel (Hg.) Festivalisierung der Stadtpolitik, Stadtentwicklung durch große Projekte. Leviathan Sonderheft 13. Opladen: Westdeutscher Verlag, S. 7-31

Häußermann, Hartmut/Siebel, Walter 1994: Neue Formen der Stadt- und Regionalpolitik. In: Archiv für Kommunalwissenschaften, Jg. 33, Bd. I. S. 32-45

Häußermann, Hartmut/Siebel, Walter 1995: Dienstleistungsgesellschaften. Frankfurt/M.: Suhrkamp Verlag

Häußermann, Hartmut/Simons, Katja 2000: Die Politik der großen Projekte – eine Poli-tik der großen Risiken? Zu neuen Formen der Stadtentwicklungspolitik am Beispiel des Entwicklungsgebiets Berlin-Adlershof. In: Archiv für Kommunalwissenschaften, 39. Jg., Bd. I, S. 56-72

Heinz, Werner 1993: Wesentliche Merkmale von Partnerschaftsansätzen bei der Stadtentwicklung und Stadterneuerung. In: Werner Heinz (Hg.) Public Private Partnership – ein neuer Weg zur Stadtentwicklung? Stuttgart u.a.: Kohlhammer, S. 483-541

Heinz, Werner 1992: Public Private Partnership. In: Martin Wentz (Hg.) Planungskulturen. Frankfurt/M., New York: Campus, S. 43-50

Heinz, Werner 1998a: Stadtentwicklungsplanung. In: Hartmut Häußermann (Hg.) Großstadt – Soziologische Stichworte. Opladen: Leske+Budrich, S. 234-245

Heinz, Werner 1998b: Public Private Partnership. In: Hellmut Wollmann/Roland Roth (Hg.) Kommunalpolitik – Politisches Handeln in den Gemeinden. Opladen: Bundeszentrale für politische Bildung, S. 552-570

Helbrecht, Ilse 1994: 'Stadtmarketing' – Konturen einer kommunikativen Stadtentwicklungspolitik. Basel, Boston, Berlin: Birkhäuser

Hellweg, Uli 1999: Anpassung von Nutzungskonzepten und Umsetzungsstrategien an veränderte ökonomische und soziale Rahmenbedingungen. In: Arno Bunzel/Robert Sander (Hg.), Städtebauliche Großvorhaben in der Umsetzung. Dokumentation des Symposiums am 22. und 23. Juli 1998 in Berlin, Difu-Materialien 6/99, S. 13-24

Henckel, Dietrich 1997: Kommunen und Kooperationen. In: Dietrich Henckel u.a. (Hg.) Entscheidungsfelder städtischer Zukunft. Schriften des Deutschen Instituts für Urbanistik, Bd. 90. Stuttgart u.a.: Kohlhammer, S. 297-329

Hiort, Karen 1996: Stadtumbau und Stadterweiterung im großen Stil: das Beispiel Johannisthal-Adlershof in Berlin. In: Klaus Selle (Hg.) Planung + Kommunikation. Gestaltung von Planungsprozessen von Quartier, Stadt und Landschaft – Grundlagen, Methoden, Praxiserfahrung. Wiesbaden, Berlin: Bauverlag, S. 250-252

Hoffmann-Martinot, Vincent 1999: Zentralisierung und Dezentralisierung in Frankreich. In: Marieluise Christadler/Henrik Uterwedde (Hg.) Länderbericht Frankreich. Geschichte, Politik, Wirtschaft, Gesellschaft. Opladen: Leske + Budrich, S. 363-382

Holstein, Lars 2000: Berlin-Adlershof. Die Stadt für Wissenschaft und Wirtschaft der Zukunft? Eine Analyse regionaler Innovationsnetzwerke der außeruniversitären Forschungseinrichtungen. Diplomarbeit am Geographischen Institut der Humboldt-Universität zu Berlin http://www.fnsem.asso.fr (Stand 14.2.2001)

IfS/STERN 1998: Sozialorientierte Stadtentwicklung. Gutachten im Auftrag der Senatsverwaltung für Stadtentwicklung, Umweltschutz und Technologie. Berlin: Kulturbuchverlag

ILS (Hg.) 1999: Von der Gemeinde zum Konzern Stadt. Auswirkungen von Ausgliederung und Privatisierung für die politische Steuerung auf kommunaler Ebene. Duisburg: waz

Jensen-Butler, Chris 1997: Competition between cities, urban performance and the role of urban policy: a theoretical framework. In: Chris Jensen-Butler/Arie Shachar/Jan van Weesep (Hg.) European cities in competition. European Science Foundation. Adlershot: Avebury, S. 3-42

Jensen-Butler, Chris/Weesep, Jan van 1997: Perspective: competition, urban planning and urban policy. In: Chris Jensen-Butler/Arie Shachar/Jan van Weesep (Hg.) European cities in competition. European Science Foundation. Adlershot: Avebury, S. 494-507

Jessop, Bob 1995: The regulation approach, governance and post-Fordism: alternative perspectives on economic and political change? In: Economy and Society, Bd. 24, Nr. 3, S. 307-333

Jessop, Bob 2000: Globalisation, entrepreneurial cities and the social economy. In: Pierre Hamel/Henri Lustiger-Thaler/Margit Mayer (Hg.) Urban Movements in a Globalising World. London, New York: Routledge, S. 81-100

Joignaux, Guy 1997: Euralille: quelle métropolisation? Unveröffentlichtes Manuskript

Kantor, Paul/Savitch, H.V./Vicari Haddock, Serena 1997: The Political Economy of Urban Regimes. A comparative Perspective. In: Urban Affairs Review, Bd. 32. Nr. 3, S. 348-377

Kearns, Gerry/Philo, Chris 1993: Selling Places. The City as Cultural Capital, Past and Present. Oxford u.a.: Pergamon Press

Keating, Michael 1991: Comparative urban politics: power and the city in the United States, Canada, Britain, and France. Aldershot, Brookfield: Edward Elgar

Keller, Donald A./Koch, Michael/Selle, Klaus (Hg.) 1998: Planung + Projekte. Verständigungsversuche zum Wandel der Planung. Dortmund: Dortmunder Vertrieb für Bau- und Planungsliteratur

Kessler, Heinrich/Winkelhofer, Georg 2002: Projektmanagement. Leitfaden zur Steuerung und Führung von Projekten. Heidelberg: Springer

Kilper, Heiderose 1995: Von der Selbstregulierung zu interregionaler Konkurrenz. Wandel kommunaler Zusammenarbeit im Ruhrgebiet. In: Kommunalverband Ruhrgebiet (Hg.) Kommunalverband Ruhrgebiet. Wege, Spuren. Festschrift zum 75 jährigen Bestehen des KVR. Essen, S. 69-103

Kilper, Heiderose 1999: Die Internationale Bauausstellung Emscher Park. Eine Studie zur Steuerungsproblematik komplexer Erneuerungsprozesse in einer alten Industrieregion. Opladen: Leske + Budrich

Kißler, Leo/Bogumil, Jörg/Greifenstein, Ralph/Wiechmann, Elke 1997: Moderne Zeiten im Rathaus? Reform der Kommunalverwaltungen auf dem Prüfstand der Praxis. Berlin: Edition Sigma

Kleger, Heinz/Fiedler, Andreas/Kuhle, Holger 1996: Vom Stadtforum zum Forum der Stadt. Entwicklung und Perspektiven des Stadtforums. Amsterdam: Verl. Fakultas

Kleinfeld, Ralf 1996: Kommunalpolitik. Eine problemorientierte Einführung (unter Mitarbeit von R. Heidemann, A. Nenzda, F. Treutler). Opladen: Leske + Budrich

Kletzander, Andreas 1995: Public-Private Partnership als Gefahr für lokale Demokratie und Verteilungsgerechtigkeit? Das Beispiel der Stadterneuerung in Nordengland. In: Archiv für Kommunalwissenschaften, 34. Jg., Bd. I, S. 119-135

Kohlhaas, Rem/Mau, Bruce/Werlemann, Hans 1995: S, M, X, XL. Office for Metropolitan Architecture. Rotterdam: Publisher

Krätke, Stefan 1995: Stadt, Raum, Ökonomie. Einführung in aktuelle Problemfelder der Stadtökonomie und Wirtschaftsgeographie. Basel, Boston, Berlin: Birkhäuser

Kruse, Wilfried/Lichte, Rainer 1991 (Hg.): Krise und Aufbruch in Oberhausen. Zur Lage der Stadt und ihrer Bevölkerung am Ausgang der achtziger Jahre. Oberhausen: Asso

Kruzewicz, Michael 1993: Lokale Kooperationen in NRW – Public-Private Partnership auf kommunaler Ebene, hg. ILS. Duisburg: Waz

Kuhle, Holger 1996: Ressort- und Hierarchieprinzip über alles und der Bedarf an neuen Koordinationsmethoden. In: Heinz Kleger u.a. (Hg.) Vom Stadtforum zum Forum der Stadt – Entwicklungen und Perspektiven des Stadtforums Berlin. Amsterdam: Verl. Fakultas

Kuhle, Holger/Fiedler, Andreas 1996: Berlins Zeit der großen Projekte. In: Heinz Kleger u.a. (Hg.) Vom Stadtforum zum Forum der Stadt – Entwicklungen und Perspektiven des Stadtforums Berlin. Amsterdam: Verl. Fakultas, S. 25-30

Kühne, Armin 1997: Regimewandel durch Großprojekte – Auf der Suche nach lokaler Handlungsfähigkeit in Zürich und Wien. Amsterdam: Verl. Fakultas

Kunst, Friedemann 1998: Leitbilder für Berliner Stadträume – der 'innovative Nordosten' und die 'Wissenschaftsstadt' Adlershof. In: Heidede Becker/Johanna Jessen/Robert Sander (Hg.) Ohne Leitbild? Städtebau in Deutschland und Europa. Stuttgart u.a.: Krämer, S. 206-214

Kurth, Detlef/Scheuvens, Rudolf/Zlonicky, Peter (Hg.) 1999: Laboratorium Emscher Park. Städtebauliches Kolloquium zur Zukunft des Ruhrgebiets. Dortmunder Beiträge zur Raumplanung 99. Dortmund: IRPUD

Lawless, Paul 1993: Öffentlich-private Partnerschaften in Großbritannien – Analyse und Kritik. In: Werner Heinz (Hg.): Public Private Partnership – ein neuer Weg zur Stadtentwicklung? Stuttgart, Berlin, Köln: Kohlhammer, S. 199-244

Le Galès, Patrick 2000: Urban governance and partnership to combat poverty in European cities. In: Yuri Kazepov (Hg.) Urban Europe. Global trends and local impacts. Book project funded within the IHP Programme of the European Commission, DG Research, S. 193-227

Le Galès, Patrick/Harding, Alan 1998: Cities and States in Europe. In: West European Politics, Bd. 21, Nr. 3, S. 120-145

Lemmen, Franz-Josef 1997: Die städtebauliche Entwicklungsmaßnahme als Regelinstrument der Baulandbereitstellung. In: Beate und Hartmut Dietrich (Hg.) Boden – wem nutzt er? Wen stützt er? Neue Perspektiven des Bodenrechts. Braunschweig, Wiesbaden: Vieweg, S. 220-228

Lenhart, Karin 2001: Berliner Metropoly. Stadtentwicklungspolitik im Berliner Bezirk Mitte nach der Wende. Opladen: Leske + Budrich

Levin, Myron A. 1994: The Transformation of Urban Politics in France. The Roots of Growth Politics and Urban Regimes. In: Urban Affairs Quarterly, Bd. 29, Nr. 3, S. 383-410

Lille Métropole 1998: La Métropole rassemblée 1968-1998. Lille: Fayard

Loftman, Patrick/Nevin, Brendan 1995: Prestige Projects and urban regeneration in the 1980s and 1990s: a review of benefits and limitations. In: Planning Practice and Research, Bd. 10, Nr. 3,4, S. 299-315

Loréal, Annick/Moulaert, Frank/Stevens, Jean-Francois 1996: 'La métropole du Nord' a frontier case-study in urban socio-economic restructuring. The challenge for local authorities. In: Nigel Harris/Ida Fabricius (Hg.) Cities and Structural Adjustment. London: UCL Press, S. 230-251

Lübke, Ingrid 1995: Anforderungen an die Stadtplanung heute – das Konzept der Strategischen Planung in Rotterdam. In: Helga Fassbinder (Hg.) Rotterdam an der Elbe. Strategische Planung im Dialog zweier Behörden. Harburger Berichte zur Stadtplanung Bd. 1. Hamburg: TUHH, S. 31-94

Lütke-Daldrup, Engelhart 1992: Planungsboom in Berlin. In: RaumPlanung, Nr. 59, S. 193-202

Mabileau, Albert 1996: Kommunalpolitik und -verwaltung in Frankreich. Das 'lokale System' Frankreichs. Basel, Boston, Berlin: Birkhäuser

Malezieux, J. 1993: Immobilier d'entreprise et dynamique métropolitaine: la métropole du Nord, métropole européenne. In: Hommes et Terres du Nord, Nr.1, S. 26-33

Mayer, Hans-Norbert/Siebel, Walter 1998: Neue Formen politischer Planung: IBA Emscher Park und Expo 2000 Hannover. In: DISP, Nr. 134, S. 4-11

Mayntz, Renate 1979: Regulative Politik in der Krise? In: Joachim Matthes (Hg.) Sozialer Wandel in Westeuropa: Verhandlungen des 19. Dt. Soziologentages, 17.-20. April 1979 im ICC in Berlin. Frankfurt/M., New York: Campus, S. 55-81

Mayntz, Renate 1996a: Policy-Netzwerke und die Logik von Verhandlungssystemen. In: Patrick Kenis/Volker Schneider (Hg.) Organisation und Netzwerk. Institutionelle Steuerung in Wirtschaft und Politik. Frankfurt/M., New York: Campus, S. 471-496

Mayntz, Renate 1996b: Politische Steuerung: Aufstieg, Niedergang und Transformation einer Theorie. In: Klaus von Beyme/Claus Offe (Hg.) Politische Theorien in der Ära der Transformation Politische Vierteljahreszeitschrift PVS, 36. Jg., Sonderheft. Opladen: Westdeutscher Verlag, S. 148-168

Mayntz, Renate/Scharpf, Fritz W. 1995a: Steuerung und Selbstorganisation in staatsnahen Sektoren. In: Renate Mayntz/Fritz W. Scharpf (Hg.) Gesellschaftliche Selbstregulierung und politische Steuerung. Frankfurt/M.: Campus, S. 9-38

Mayntz, Renate/Scharpf, Fritz W. 1995b: Der Ansatz des akteurzentrierten Institutionalismus. In: Renate Mayntz/Fritz W. Scharpf (Hg.) Gesellschaftliche Selbstregelung und politische Steuerung. Frankfurt/M, New York: Campus, S. 39-72

Mazet, Pierre 2000: Aménagement du territoire. Paris: Armand Colin

Meixner, Christiane 1995: Bedrohte Vielfalt. In: deutsche bauzeitung, Nr. 12, S. 28-29

Meuser, Michael/Nagel, Ulrike 1991: ExpertInneninterviews – vielfach erprobt, wenig bedacht. Ein Beitrag zur qualitativen Methodendiskussion. In: Detlef Garz/Klaus Kraimer (Hg.) Qualitativ-empirische Sozialforschung. Konzepte, Methoden, Analysen. Opladen: Westdeutscher Verlag, S. 443-471

Micosatt, Gerhard 1992: Neue Mitte Oberhausen. Anmerkungen zu einem regionalen Großprojekt. Forschungsbericht der Gesellschaft für interdisziplinäre Forschung, Bochum

Miedema, Frank/Engbrink, Gerard Oude 1999: Rotterdam: Kop van Zuid. In: Frank Moulaert/Erik Swyngedouw/Arantxa Rodriguez (Hg.) Urban Redevelopment and Social Polarisation in the City, Final Report to the European Commission, DG XII, Framework IV. Programme, S. 231-250

Momper, Walter/Kromphardt, Jürgen/Dybe, Georg/Steinke, Rudolf 1999: Einleitung: Eine europäische Metropole im Aufbruch ins 21. Jahrhundert. In: Walter Momper u.a. (Hg.) Berlins Zweite Zukunft, Aufbruch in das 21. Jahrhundert. Berlin: Edition Sigma, S. 17-32

Moulaert, Frank/Bruyelle, Pierre/Gallou, Camal/Thuru, Arnaud 1993: L'évolution des centres tertiares des années 60: Mobilité des entreprises et mobilité urbaine. Le cas des métropoles de Lille et de Lyon. Recherche financée par la DATAR et le Plan Urbain, menée en collaboration avec la Chambre de Commerce et d'Industrie de Lille-Roubaix-Tourcoing, Clersé, L.G.H., Ifrési

Moulaert, Frank/Salin, Elodie/Werquin, Thomas 1999: Euralille: the North of France's leap into the 21st Century? In: Frank Moulaert/Erik Swyngedouw/Arantxa Rodriguez (Hg.) Urban Redevelopment and Social Polarisation in the City, Final Report to the European Commission, DG XII, Framework IV. Programme, S. 251-268

Moulaert, Frank/Salin, Elodie/Werquin, Thomas 2001: Euralille. Large-Scale Urban Development and Social Polarization. In: European Urban and Regional Studies, Bd. 8, Nr.2, S. 145-160

Moulaert, Frank/Swyngedouw, Erik/Rodriguez, Arantxa (Hg.) 1999: Urban Redevelopment and Social Polarisation in the City, Final Report to the European Commission, DG XII, Framework IV. Programme

Müller-Brandeck-Bocquet, Gisela/Moreau, Patrick 2000: Frankreich. Eine politische Landeskunde. Opladen: Leske + Budrich

Nagel, Wolfgang 1999: Öffentlich-private Kooperationsstrategien – aus der Sicht einer Immobilienfinanzierungsgesellschaft. In: Arno Bunzel/Robert Sander (Hg.) Städtebauliche Großvorhaben in der Umsetzung. Dokumentation des Symposiums am 22. und 23. Juli 1998 in Berlin, Difu-Materialien 6/99, S. 98-101

Naschold, Frieder 1997: Public Private Partnership in den internationalen Modernisierungsstrategien des Staates. In: Dietrich Budäus/Peter Eichhorn (Hg.) Public Private Partnership. Neue Formen öffentlicher Aufgabenwahrnehmung. Baden-Baden: Nomos Verlagsgesellschaft, S. 67-86

Newman, Peter/Thornley, Andy 1995: Euralille: 'Boosterism' at the Centre of Europe. In: European and Regional Studies, Bd. 2, Nr. 3, S. 237-246

Newman, Peter/Thornley, Andy 1996: Urban Planning in Europe. International Competition, National Systems & Planning Projects. London, New York: Routledge

Pappi, Franz Urban 1987: Die Fallstudie in der empirischen Sozialforschung. In: Werner von der Ohe (Hg.) Kulturanthropologie. Beiträge zum Neubeginn einer Disziplin. Berlin: Duncker & Humblot, S. 365-378

Paris, Didier/Stevens, Jean-Francois 2000: Lille et sa région urbaine. La bifurcation métropolitaine. Paris: L'Harmattan

Peters, B. Guy 1998: 'With a Little Help Form Our Friends': Public-Private Partnerships as Institutions and Instruments. In: Jon Pierre (Hg.) Partnerships in urban governance: European and American Experience. Houndsmill u.a.: Macmillan Press, S. 11-33

Petzina, Dietmar 1993: Von der industriellen Führungsregion zum Krisengebiet: Das Ruhrgebiet in historischer Perspektive. In: Rainer Schulze (Hg.) Industrieregionen im Umbruch. Essen: Klartext, S. 246-274

Pierre, Jon 1998: Public-Private Partnerships and Urban Governance: Introduction. In: Jon Pierre (Hg.) Partnerships in urban governance: European and American Experience. Houndsmill u.a.: Macmillan Press, S. 1-10

Pierre, Jon 1999: Models of Urban Governance. The Institutional Dimension of Urban Politics. In: Urban Affairs Review, Bd. 34, Nr. 3, S. 372-396

Pradeilles, Jean-Claude 1993: La Communauté Urbaine de Lille – Territoires et Institutions. Centre de Recherches sur les Mutations Territoriales et les Politiques des Villes, Institut d'Urbanisme de Grenoble, Université Pierre Mendès-France

Reif, Heinz 1993: Die verspätete Stadt. Industrialisierung, städtischer Raum und Politik in Oberhausen 1846-1929. Köln: Rheinland-Verlag

Reijniers, J.J.A.M 1994: Organization of public-private partnership projects. In: International Journal of Project Management, Nr. 12, S. 137-142

Reulecke, Jürgen 1981: Metropolis Ruhr? Regionalgeschichtliche Aspekte der Ruhrgebietsentwicklung im 20. Jahrhundert. In: Die alte Stadt, 8. Jg., S. 13-30

Rhodes, R.A.W 1997: Understanding Governance. Policy Networks, Governance, Reflexivity and Accountability. Buckingham, Philadelphia: Open Univ. Press

Rhodes, R.A.W. 1996: The New Governance: Governing without Government. In: Political Studies, Nr. XLIV, S. 652-667

Richter, Ernst-Joachim 1992: Ruhrgebietskrise und Aufbruch zu neuen Strukturen, Beispiel Oberhausen. In: Stadtforschung und Statistik, Zusatzheft „Brennpunkt Kommunalfinanzen", 5. Jg., S. 37-44

Ricordel, Pascal 1997: La gestion publique locale: Partenariat et Performance. Une étude empirique sur 20 communes-centres d'agglomération francaise. In: Revue d'Economie Régionale et Urbaine, Nr. 3, S. 425-448

Ritter, Ernst Hasso 1979: Der kooperative Staat. Bemerkungen zum Verhältnis von Staat und Wirtschaft. In: Archiv des öffentlichen Rechts, 104. Bd., S. 389-413

Ritter, Ernst Hasso 1998: Stellenwert der Planung in Staat und Gesellschaft. In: Akademie für Raumforschung und Landesplanung (Hg.) Methoden für Raumforschung und Landesplanung. Hannover: ARL, S. 6-22

Rodriguez, Arantxa/Guenaga, Galder/Martinez, Elena 1999: Bilbao: Abandoibarra. In: Frank Moulaert/Erik Swyngedouw/Arantxa Rodriguez (Hg.) Urban Redevelopment and Social Polarisation in the City, Final Report to the European Commission, DG XII, Framework IV. Programme, S. 215-230

Roggencamp, Sibylle 1999: Public Private Partnership. Entstehung und Funktionsweise kooperativer Arrangements zwischen öffentlichem Sektor und Privatwirtschaft. Frankfurt/M. u.a.: Peter Lang

Rosenau, Pauline Vaillancourt 1999: Introduction. In: American Behavioral Scientist, Bd. 43, Nr. 1, S. 10-34

Rudzio, Wolfgang 1991: Das politische System der Bundesrepublik Deutschland. Opladen: Leske + Budrich

Rytlewski, Ralf 1999: Berliner Politik: Zwischen Kiez und Stadtstaat. In: Werner Süß/Ralf Rytlewski (Hg.) Berlin. Die Hauptstadt. Vergangenheit und Zukunft einer europäischen Metropole. Bonn: Bundeszentrale für politische Bildung, S. 295-329

Salin, Elodie/Moulaert, Frank 1998: Lille – France. Euralille urban development project. In: Frank Moulaert/Erik Swyngedouw/Arantxa Rodriguez (Hg.) Urban Redevelopment and Social Polarisation in the City, Annual Report to the European Commission, DG XII, Framework IV. Programme, S. 224-286

Savitch, H.V. 1988: Post-industrial Cities. Politics and Planning in New York, Paris, and London. Princeton N.J.: Princeton Univ. Press

Scharmer, Eckart 1994: Mobilisierung und Bereitstellung von Bauland durch Entwicklungsmaßnahmen und Modelle der Kooperation mit privaten Investoren. In: Informationen zur Raumentwicklung, H. 1,2, S. 9-17

Scharpf, Fritz W. 1991: Die Handlungsfähigkeit des Staates am Ende des 20 Jh. In: Politische Vierteljahresschrift, 32 Jg., H. 4, S. 621-634

Schiller-Dickhut, Reiner 1994: Privatisierung. In: Herbert Klemisch u.a. (Hg.) Handbuch für alternative Kommunalpolitik. Verein zur Förderung kommunalpolitischer Arbeit, Alternative Kommunalpolitik e.V. Bielefeld: AKP-Verlag

Schlusche, Günter 1999: Sehnsucht nach dem antiautoritären Städtebau. In: Die Neue Gesellschaft, Frankfurter Hefte, Nr. 11, S. 1007-1014

Schmals, Klaus M./Jahn, Walther 1997: Simultanpolitik durch Stadtforen? Das Beispiel Berlin. In: Hubert Heinelt (Hg.) Modernisierung der Kommunalpolitik – Neue Wege zur Ressourcenmobilisierung. Opladen: Leske + Budrich, S. 192-215

Schmidt-Eichstaedt, Gerd 1998: Städtebaurecht – Einführung und Handbuch. Stuttgart, Köln, Berlin: Kohlhammer

Schneider, Herbert 1997: Stadtentwicklung als politischer Prozess. Stadtentwicklungsstrategien in Heidelberg, Wuppertal, Dresden und Trier. Opladen: Leske + Budrich

Schubert, Klaus 1995: Pluralismus, Korporatismus und politische Netzwerke. Duisburger Materialien zur Politik- und Verwaltungswissenschaft, Nr. 16, Duisburg

Schulze-Fielitz, Helmuth 1984: Der informale Verfassungsstaat. Aktuelle Beobachtungen des Verfassungslebens der Bundesrepublik Deutschland im Lichte der Verfassungstheorie. Schriften zum Öffentlichen Recht, Bd. 475. Berlin: Duncker & Humblot

Selle, Klaus 1994: Lokale Partnerschaften – Organisationsformen und Arbeitsweisen für kooperative Problemverarbeitung vor Ort. In: Rolf Froessler u.a. (Hg.) Lokale Partnerschaften – Die Erneuerung benachteiligter Quartiere in europäischen Städten. Basel, Boston, Berlin: Birkhäuser, S. 36-66

Selle, Klaus 1996: Was ist bloß mit der Planung los? Erkundungen auf dem Weg zum kooperativen Handeln. Ein Werkbuch. Dortmunder Beiträge zur Raumplanung 69. Dortmund: IRPUD

Selle, Klaus 1997: Kooperationen im intermediären Bereich – Planung zwischen 'Commodifizierung' und 'zivilgesellschaftlicher Transformation'. In: Klaus M. Schmals/Hubert Heinelt (Hg.) Zivile Gesellschaft. Entwicklung, Defizite und Potentiale. Opladen: Leske + Budrich, S. 29-57

Siebel, Walter/Ibert, Oliver/Mayer, Hans-Norbert 1999: Projektorientierte Planung – ein neues Paradigma? In: Informationen zur Raumentwicklung, H. 3,4, S. 163-172

Simon, Michel 1993: Un jour, un train. La saga d'Euralille. Lille: La voix du Nord

Simons, Katja 2001: Großprojekte in der Stadtentwicklung. Das Beispiel 'Berlin-Adlershof'. In: Leon Deben/Jacques van de Ven (Hg.) Berlin & Amsterdam. Globalisierung und Segregation. Beiträge zur 7. Berlin-Amsterdam Konferenz. Amsterdam: Het Spinhuis, S. 244-257

Spiegel, Erika 1999: Zur Institutionalisierung gesellschaftlicher Interessen auf kommunaler Ebene. In: Archiv für Kommunalwissenschaften, 38. Jg, Bd. I, S. 3-23.

Stevens, Jean-Francois 1993: La métropolisation en région urbaine: L'experience Lilloise. Unveröffentlichtes Manuskript

Stoker, Gerry 1995: Regime Theory and Urban Politics. In: David Judge/Gerry Stoker/Harold Wolman (Hg.) Theories of Urban Politics. London, California: Sage

Stoker, Gerry 1998a: Cinq positions pour une théorie de la gouvernance. In: Revue Internationale des Sciences Sociales, Nr. 155, S. 19-30

Stoker, Gerry 1998b: Public-Private Partnerships and Urban Governance. In: Jon Pierre (Hg.) Partnerships in urban governance: European and American Experience. Houndsmill u.a.: Macmillan Press, S. 34-51

Stone, Clarence N. 1989: Regime politics: Governing Atlanta 1946-1988. Lawrence: Univ. Press of Kansas

Strasser, Hermann/Pawellek, Irene 1991: Jenseits von Oberhausen: Strukturwandel und Arbeitslosigkeit in einer Ruhrgebietsstadt. In: Christoph Rülcker (Hg.) Ruhrregion: interdisziplinäre Ansätze. Festschrift zum 65jährigen Geburtstag von Fritz Rudolph. Bochum: Schallwig, S. 87-108

Strom, Elizabeth A. 1996: In Search of the Growth Coalition. American Urban Theories and the Redevelopment of Berlin. In: Urban Affairs Review, Bd. 31. Nr. 4, S. 455-481

Strom, Elizabeth A. 2001: Building the New Berlin. The Politics of Urban Development in Germany's Capital City. Lanham: Lexington Books

Stumm, Thomas 1999: Staatstätigkeit in Frankreich im Spannungsfeld innerstaatlicher Dezentralisierung und europäischer Integrationsdynamik. Die Territorialisierung und Europäisierung der räumlichen Modernisierungspolitik in Frankreich während der 80er und 90er Jahre. Dissertation, Fakultät für Sozial- und Verhaltenswissenschaft der Eberhard-Karls-Universität Tübingen

Subileau, Jean-Louis 2000: Euralille, la ville, les grandes infrastructures: le choc des échelles urbaines. In: les débats sur la ville 3, sous la direction de Francis Cuillier. Bordeaux métropole-Aquitaine: Agence d'urbanisme, S. 43-63

Tenfelde, Klaus 2000: Über Verwaltungsreform im Bindestrichland. In: Karsten Rudolph u.a. (Hg.) Reform an Rhein und Ruhr – Nordrhein-Westfalens Weg ins 21. Jahrhundert. Bonn: Dietz, S. 12-20

Thränhardt, Dietrich 1981: Kommunaler Korporatismus – Deutsche Traditionen und moderne Tendenzen. In: Dietrich Thränhardt/Herbert Uppendahl (Hg.) Alternativen lokaler Demokratie – Kommunalverfassung als politisches Problem. Königstein/Ts.: Anton Hain, S. 5-33

Vermandel, Franck 1995: La Ville en Projet – Euralille: stratégies, methodes, conceptions. In: Franck Vermandel/Isabelle Menu (Hg.) Euralille. Poser – éxposer. Lille: Espace Croisé, S. 12-37

Vermandel, Franck/Menu, Isabelle (Hg.) Euralille. Poser – éxposer. Lille: Espace Croisé

Verpraet, Gilles 1991: Le dispositif partenarial des projets intégrés – pour une typologie des rapports publics/privés. In: Les Annales de la Recherche Urbaine, Nr. 51, S. 102-111

Weinzen, Hans Willi 1999: Die Hauptstadt Berlin – zu teuer? Daten, Fakten und Positionen zum Streit. In: Werner Süß/Ralf Rytlewski (Hg.) Berlin. Die Hauptstadt. Vergangenheit und Zukunft einer europäischen Metropole. Bonn: Bundeszentrale für politische Bildung, S. 415-434

Welch Guerra, Max 1994: Die großen Projekte der Berliner Stadterneuerung. In: Arbeitskreis Stadterneuerung an deutschsprachigen Hochschulen und Institut für

Stadt- und Regionalplanung der Technischen Universität Berlin (Hg.) Jahrbuch Stadterneuerung 1994. Berlin: TU Berlin, S. 179-192

Werquin, Thomas 1999: Impact d'Euralille sur les marchés fonciers et immobiliers de la métropole lilloise. Diplome d'Etudes Approfondies. Faculté des Sciences économique et Sociales, Universités des Sciences et Technolgies de Lille.

Willke, Helmut 1987: Entzauberung des Staates. Grundlinien einer systemtheoretischen Argumentation. In: Thomas Ellwein u.a. (Hg.) Jahrbuch zur Staats- und Verwaltungswissenschaft, 1. Band. Baden-Baden: Nomos Verlagsgesellschaft, S. 285-308

Willke, Volker 1997: Schöne neue Einkaufswelt. In: AKP Fachzeitschrift für Alternative Kommunalpolitik, 18. Jg., H. 5, S. 36-37

Wilmes, Michael/Keil, Imke/Schroeder, Klaus 1997: Der Forschungs- und Technologiepark Berlin-Adlershof – Modell einer neuen Form regionaler Kooperation zwischen Wirtschaft, Wissenschaft und Politik? apt-papers 4, Arbeitsstelle Politik und Technik an der Freien Universität Berlin

Witte, Gertrud 1994: Privatisierung städtischer Aufgaben. In: der städtetag, Nr. 8, S. 524-528

Wood, Gerald 2001: Wahrnehmung und Bewertung städtischen Wandels in der Postmoderne. Eine empirische Untersuchung zum Strukturwandel in Oberhausen. Habilitationsschrift, Institut für Geographie der Gerhard-Mercator Universität Duisburg

Zawatka-Gerlach, Ulrich 1998: Parlament, Regierung und Verwaltung von Berlin. Politische Kurzinformationen, hg. von der Landeszentrale für politische Bildungsarbeit Berlin

Zivier, Ernst R. 1990: Verfassung und Verwaltung von Berlin. Berlin: Berlin Verl. Spitz

Zündorf, Irmgard 1996: Oberhausen als Vorreiter bei der Verwaltungsmodernisierung im Ruhrgebiet? Theorie und Praxis. In: Uwe Andersen/Ralf Himmelmann (Hg.) Kommunale Verwaltungsreform im Ruhrgebiet. ZEFIR Grüne Reihe 1/96, S. 17-29

Presseartikel

a) Berlin Adlershof

Streit um Kompetenzabgrenzung in Adlershof. In: Tagesspiegel vom 22.12.1992
Unklares Adlershofer Regime. In: Berliner Zeitung vom 7.1.1993
Die Querelen um den Technologiepark Adlershof wollen nicht enden. In: Frankfurter Allgemeine Zeitung vom 2.2.1993
30 000 neue Arbeitsplätze: In Treptow entsteht eine Stadt für die Wissenschaft. In: Tagesspiegel vom 19.10.1993

50 Millionen für Adlershofer JAAG. In: Tagesspiegel vom 9.9.1994
Berlins Silicon Valley. In: die tageszeitung vom 27.07.1995
Berliner Technopolis. In: DIE ZEIT vom 11.8.1995
Alles bleibt in der Familie, und der Senat stimmt zu. In: die tageszeitung vom 14.3.1997
Die Wasserstadt ertrinkt in Schulden. In: Tagesspiegel vom 19.6.1998
Daumenschrauben für die Entwicklungsgebiete. In: Tagesspiegel vom 19.11.1998.
Schatten über Adlershof. In: Berliner Morgenpost vom 11.12.1998
Ende der Vision Adlershof? Die geplante Übernahme des WISTA-Business-Center durch die HU. In: Unaufgefordert, Die Studentinnen- und Studentenzeitung der HU, Februar 1999, S. 9
Wie alles begann.....In: Unaufgefordert, Die Studentinnen- und Studentenzeitung der HU, April 1999, S. 13
Schnell nach Adlershof. In: die tageszeitung vom 21.5.1999
Dubiose Abrechnungen in Adlershof. In: Berliner Morgenpost vom 7.4.2000

b) Neue Mitte Oberhausen

Lennings sucht Investoren für Oberhausen. In: Neue Ruhr Zeitung vom 24.8.1989
Das große Vergnügen mitten in Oberhausen. Ein britischer Milliardär plant Super-Freizeitpark. In: Neue Ruhr Zeitung vom 7.10.1991
Nach Einkauf lockt der Tivoli von Oberhausen. 1996 soll die neue Gartenstadt fertig werden. In: WAZ Oberhausen vom 9.10.1991
Aus einer Industriebrache wird eine Gartenstadt. In: Neue Ruhr Zeitung vom 9.10.1991
Opposition für Untersuchungsausschuss In: WAZ Düsseldorf vom 26.2.1992
Oberhausen will für die ‚Neue Mitte' kämpfen. In: WAZ Oberhausen vom 27.2.1992
Neue Lichter für die Stadt der vielen Feuer. In: Tageszeitung vom 11.3.1992
Einert warnt: Kirchturmdenken gefährdet den Strukturwandel. Einzelhandel befürchtet Abwanderung von Kaufkraft. In: WAZ Düsseldorf vom 27.5.1992
Handel kämpft gegen Oberhausen. In: WAZ Düsseldorf vom 3.6.1992
'Neue Kritik an der Neuen Mitte Oberhausen. In: Neue Ruhr Zeitung vom 1.7.1992
Die 'Neue Mitte': Ein Stück Zukunft für das Ruhrgebiet. Nachbarstädte stellen sich hinter Oberhausens Pläne. In: Neue Ruhr Zeitung vom 16.10.1992
Großkonzern steigt in Neue Mitte ein. In: WAZ Oberhausen vom 22.1.1993
Stadt will die Zwangsjacke abstreifen. In: WAZ Oberhausen vom 9.6.1999

c) Euralille

Cinq ministres européens jettent les bases du TGV nord-européen. In: Le Monde vom 12.10.1987
A Lille, 57 hectares autour du TGV pour un centre européene d'affaires. In: Nord Eclair vom 26.11.1988

Le secret? La garantie de la réussite. In: Nord Eclair vom 19.5.1989
Le temps des débats. In: Nord Eclair vom 15.10.1989
Les élus communistes rejettent le projet de centre international d'affaires. In: Nord Eclair vom 16.11.1989
Le centre d'affaires inquiète les commercants. In: La Voix du Nord vom 17.12.1989
Les 'Verts': le projet de Koolhaas n'est pas idéal. In: La Voix du Nord vom 25.12.1989
Les quinze propositions de 'synthèse'. In: Nord Eclair vom 6.3.1990
Les commercants ne veulent pas faire les frais du surcout. In: Nord Eclair vom 22.03.1990
Sans le tunnel, Euralille n'aurait jamais existé. In: La Voix du Nord vom 6.5.1994
Tempête financière sur Euralille. In: La Voix du Nord vom 16.12.1995
La retraite active de Pierre Mauroy. In: Le Monde vom 16.2.2001

d) sonstige Artikel

Die Stadt kehrt zurück an die Elbe. In: Süddeutsche Zeitung vom 30.4.2000
Canary Wharf wieder gesuchter Bürostandort. In: Süddeutsche Zeitung vom 1.6.2001

Dokumente und Materialien

a) Berlin Adlershof

KAI-AdW Koordinierungs- und Abwicklungsstelle – Akademie der Wissenschaften 1991: 10-Punkte-Programm: Zukunft für Berlin-Adlershof. Entwicklung des Standortes zu einer integrierten Technologielandschaft, 12.3.1991
SenStadtUm Senatsverwaltung für Stadtentwicklung und Umweltschutz 1993: Städtebauliches Gutachterverfahren Johannisthal-Adlershof, Berlin-Treptow, Juni 1993
ProStadt/UrbanPlan 1994: Voruntersuchungen für eine städtebauliche Entwicklungsmaßnahme in Johannisthal/Adlershof, Bd.3, Entwicklungsziele, Beteiligungsverfahren, Schlussfolgerungen der Voruntersuchungen, Januar 1994
prognos 1994: Prioritätensetzung der Planungsvorhaben in Berlin. Tischvorlage für die Staatssekretärs-Runde am 19.12.1994, Berlin 16.12.1994
SenBauWohn, Senatsverwaltung für Bau- und Wohnungswesen 1994: Tendenzen der Stadterneuerung, Entwicklungen in Berlin, Erfahrungen europäischer Großstädte, Empfehlungen für Berlin
SenStadtUm, Senatsverwaltung für Stadtentwicklung und Umweltschutz (Hg.) 1994: Johannisthal – Adlershof Technologie- und Wissenschaftsstadt, Berlin: Kulturbuchverlag

SenStadtUm, Senatsverwaltung für Stadtentwicklung und Umweltschutz 1995: Projekte der räumlichen Planung, Fortschreibung, Februar 1995
Hoffmann-Axthelm, Dieter/Strecker, Bernhard 1995: Berlin-Adlershof, Leitbild einer Wissenschaftsstadt, Gutachten im Auftrage der BAAG, in Zusammenarbeit mit dem Senator für Bau- und Wohnungswesen, Berlin im Mai 1995
USC&AS&P, Urban System Consult/Albert Speer & Partner GmbH 1997: ExWoSt-Forschungsfeld „Nutzungsmischung im Städtebau", Projektforschung Berlin-Adlershof, Zwischenbericht zum 30. Juni 1997
SenWiBe, Senatsverwaltung für Wirtschaft und Betriebe 1998: Wirtschaftsbericht Berlin 1998
WISTA Management GmbH 1998: Jahresbericht 1998
SenWiBe, Senatsverwaltung für Wirtschaft und Betriebe 1999: Wirtschaftsbericht Ber-lin 1999
WISTA Management GmbH 1999: Jahresbericht 1999
WISTA Management GmbH 2000: Jahresbericht 2000

b) Neue Mitte Oberhausen

Stadt Oberhausen 1987: Projekte zur ökologischen Entwicklungsplanung, Oberhausen
prognos 1991: Kaufkraftströme und Attraktivitätsgefälle zwischen der Stadt Oberhausen und den unmittelbaren Nachbarstädten
Gesellschaft für Konsumforschung (GfK) 1992: Markt- und Standortgutachten für den Einzelhandel in der Neuen Mitte Oberhausen
Institut für Stadt-, Standort-, Handelsforschung und –beratung (ish) 1992: Oberhausen: Einzelhandel und Stadterneuerung auf dem Weg in das Jahr 2000 – Markt- und Tragfähigkeitsuntersuchung der Stadt und ihrer Zentren
Bundesministerium für Verkehr, Bau- und Wohnungswesen 1999: Modellvorhaben Freizeitorientierte städtebauliche Aspekte im Zentrenkonzept der Stadt Oberhausen. ExWoSt-Forschungsfeld Zentren, Endbericht
Albert Speer & Partner GmbH (AS&P) 2000: Masterplankonzept Neue Mitte Oberhausen im April 2000
Stadt Oberhausen 2000: Strukturwandel in Oberhausen. Die Projekte der Stadt Oberhausen zur Kooperation mit der Projekt Ruhr GmbH, Oberhausen im Juli 2000

c) Euralille

Ville de Lille/Euralille-Métropole 1989: Centre des Gares de Lille, Cercle de Qualité urbaine et architecturale, Releve de Conclusions de la Reunion, 3 Juillet 1989, Lille
Euralille 1993: Euralille l'Europe Active Classe Affaires. 10 Mars 1993, Lille
Euralille 1995: Situation d'ensemble et perspective au 1er Mai 1995, Lille

MEL, Ministère de l'Equipment et du Logement 1996: Euralille – Une gare TGV, déclencheur d'une mutation urbaine. In: MEL. Projets et Strategies urbains en France. Paris, S. 51-80

ADU, L'Agence de développement et d'urbanisme de Lille Métropole 1998: Lille après Euralille. La Métropole en Mutation – 1998, Lille, Octobre 1998

ADU, L'Agence de développement et d'urbanisme de Lille Métropole 2000: Lille Métropole dans tous ses états 1990-2000, Lille

METL, Ministère de l'Equipment, des Transports et du Logement 2000: Projet urbain. Lille-Roubaix. L'action urbaine comme levier économique et social. N° 20, Mai 2000, Paris

Unterlagen zur Pressekonferenz „Conférence de presse de Monsieur Pierre Mauroy, le 7 Juillet 2000, Lille

Primärquellen politischer Gremien

a) Berlin Adlershof

Senatsbeschluss Nr. 2264/92 über das Entwicklungsvorhaben Adlershof/Johannisthal für Wirtschaft und Wissenschaft vom 15.9.1992

Senatsbeschluss Nr. 2880/93 über die Umwandlung der EGA in eine landeseigenen Gesellschaft vom Januar 1993

Senatsbeschluss Nr. 2929/93 über die Einsetzung eines Entwicklungsträgers nach §167 BauGB zur Beschleunigung der städtebaulichen Planung und der Vorbereitung ihrer Umsetzung für das Gebiet Johannisthal-Adlershof vom 16.2.1993

Mitteilung des Senats über das Entwicklungsprogramm für eine integrierte Wissenschafts- und Wirtschaftslandschaft am Standort Berlin-Adlershof/-Johannisthal vom 3.3.1993, Drucksache 12/2556

Senatsbeschluss Nr. 4218/93 über den Aufbau eines Forschungs- und Technologiezentrums in Johannisthal-Adlershof vom 14.12.1993

Senatsbeschluss Nr. 5094/94 über die Verordnung über die Festlegung der städtebaulichen Entwicklungsbereiche einschließlich zweier Anpassungsgebiete zur Entwicklungsmaßnahme Adlershof/Johannisthal vom 16.8.1994

Senatsbeschluss Nr. 5454/94 über die Festlegung des Entwicklungsgebiets (außergewöhnliche stadtpolitische Bedeutung) vom 20.12.1994

Antrag der Fraktion Bündnis 90/Die Grünen im Abgeordnetenhaus von Berlin über Klarheit und Wahrheit in der Berliner Baupolitik (1): Offenlegung der aktuellen Planung und der Wirtschaftspläne der Entwicklungsträger vom 5.3.1996, Drucksache 13/222

Senatsbeschluss Nr.199/96 über das Strecken, die Teilgebietsentwicklung, die Überprüfung der Nutzungsstrukturen, die Kosteneinsparungen etc. der Entwicklungsmaßnahme, vom 11.6.1996

Inhaltsprotokoll der Sitzung des Hauptausschusses am 13.6.1996, Beratung über den Antrag von Bündnis 90/Die Grünen über die Verlängerung des Moratoriums zu den Entwicklungsgebieten

Kleine Anfrage Nr. 13/1333 der Abgeordneten Hämmerling (Bündnis 90/Die Grünen) über Wirtschaftsfilz beim Entwicklungsträger in Adlershof vom 30.10.1996

Kleine Anfrage Nr. 13/1812 des Abgeordneten Girnus (PDS) über Gebäude- und Grundstücksmanagement im Entwicklungsgebiet Berlin-Adlershof vom 18.2.1997

Kleine Anfrage Nr. 13/1854 der Abgeordneten Schillen (Bündnis 90/Die Grünen) über Förderung von Filz und In-sich-Geschäften durch den Senat vom 25.2.1997

SenBWV, Senatsverwaltung für Bauen, Wohnen und Verkehr 1997: 4. Bericht zu den städtebaulichen Entwicklungsmaßnahmen, an den Vorsitzenden des Hauptausschusses über den Präsidenten des Abgeordnetenhauses von Berlin, 4. Juni 1997

SenBWV, Senatsverwaltung für Bauen, Wohnen und Verkehr 1998: 5. Bericht zu den städtebaulichen Entwicklungsmaßnahmen, an den Vorsitzenden des Hauptausschusses über den Präsidenten des Abgeordnetenhauses von Berlin, 12. Juni 1998

SenBWV, Senatsverwaltung für Bauen, Wohnen und Verkehr 1999: Bericht zu den städtebaulichen Entwicklungsbereichen, hier: Kreditermächtigungen 1999, an den Vorsitzenden des Hauptausschusses über den Präsidenten des Abgeordnetenhauses von Berlin, 20. Januar 1999

Senatsvorlage Nr. 2094/99, Senatsverwaltung für Wissenschaft, Forschung und Kultur, Gegenstand des Antrags: Beschleunigung der Verlagerung der mathematisch-naturwissenschaftlichen Fakultäten der HU nach Adlershof vom 1.4.1999

SenWFK, Senatsverwaltung für Wissenschaft, Forschung und Kultur und Senat von Berlin, an den Vorsitzenden des Hauptausschusses des Abgeordnetenhauses von Berlin über die Zulassung einer Außerplanmäßigen Verpflichtungsermächtigung vom 19.4.1999

Mitteilung des Abgeordnetenhauses von Berlin über die Zukunft der Berliner Entwicklungsgebiete vom 3.5.1999, Drucksache 13/3713

Inhaltsprotokoll der Sitzung des Hauptausschusses am 19.5.1999, Zulassung einer außerplanmäßigen VE zwecks beschleunigter Verlagerung der mathematisch-naturwissenschaftlichen Fakultäten der HU im Rahmen der Entwicklungsmaßnahme Adlershof

Mitteilung des Abgeordnetenhauses von Berlin über Zukunft der Berliner Entwicklungsgebiete vom 13.8.1999, Drucksache 4020

SenStadt, Senatsverwaltung für Stadtentwicklung 2000a: 6. Bericht zu den städtebaulichen Entwicklungsmaßnahmen, an den Vorsitzenden des Hauptausschusses und der Vorsitzenden des Ausschusses für Bauen, Wohnen und Verkehr, über den Präsidenten des Abgeordnetenhauses von Berlin, 23.2.2000

Rechnungshof von Berlin 2000: Fünfter Teilbericht, Berlin-Johannisthal/Adlershof, Berlin 24.3.2000

SenStadt, Senatsverwaltung für Stadtentwicklung 2000b: Bericht zu den städtebaulichen Entwicklungsmaßnahmen, an den Vorsitzenden des Hauptausschusses und der Vorsitzenden des Ausschusses für Bauen, Wohnen und Verkehr, über den Präsidenten des Abgeordnetenhauses von Berlin, 24.10.2000

b) Neue Mitte Oberhausen

Landtag NRW:
Ausschußprotokoll 11/551, 4. Sitzung (öffentlicher Teil) des PUA, Vernehmung des Zeugen Finanzminister Schleußer vom 5.5.1992
Ausschußprotokoll 11/577, 7. Sitzung (öffentlich) des PUA, Vernehmung des Zeugen Dr. Manfred Lennings (Aufsichtsratsvorsitzender der GEG und der WestLB-Immobilien GmbH) vom 27.05.1992
Ausschußprotokoll 11/588, 10. Sitzung (öffentlich) des PUA, Vernehmung des Zeugen Thomas Lebro von 1992
Ausschußprotokoll 11/651, 11. Sitzung (öffentlich) des PUA, Vernehmung des Zeugen Thomas Lebro, von 1992
Ausschußprotokoll 11/621, 14. Sitzung (öffentlich) PUA Vernehmung des Zeugen Burkhard Drescher vom 7.7.1992
Schlußbericht der Parlamentarischen Untersuchungsausschusses (PUA) vom 11.1.1995, Drucksache 11/8251
Rat der Stadt Oberhausen:
Ratsprotokoll der Stadt Oberhausen vom 14.10.1991, Beratungsgegenstand: Neue Mitte Oberhausen – Strukturkonzept, Drucksache Nr. 1815
Ratsprotokoll der Stadt Oberhausen vom 24.2.1992
Ratsprotokoll der Stadt Oberhausen vom 8.2.1993 mit Redebeiträgen der einzelnen Fraktionen:
Redebeitrag Wehling, Anlage 2 zum Ratsprotokoll 8.2.1993
Redebeitrag Dr. Eckhold, Anlage 3 zum Ratsprotokoll 8.2.1993
Redebeitrag Pohlmann, Anlage 4 zum Ratsprotokoll 8.2.1993
Redebeitrag Groschek, Anlage 6 zum Ratsprotokoll 8.2.1993
Stadt Oberhausen 1997: Bilanz Neue Mitte Oberhausen. Versprechungen, Unkenrufe, Fakten. Oberstadtdirektor Burkhard Drescher, Rede in Rat der Stadt Oberhausen am 24.02.1997
Niederschrift der öffentlichen Sitzung des Rates der Stadt Oberhausen vom 24.2.1997
Beschlussvorlage zum Masterplankonzept Neue Mitte Oberhausen vom 26.02.2000, Drucksache 00/644

c) Euralille

Sitzungsprotokoll des Conseil de la Communauté Urbaine de Lille, Beschluss 7 'Centre International d'Affairs. Constitution de la Société d'Economie Mixte chargée des études et de la réalisation', 17.11.1989, S. 86-95

Sitzungsprotokoll des Conseil de la Communauté Urbaine de Lille, Beschluss 8 'Participation au capital. Approbation des status. Désignation des représentants au Conseil d'Administration', 17.11.1989, S. 86-95

Sitzungsprotokoll des Conseil Municipal, Ville de Lille, 89/545 'Centre International d'Affaires – Constituition de la Société d'Economie Mixte chargée des études et de la réalisation' und 89/546 'Zone d'Aménagement Concerté des Gares – Engagement de la procédure de concertation', 20.11.1989, S. 1032-1078 und Auszug aus dem Registre des Deliberations du Conseil Municipal (Register mit Ratsbeschlüssen)

Sitzungsprotokoll des Conseil Municipal, Ville de Lille, 90/202 'Centre International d'Affaires – Bilan de la concertation – Approbation du projet et saisine de la CUDL', 23.4.1990, 276-342 und Auszug aus dem Registre des Deliberations du Conseil Municipal

Sitzungsprotokoll des Conseil de la Communauté Urbaine de Lille, Beschluss 12 'Lille – La Madeleine – Centre International d'Affaires, 27.4.1990, S. 59-78

Sitzungsprotokoll des Conseil Municipal, Ville de Lille, 90/522 'Centre International d'Affaires – Concession d'aménagement à la S.E.M Euralille – Garantie de risque financier, 14.12.1990, S. 1404-1416 und Auszug aus dem Registre des Deliberations du Conseil Municipal

Expertengespräche

a) Berlin Adlershof

Geschäftsführer BAAG mbH, 04.04.2000
Leitung Projektsteuerungsbereich der BAAG mbH, 04.03.1998, 16.03.1999
Investorenbetreuer der BAAG mbH, 22.06.1998
Geschäftsführer der WISTA Management GmbH, 24.03.1999
Leiterin Marketing der WISTA Management GmbH, 02.06.1998
Geschäftsführer der MediaCity Adlershof GmbH, 25.06.1998
Geschäftsführer des Innovations-Zentrum Berlin Management GmbH, 08.09.1998
Projektmanagerin des Ost-West-KooperationsZentrums, 08.09.1998
Geschäftsführer Planung, Umwelt, Recht, Finanzen der Industrie- und Handelskammer Berlin, 13.07.1998
Leiter Planungsbüro UrbanPlan, 04.05.1998

Senatsverwaltung für Stadtentwicklung, Umweltschutz, Technologie, 02.04.1998,
07.04.1998, 23.02.1999, 06.04.1998, 22.02.1999, 31.03.99, 19.03.1999
Senatsverwaltung für Bauen, Wohnen und Verkehr, 07.05.1998, 24.02.2000
Senatsverwaltung für Wirtschaft und Betriebe, 27.05.1998, 18.07.1998, 08.09.1999
Senatsverwaltung für Finanzen, 28.05.1998
Senatsverwaltung für Arbeit, berufliche Bildung und Frauen, 08.07.1998
Senatsverwaltung für Wissenschaft, Forschung und Kultur, 16.07.1998
Wissenschaftsjournalist, 26.03.1999
stellv. Fraktionsvorsitzender der SPD, 06.03.2000
Baupolitische Sprecherin der Bündnis 90/Die Grünen, 15.02.2000
Fraktionsvorsitzender der PDS, 16.03.2000
Baupolitischer Sprecher der CDU, 01.03.2000

b) Neue Mitte Oberhausen

Ehemaliger Planungsdezernent in Oberhausen, 23.01.2001
Ehemaliger Leiter des Bauverwaltungsamtes und Leiter des Koordinierungsbüros
O.2000 in Oberhausen, 23.01.2001
Fraktionsvorsitzender der SPD Oberhausen, 31.01.2001
Mitglied des Landtags der Bündnis 90/Die Grünen Essen, 24.01.2001
Mitglied der Grünen Oberhausen, 22.01.2001

c) Euralille

Stellvertretender Direktor der SEM Euralille, 23.02.2001
Mitarbeiter im Bereich Planung und Architektur der SEM Euralille, 19.02.2001
Direktor für lokale und regionale Entwicklung, Caisse des Dépôts et Consignations,
26.02.2001
Mitarbeiter der Agence de développment et d'urbanisme, 12.02.2001, 16.02.2001,
22.02.2001